KB155766

사이버 괴롭힘의 이해와 대처

Elizabeth Kandel Englander 저
오인수 역

박영story

사이버 괴롭힘의
이해와 대처

역자 서문

대학을 졸업하고 1990년 초반 교사로 교단에 섰을 때 '왕따'라는 단어는 존재하지 않았다. 물론 학생 간 폭력은 그 이전부터 존재했지만 이를 칭하는 고유명사는 없었다. 1990년 중후반 '왕따'라는 신조어가 생겨나면서 또래 간 폭력 현상은 학교와 사회의 주목을 받게 되었다. 왕따 현상은 급속하게 퍼져 나갔고 '전따(전체가 따돌림)'와 '은따(은근히 따돌림)' 등의 파생어를 만들어 내며 학교의 가장 심각한 문제로 주목받게 되었다. 시간이 흘러 2020년이 된 지금, 그 왕따는 '카따(카카오톡 따돌림)'로 진화하였다. 그 사이 핸드폰 사용이 일반화되었고 스마트폰 보급이 확산되면서 메신저를 활용한 괴롭힘이 생겨난 것이다. 이처럼 생활 공간이 오프라인에서 온라인의 사이버 공간으로 확대되면서 학교 폭력도 사이버 괴롭힘(cyberbullying)으로 그 범위가 확장되고 있다.

이제 학교 폭력은 사이버 괴롭힘이 대세를 이루고 있다고 해도 과언이 아닌 시대가 되었다. 그래서 사이버 괴롭힘이 발생하기 이전에 오프라인에서 발생하는 폭력을 전문가들은 '전통적' 괴롭힘(traditional bullying)이라고 지칭하기에 이르렀다. 사이버 괴롭힘이 빠르게 확산될 수밖에 없는 것은 학생들의 삶 자체가 상당 부분 사이버 공간에서 이루어지고, 대부분 학생이 사이버 공간에서 전자기기를 사용하여 서로 소통하기 때문이다. 그래서 또래 간 갈등과 괴롭힘 역시 사이버 괴롭힘의 형태로 나타날 수밖에 없는 시대가 되었다. 나 역시 알람 소리에 기상하고, 신문으로 뉴스를 접하고, 출근 전에 날씨를 확인하고, 출근하며 음악을 듣고, 심심하면 TV를 보는 이 모든 활동이 스마트폰을 통해 이루어지고 있음에 놀라지 않을 수 없다. 이제는 스마트폰을 통해 언제, 어디서나 손쉽게 사이버 공간으로 이동하여 활동하기 때문에 폭력의 사이버화 현상은 어찌 보면 시대의 변화에 따른 당연한 결과이고 점점 늘어날 것으로 예상된다.

　스마트폰만큼 우리의 생활을 편리하게 해 준 문명의 이기는 없을 것이다. 그 활용 범위가 확장되어 전화와 카메라, TV, 게임 등의 기능은 물론이고 신용카드, 지도, 녹음기, 영화 예매, 동시통역, 금융 업무 등 스마트폰이 없이는 정말 생활이 불편함의 정도를 넘어 불가능한 시대가 되었다. 그런데 이처럼 유용한 스마트폰이 폭력에 사용되면 상상을 초월할 정도의 피해가 발생한다. 예전에는 친구를 험담하기 위하여 만나거나 전화로 헛소문을 퍼뜨렸지만, 이제는 언제, 어디서나 손쉽게 메신저로 얘기하거나 SNS에 게시하면 된다. 문제는 전달된 험담 메시지는 순식간에 확산되어 그 파급력이 예상을 뛰어넘는다는 점이다. 또한 떼카(단체 채팅방에 피해 대상을 초대한 후 단체로 욕설을 퍼붓는 괴롭힘), 카톡감옥(피해 대상을 끊임없이 대화방에 초대하여 괴롭힘), 방폭(단체방에 피해 대상을 초대한 뒤 욕하고 한꺼번에 나가 혼자만 남겨 두는 괴롭힘), 와이파이셔틀(피해자의 스마트폰의 핫스팟 기능을 켜서 가해자가 피해자의 데이터를 갈취하여 폭력) 등 새로운 형태의 사이버 괴롭힘이 등장하면서 폭력은 계속 진화하며 다양화되고 있어 그 심각성이 높아지고 있다.

　이처럼 학교 폭력이 사이버 괴롭힘으로 확장되는 시점에서 교사와 학부모들은 학생과 자녀의 지도에 큰 어려움을 겪을 수밖에 없다. 사이버 공간에서 이루어지는 청소년들의 문화를 이해하기 힘들고 그들만의 사이버 세계에 접근하기 힘들기 때문이다. 청소년기에 나타나는 사춘기의 발달적 특성도 이해하기 쉽지 않은데 거기에 더하여 성인들은 전자기기에 대한 기술 대응력이 떨어져서 빠르게 진화하는 사이버 괴롭힘의 변화 속도를 좇아가지 못한 채 사이버 괴롭힘에 대해 무기력해지기 쉽다. 그러한 관점에서 이 책은 사이버 괴롭힘의 특징과 양상을 기존의 전통적 괴롭힘과 비교하면서 매우 명쾌하게 설명하기 때문에 교사와 부모에게 큰 도움을 줄 것으로 기대한다. 겉으로 드러나는 특징과 양상뿐만 아니라 왜 학생들이 사이버 괴롭힘을 하게 되는지에 대한 원인을 통찰력 있게 제시하고 있다. 또한 사이버 괴롭힘이 전통적 괴롭힘과 어떻게 유기적으로 연결되어 있는지 그 숨겨진 고리를 자세하게 설명하고 있다. 특히 이러한 새로운 형태의 사이버 괴롭힘에 대해 교사와 부모가 어떻게 대응해야 하는지를 다양한 연구 결과와 교육 경험을 바탕으로 생생하게 제시하고 있어 이 책의 독자들은 한 장 한 장 읽으며 이 책에 빠져드는 듯한 느낌을 받을 것이다. 이 책을 읽어 본 사람들의 공통된 의견은 '상당히 재미있다', '매우 흥미로웠다'와 같은 평가였다. 나 역시 학교 폭력을 연구하는 학자로서 다양한 폭력 관련 서적을 읽지만 솔직하게 이 책만큼 몰입하여 흥미진진하게 읽은 책이 없었다.

학교 폭력, 특히 사이버 괴롭힘과 관련하여 좋은 책을 추천해 달라는 부탁을 받는 경우가 있다. 그런데 아쉽게도 국내 서적 중에서 폭력 현상을 심도 있게 설명한 책을 찾기가 쉽지 않았다. 그런 점에서 이 책은 위와 같은 부탁을 받았을 때 가장 먼저 추천할 수 있는 책이 되지 않을까 싶다. 전국의 교사양성과정에서 학교 폭력 과목이 필수 과목이 되면서 수많은 학교 폭력 교재가 출판되었지만 이러한 책들은 대부분 유사한 목차로 구성된 교재의 수준을 뛰어넘지 못하고 있다. 폭력이 사회적 이슈로 부상한 이후 학교 폭력을 다룬 교양서 혹은 대중서 형식의 책들도 증가하고 있지만 다양한 연구 결과에 기반하고 있지 않아서 저자의 개인적 경험과 통찰의 수준에서 제시되어 적용 가능성과 일반화에 한계를 지닌다. 반면 이 책은 저자가 폭력 관련 대학부설 센터를 운영하면서 다양하게 수행한 연구 결과에 기반하여 자신의 주장을 전개하고 있고, 센터에서 시행하는 수많은 컨설팅, 교육, 연수 등에서 체득한 경험과 통찰을 동시에 제공하여 매우 생생한 이야기들로 전개되는 점이 장점이다. 무려 270여 개의 문헌을 인용하여 평균적으로 매 장에서 30여 개의 관련 문헌과 자료를 소개하여 주제와 관련된 다양한 자료를 동시에 얻을 수 있는 장점도 지닌다.

번역자로서 또한 폭력에 대한 연구자로서 내가 느낀 이 책의 가장 큰 장점은 저자인 Dr. Englander의 반짝이는 통찰력과 현상에 대한 심도 있는 해석력이다. 특히 그녀가 제시한 몇몇 새로운 개념들— 전조행동(gateway behavior), 자기–사이버 괴롭힘(self–cyberbullying), 방치된 사이버 괴롭힘(negligent cyberbullying) — 은 아직 일반화된 개념으로 확산되지는 않았지만 폭력을 이해하고 이를 효과적으로 예방하는 데 매우 핵심적인 역할을 할 것으로 기대된다. 예를 들어, 아직 다른 서적에서 소개되지 않고 있는 전조행동(gateway behavior)이 이 책에는 소개되고 있는데 이 행동은 폭력 행동은 아니지만 폭력과 유사한 형태의 행동으로서 시간이 지나면 폭력으로 변할 수 있는 행동을 말한다. 상대에게 미묘한 행동으로 기분을 나쁘게 하는 이런 행농을 교사늘은 눈치챌 수 있지만 그 행동이 명백한 폭력적 행동이 아니기 때문에 개입을 하지 않는 경향이 있다. 폭력을 효과적으로 예방하고 줄이기 위해서는 이러한 전조행동에 대한 민감성을 높여 개입할 때 행동이 폭력화되는 것을 선제적으로 막을 수 있기 때문에 매우 중요한 개념이다. 폭력에 관한 후속 연구에서도 이러한 전조행동에 대한 보다 심화된 연구가 이 책을 계기로 시작되기를 기대해 본다.

이 책의 한국 제목은 『사이버 괴롭힘의 이해와 대처』이지만 원제목은 『Bullying and cyberbullying: What every educator needs to know』이다. 왜 원제목인 사이버 불링이란 용어를 책의 제목으로 사용하지 않고 사이버 괴롭힘으로 대체했는지 간단하게 설명하고자 한다. Bullying은 한국에서 불링, 괴롭힘, 따돌림, 폭력 등 다양하게 번역되고 있는데 학술적으로 Bullying은 힘의 불균형에 기초하여 의도적이고 반복적으로 발생하는 폭력에 대하여 사용하는 용어이다. 이러한 불링이란 용어는 학교에서 발생하는 또래 간 폭력을 일컫는 용어로서 전 세계에서 가장 많이 사용되는 용어이며 이 책도 불링이란 용어를 사용하고 있다. 이 불링이 사이버 공간에서 발생하는 경우 사이버 불링이 된다. 그러나 한국에서는 불링과 유사한 개념으로 가장 많이 사용되는 용어가 '괴롭힘'이란 단어이다. 괴롭힘은 폭력의 한 유형으로 볼 수 있으나 실제 이 두 용어는 혼용되고 있는 실정이다. 그러나 엄밀히 말하면 앞선 설명과 같이 괴롭힘은 3가지 조건을 만족시키는 독특한 경우의 폭력을 일컫는 용어이다. 또한 제목과 같이 책의 많은 부분에서 bullying and cyberbullying이란 표현이 많이 나오는데 이 경우 앞선 bullying은 오프라인에서 발생하는 일반적인 괴롭힘을 말한다. 최근에는 이러한 괴롭힘을 전통적(traditional) 괴롭힘으로 명명하고 있다. 따라서 이 책에서는 bullying and cyberbullying을 전통적 괴롭힘과 사이버 괴롭힘으로 번역하여 보다 의미가 명확하게 와 닿도록 번역하였다.

　이 책을 처음 함께 읽고 토론했던 것이 2014년 여름이었다. 이후 교육학과의 학생들(송지연, 김서정, 임영은, 박예라, 이승은, 박지선, 신재은, 김신영, 정한솔, 이재희, 정지원, 김도현, 김여량, 최문정)과 원서 강독을 하며 구어적 표현이 많아서 이해하기 어려운 부분도 많았지만 모두가 사이버 괴롭힘을 새롭게 알아 가는 지적 희열을 느꼈던 순간이 추억으로 떠오른다. 지난 5년간 번역과 재번역을 거치며 2020년이 되어서야 출판을 하게 되었다. 교정을 도왔던 노은희, 반지윤, 박지혜, 최유진 박사과정 학생에게도 고마움을 전한다. 그리고 이 책이 나오기까지 적극적으로 지원해 주신 이선경 차장님과 황정원 선생님, 그리고 이 책의 출판에 관심을 가져 주시고 관여해 주신 박영스토리의 대표님과 직원분들께 다시 한 번 고마움을 전한다.

2020년 1월
오인수

차례

제8장 | 학부모와 함께 해결하기 · 225
- 같은 목표의 공유, 그러나 서로 다른 관점

결론 | 사이버 괴롭힘 연구 분야의 발전 · 255

괴롭힘의 수수께끼

도입

괴롭힘의 수수께끼

그냥 너도 맞받아쳐, 그러면 더 이상 안 괴롭힐걸.

맞받아치면, 학교 폭력으로 정학당할걸.

우리는 괴롭힘이 발생하면 아이들이 우리에게 항상 보고하기를 원한다.

그런데 그만 좀 고자질해라.

어른은 괴롭힘 사건에 항상 개입해야 한다.

이런 문제가 발생하면 왜 애들은 스스로 해결하는 법을 모르는 거야?

당신이 괴롭힘과 관련해 집어 들었던 책 중에 이 책이 아마 첫 번째 책은 아닐 것이다. 당신은 지금까지 괴롭힘과 관련된 많은 기사들이나 책들을 훑어보았겠지만, 괴롭힘 해결을 위해 수많은 의견과 논의를 제안했던 다양한 대책들로도 괴롭힘은 잘 해결되지 않기 때문에 좌절을 느꼈을 것이다. 학교 현장을 경험해 본 사람이라면 괴롭힘 상황이 얼마나 심각해

질 수 있는지 아주 잘 알고 있을 것이다. 반면에, 가벼운 장난조차 괴롭힘이라고 불리는 경우가 흔하다는 것도 잘 알고 있을 것이다. 우리는 괴롭힘의 표적이 되는 학생들을 돕고 싶지만, 그렇다고 아이들에게 무작정 사이좋게 지내라고 강요할 수 있는 것도 아니다. 또한 우리는 아이들이 사이버 공간에서 보다 잔인해질 수 있다는 것을 알고 있다. 하지만 어떻게 현실적으로 학교의 교육자들이 학교 밖과 사이버상에서 일어나는 문제들을 효과적으로 다룰 수 있을지 의문이다.

괴롭힘이 항상 존재해 왔다는 사실에 대해서는 모두가 동의하고 있는 것 같아 보인다. 그렇기 때문에 괴롭힘을 해결하기 어렵다는 것을 믿기 어려울 때도 있다. 괴롭힘은 항상 존재했다. 하지만 이제는 다르다. 우리는 모든 문제를 괴롭힘으로 보는 것이 옳지 않다는 것을 알고 있다. 하지만 무엇이 괴롭힘인지 명확하게 말하기는 쉽지 않다. 언젠가 한 교사가 나에게 괴롭힘은 마치 젤리를 움켜잡는 것과 비슷하다고 말했다. 왜냐하면 마치 젤리를 움켜잡는 것이 어려운 것처럼 문제는 여전히 존재하고 있고 또한 심각하지만, 그 문제를 해결하기는 상당히 어렵기 때문이다.

이 책의 목적은 전통적 괴롭힘과 사이버 괴롭힘에 대한 여러 쟁점에 대해 교육자들이 쉽게 이해할 수 있도록 돕는 것이다. 동시에 이러한 행동들을 효과적으로 다루기 위한 유용하고 현실적인 방법들을 제안하는 것이다. 괴롭힘 분야와 관련해서는 정말 많은 출판물들이 나와 있고 이런 출판물들은 서로 다른 영역에서 가치 있는 통찰을 제공해 준다. 그러나 구체적이고 진정성이 있으면서 동시에 온라인과 오프라인의 괴롭힘 행위 전체를 다루는 접근법을 찾기가 어려웠다. 아동기 발달과 그들의 최신 괴롭힘 방식, 교내에서 실제로 벌어지는 일들 그리고 아동기에 나타나는 디지털 행동 양상과 그 행동이 학교에서의 교우관계에 어떤 영향을 미치는지 등에 대해 확실히 이해하지 않고서는 학생들 사이의 이런 사회적 문제들을 구체적으로 다룰 수 없다고 생각한다. 괴롭힘은 복잡한 퍼즐과 같다. 왜냐하면 그것을 해결하기 위해서는 모든 퍼즐 조각이 필요하기 때문이다. 이 책은 바로 그 퍼즐 조각을 제시하려는 관점으로 쓰여졌다.

나를 간단히 소개하면 전통적 괴롭힘과 사이버 괴롭힘을 연구하는 현직 대학 교수이면서 괴롭힘 예방의 전문 강사로 활동하고 있다. 그리고 동시에 세 아이(두 명은 10대)의 엄마이면서 교사의 역할도 수행하고 있다. 이처럼 다양한 역할로 나를 소개할 수 있는데, 이러한 각각의 역할을 수행하면서 나는 괴롭힘에 대응하는 기술과 그에 대한 관점들을 향상시킬 수 있었다. 그중 가장 중요한 역할이 있다면 매사추세츠의 주립대학 심리학과의 교수 역할이다. 그곳에서 나는 전통적 괴롭힘과 사이버 괴롭힘에 관해 분석하는 연구소인 매사추세츠 공격성 감소 센터(MARC; the Massachusetts Aggression Reduction Center)를 운영하고 있다. 이 연구소는 2만여 명의 3~12학년 학생들을 대상으로 설문조사를 실시해 오고 있으며(나의 동료들 및 학생들과 함께), 매년 지역별 대학교 신입생 대상 설문조사(2010~ 2011년, 617명; 2011~2012년, 616명; 올해는 293명 이상)를 진행한다.[1] 이 연구소는 괴롭힘 피해 아동 수를 파악하는 것과 같은 전형적인 연구를 수행하면서 매우 독특한 연구도 함께 수행하는 등 괴롭힘과 관련된 다양한 주제들을 연구한다. 예를 들어, 자기 자신에게 사이버 괴롭힘을 행하는 학생(그렇다. 이들은 정말로 자신을 공격한다), 괴롭힘에 대해 고자질하지 말라고 들은 학생 중에서 괴롭힘을 알리려는 학생, 괴롭힘 중에서 성인들이 반응하지 않는 괴롭힘의 유형은 무엇인지 등에 대해 연구한다. 이러한 연구 결과는 이 책의 후반부에서 더 자세하게 다룰 것이다(부록 A는 이 책에서 인용된 연구들과 관련한 방법론적인 세부사항을 제공한다. 부록 B는 MARC에 대해 더 많은 정보를 제공한다).

하지만 내가 연구만 수행하는 것은 아니라는 점 역시 중요하다. 나는 교사, 학생, 학부모, 학교장 그리고 지역 사회 구성원들과 다양한 활동을 함께 하고 있다. MARC는 프로그램을 실행하고 연수를 제공하며 매년 수백 개가 넘는 학교의 교사, 학생, 학부모를 위한 다양한 프로그램을 진행한다(2010~2011학년도에는 약 250개의 학교를 방문하여 서비스를 제공하였다). 또한 MARC의 연구진과 함께 모든 서비스를 감독하는 역할을 한다(또는 그러한 프로그램의 진행을 감독한다). 그리고 증거기반 교육과정을 두 종류

개발하였다. 여러 학교에서 학생을 대상으로 이 교육과정을 실행할 수 있도록 대학생용 실행 매뉴얼을 개발하였다(학령기 아이들이 동경하던 대학생들과 토론하는 광경을 지켜본다면, 여러분은 아마 깜짝 놀랄 것이다 — 우리는 이 토론 내용을 통해 굉장한 통찰을 얻게 되었다). 나는 또한 수만 명의 교사, 교장 그리고 교직원을 대상으로 교육하는 일을 계속해 오고 있다. 마지막으로, 많은 지역 사회의 학부모 단체들과 소통하며 함께 관련된 일을 수행해 왔다. 이처럼 연구와 현장 업무 등에 모두 깊이 있게 관여함으로써 괴롭힘에 대한 나만의 특별한 관점을 개발할 수 있었다고 생각한다. 괴롭힘의 복잡한 역동에서 학부모는 매우 중요한 부분을 차지하기 때문에, 세 아이의 엄마로서 갖는 나의 또 다른 관점은 이러한 모든 주제에 대한 나의 접근을 더욱 실제적이며 현실에 기반을 두도록 도와주었다.

이러한 경험 이외에도 나는 아동 발달과 디지털 커뮤니케이션 영역에 특별한 관심을 가지고 있다. 아동 발달과 공격성 그리고 폭력이나 학대가 야기하는 아동기의 어려움에 대해서 25년 이상 연구해 오고 있다. 하지만 나의 두 번째 관심 영역은 항상 인간과 소통에 대한 테크놀로지의 영향력이었다(이것은 대략 2005년까지는 나의 첫 번째 관심 영역과 전혀 관계가 없는 부분이었다). 21세기 들어서 몇 년이 지난 후 디지털 커뮤니케이션이 지구 상에서 가장 은밀히 퍼지는 공격의 유형으로 등장하기 전까지 아동 발달과 디지털 커뮤니케이션을 연관 짓지 못하고 있었다. 사실상 하루아침에 나의 이 두 연구 영역은 결합되었다.

이제 몇 가지 주의사항을 알리려고 한다. 나는 변호사도 아니고 자격증이 있는 치료사도 아니다. 그렇기 때문에 이 책에서는 법적, 임상적, 치료적 조언에 많은 부분을 할애하지는 않을 것이다.

1 주요 주제

1장에서는 괴롭히는 학생들의 행동 패턴(특히, 학교에서 감독하고 확인하기 어려운 '전조행동[1](gateway behaviors)'의 발생)에 대한 내 연구 결과의 일부를 요약하려고 한다. 이 장에서는 애매한 괴롭힘 행동을 평가하기 위한 지침을 제시하고 괴롭힘의 역동이 사이버 공간의 맥락에서 왜 더 유동적인지에 대해 논의할 것이다.

2장에서는 괴롭힘의 유병률(prevalence)에 대한 다양한 연구 결과들에 대해 자세히 다룬다. 괴롭힘 행동은 실제로 얼마나 흔하게 나타나는가? 어떤 학생들이 가장 위험한가? 그리고 교육자들이 괴롭힘의 위험을 줄이고 학생들의 탄력성(resilience)을 강화하기 위해 사용할 수 있는 전략은 무엇인가?

3장에서는 괴롭히는 가해학생들에 대해 자세히 살펴볼 것이다. 과거에는 낮은 지위와 열악한 사회적 기술을 가진 학생들이 괴롭히는 경향이 있었다. 하지만 요즘에는 인기 있는 학생들도 괴롭힘에 관여한다는 증거가 존재한다. 또한 아동의 사회적 기술에 전자 기기가 미치는 영향을 논의하고, 오늘날 청소년들이 서로 소통하는 과정에서 지배적으로 사용되는 전자 기기의 영향에 대해 살펴본다.

4장에서는 사이버 괴롭힘과 온라인상의 행동이 대인 간의 갈등에 어떻게 영향을 미치는지에 초점을 둔다(보통은 갈등을 악화시킨다). 우리는 사

---

1) (역자주) 이 책의 저자는 전형적인 괴롭힘 행동은 아니지만 괴롭힘과 유사한 형태의 행동으로서 시간이 지나면 괴롭힘 행동으로 변할 수 있는 행동을 일컬어 'gateway behavior'라고 칭하고 있다. 이는 괴롭힘 문헌에서는 많이 사용되지 않는 독특한 용어라고 볼 수 있다. 한 가지의 어떤 행동 변화가 다른 행동의 변화를 이끄는 경우 변화를 이끈 행동을 관문행동(gateway behavior)으로 번역한 선행연구(김혜경 외, 2008)도 있으나 이 책에서는 gateway behavior를 전조(前兆)행동으로 번역하였다. 명확한 괴롭힘 행동은 아니지만 괴롭힘 행동으로 이끄는 조짐, 징조를 나타낸다는 의미에서 '전조'행동으로 번역하였다.

이버 괴롭힘의 몇 가지 독특한 — 그리고 복잡한 — 특징들과 왜 이것이 피해자들에게 강한 불안과 무력감을 야기하는지에 대해서 이야기할 것이다. 또한 이 장에서는 기기에 능숙한 아이들의 온라인 행동을 다룰 때 생기는 몇 가지 어려움에 대해서 간략히 설명한다.

5장에서는 디지털 커뮤니케이션에서 비롯된 독특한 문제들, 예를 들어 섹스팅(sexting: 성적으로 문란한 내용의 문자 메시지나 사진을 휴대폰으로 전송하는 행위), 자기-사이버 괴롭힘(self-cyberbullying) 그리고 초등학생부터 고등학생까지 발생하는 다양하고 위험한 온라인 행동에 대한 새로운 연구 결과들을 살펴본다.

마지막으로 6장부터 8장까지는 이전 장에서 살펴본 모든 내용을 바탕으로 괴롭힘의 발생률과 원인 등의 쟁점을 다루는 실제적인 방법들을 어떻게 개발할 것인지를 제시한다. 사이버 괴롭힘의 문제에 실제로 직면했을 때 우리는 무엇을 할 수 있을까? 6장에서는 '9초 반응'과 교육자들이 다양한 종류의 괴롭힘 행동을 다루는 데 쓸 수 있는 공식적, 비공식적 접근들에 대해 논의한다. 7장은 학생 설문조사를 통해 교육자들이 방관자와 다른 학생들에게 친사회적 행동을 이끌어 내고 긍정적인 환경을 조성하도록 역량을 강화할 수 있는 방법을 제안한다. 끝으로 8장에서는 학부모 설문조사 결과를 활용하여 전통적 괴롭힘과 사이버 괴롭힘에 대한 학부모의 시각을 해석하고 그 자료를 통해 학부모와 효과적으로 협력하기 위한 정보를 제시한다.

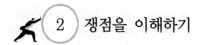 **2 쟁점을 이해하기**

본론으로 들어가기 전에 앞으로 이어지는 책의 논지를 명확하게 설명하는 몇 가지의 주요 사항들에 대해 얘기해 보자.

· 첫째, **괴롭힘**이라는 용어의 지나친 사용은 우리의 개입 노력을 방

해할 수 있다.

- 둘째, 괴롭힘은 하나의 학대행동(abuse behavior)이고, 그렇게 이해되어야 한다.
- 셋째, 매번 괴롭힘을 알아차리기는 쉽지 않다. 교사들과 행정가들은 무엇을 지켜봐야 하는지 몰라 때때로 어려움을 겪고 있다.
- 넷째, 학교에서의 괴롭힘은 인터넷에서 발생하는 괴롭힘과 분리되어 있지 않다. 전통적 괴롭힘과 사이버 괴롭힘이 별개의 것이고 서로 관련이 없는 사건으로 생각하는 경향이 있지만, 사실 이런 생각은 잘못된 것이라고 볼 수 있다.
- 다섯째, 괴롭힘은 어른 혼자서 해결할 수 있는 문제가 아니다. 아동은 스스로 자신의 짓궂은 행동에 대처하는 방법들을 배워야 한다.
- 마지막으로, 아동에게 그들의 사회적 관계에 대해 가르칠 때, 어떠한 방식으로 괴롭힘과 관련된 이야기를 전달할지에 대해 다시 한 번 생각할 필요가 있다.

1) 괴롭힘 용어의 과다 사용

괴롭힘(bullying)은 주로 괴롭힘을 당할 때(being bullied) 사용하는 용어이다. 하지만 너무 자주 사용되어서 본질적으로 용어가 갖고 있던 강한 어조가 점점 약해지고 있다. 이 용어는 모든 형태의 못된 행동 또는 더 일반적으로 짓궂은 공격 또는 기분을 상하게 하는 행동을 포함하는 모든 상황에 쓰이고 있다. 사고, 싸움, 폭행, 다툼, 악의 그리고 입장의 차이는 때때로 "괴롭힘"이라고 잘못 불려지고 있다. 비록 괴롭힘이 다른 사람에게 피해를 주는 모든 것이라고 잘못 이해되고 있지만, 사실 어떤 행동을 괴롭힘이라고 규정할 때의 기준은 단순히 *다른 사람에게 피해를 주는 모든 것*을 의미하지는 않는다. 정확히 정의하자면, **괴롭힘**은 자기보다 힘이 약한 상대를 대상으로 지속적으로 행하는 계산된 학대 행위를 의미한다. 물론 두 아동 사이에서 벌어질 수 있는 일회적인 공격적 행동도 계속 반복된다면 괴롭힘이나 학대 행위로 악화될 수 있다. 비교적으로 동등한 위치의 두 아동 사이에서 벌어지는 문제들도 한 아동이 우위에 있게 되는 상황으로 진행될 수 있다. 하지만 일회적인 사건과 힘이 비슷한 아동들 사이의 모든 싸움(fight)을 괴롭힘으로 명명하는 것은 피해야 한다.

왜 이 용어의 과다 사용에 초점을 맞추고자 하는가? 코를 훌쩍일 때마다 "감기"라고 부르는 것은 별로 문제가 되지 않는다. 하지만 상대에게 피해를 주는 모든 행동을 "괴롭힘"이라고 명명하는 것은 괴롭힘의 가해자 또는 피해자뿐 아니라 궁극적으로는 모든 사람과 학교의 전체적인 심리적 풍토에 부정적인 영향을 미친다.

(1) 아동은 책임을 회피할 수 있다.

괴롭힘을 다른 갈등과 구별하는 방법 중 하나는 괴롭힘은 책임이 대부분 일방적이라는 것이다. 따라서 "괴롭힘"을 과다 사용하는 것의 문제 중 하나는, 대인 간의 어려움들을 분별없이 괴롭힘이라고 부르도록 아동에게 허용함으로써 아동이 그 상황에 대해 본인이 어느 정도 책임져야 한다는 생각을 하지 않도록 부추기고 있다는 점이다(적어도 허용하고 있다). 다른 아동들과 싸우거나 다른 아동에게 괴롭힘을 행사하는 아동이 그러한 행동의 책임의 일부 또는 전부를 져야 한다는 것을 알면, 그 아동은 벌을 피하기 위해서 괴롭힘의 피해자인척 할 수 있다.

(나에게 반론의 이메일을 보낼 사람들을 위해) 나는 괴롭힘의 피해자가 자신의 피해에 대한 책임을 져야 한다고 말하는 것이 절대 아니다. 내가 말하고자 하는 것은 피해 상황이 발생했다는 것을 받아들이기 전에, 그 아동이 진짜로 괴롭힘의 피해자인지 분별하기 위해 몇 가지 질문을 하는 것이 꼭 필요하다는 것이다. 잘못된 행동에 대한 책임을 회피하려는 욕구는 지극히 정상적인 것이고, 처벌을 피하기 위해 거짓말을 하는 것은 충분히 이해할 수도 있다 — 몇몇 전문가들은 아동이 6살이 되면 (평균적으로) 90분마다 한 번의 거짓말을 한다고 한다. 하지만 아동의 안녕을 최우선적으로 생각하는 성인들은 괴롭힘이라는 단어를 듣자마자 정말 그것이 괴롭힘인지를 확인하는 의미 있는 과정을 놓칠 수도 있다. 이런 성인들의 감

정적 반응은 (일반적으로 본인의 어린 시절 경험에 비추어서) 거의 아무 질문도 하지 않은 채 즉시 과잉보호 태도를 취하게 만든다.

괴롭힘의 피해자가 되는 것은 부끄러운 일이기 때문에, 아동이 진짜로 괴롭힘을 당하지 않는 한 아동이 그 상황을 괴롭힘이라고 부르지 않을 것이라고 반박할 수도 있다. 또래들 사이에서는 이러한 주장이 유효할 수 있지만, 어른에게는 괴롭힘이라는 용어를 사용함으로서 얻는 장점이 있다— 모든 사람이 그것에 주목하게 할 수 있다는 것이다. 때때로 당신의 혈압이 올라감에 따라 그 아동이 진짜로 말하고자 하는 것은 "선생님, 지금 제가 하는 말을 잘 들어 주세요. 이건 중요하단 말이에요!"일 수 있다.

(2) 모든 사람이 피해자라고 하면 어느 누구도 피해자가 아니다.

괴롭힘이라는 용어를 과다 사용하는 것의 두 번째 문제는, 모든 현상을 괴롭힘이라고 부름으로 인해서 괴롭힘의 피해자가 경험하는 생생하고 어떤 경우에는 극단적일 수 있는 스트레스의 심각성이 과소평가되는 것이다. 교사로서 당신은 아마도 모든 가벼운 문제를 괴롭힘이라고 단정 지으며 말하는 학생들과 학부모를 보았을 것이다. 하지만 괴롭힘은 흔히 일어나는 가벼운 일이 아니다. 학교나 인터넷상으로 괴롭힘을 당하는 학생들은 지속적인 공포만 경험하는 것이 아니다. 학생들은 스스로를 지킬 수 없을 것이라고 생각하고, 거듭해서 상처에 상처를 입지만 그들 스스로를 방어할 수 없는 세상에서 계속 살게 된다(더 최악의 경우, 관심을 받으려는 시도조차 하지 않는다). 그저 가해자가 신경 쓰지 않는다는 것이 아니다— 괴롭힘을 당한 피해자는 세상이 아무런 관심을 가지지 않는다는 느낌을 받을 수 있다.

따라서 괴롭힘으로 인해서 피해자가 무력감을 학습하게 되고, 학습의 동기를 상실하게 되며 친구와 지원 시스템들도 잃는다고 말하는 것은 결코 과장이 아니다. 폭력에 취약한 학생들의 경우에는 이러한 잔인한 괴롭힘 경험의 결과로 우울이나 폭력 행동이 나타날 수 있다. 어떤 경우에는 괴롭힘 피해 경험으로 인해 아동들이 자살이나 살인을 (특히 아동들이 정신적인 위험 요인을 가지고 있을 때) 저지를 수 있다. 물론 이러한 극단적인 결과는 대부분의 경우에 나타나지는 않는다. 하지만 소수의 어떤 아동들이 더 심각하게 반응할지에 대해 예상하는 것은 어렵고 힘들다.

폭력의 피해자가 나타내는 일반적인 (상대적으로 눈에 잘 띄지 않는) 반응은 여전히 중요하다. 그러나 이러한 일반적인 반응이 괴롭힘이 거의 없는 상황에서 나타났을 때 무시될 위험이 있다. 표면상으로 눈에 띄는 피해가 없다고 해도 **매일** 의도적으로 격리되고 비웃음의 대상이 되는 것은 사회적으로도, 학업적으로도 파괴적일 수 있다. 왜냐하면 마치 다모클레스의 칼2)이 떠 있는 것처럼, 피해자는 현재를 견뎌 내면서 계속해서 미래를 두려워해야 하기 때문이다. 자주 일어나는 모든 사소한 다툼을 괴롭힘이라고 정의하게 된다면 이런 환경에서 지속되는 잔인함과 냉담한 현실은 별일이 아닌 것처럼 표현될 것이다.

더 안 좋은 경우로는 괴롭힘이라는 개념을 약화시키면 아동들 스스로도 괴롭힘을 덜 심각하게 생각할 수 있다는 점이다. 폭력의 심각함을 약화시키는 것은 우리가 원하는 것과 정반대이다— 하지만 우리는 괴롭힘이라는 용어를 과다 사용함으로써 결과적으로 그 심각함을 축소시키고 있다.

2) 폭력은 학대이다.

현장에서 직면하는 혼동되는 상황 중 하나는 괴롭힘과 싸움의 뒤섞임일 것이다. 싸움이나 다툼은 동등한 힘을 가진 사람 사이에서의 갈등이다. 다른 학대 유형들과 같이, 괴롭힘은 힘이 센 가해자와 저항할 힘이 없는 피해자 사이에서 벌어지는 학대이다. 몇몇 연구자들은 우리가 말하는 "괴롭힘"이라는 용어 대신에 "또래 학대(peer abuse)"가 더 적절한 표현일 것이라고 주장한다. 다른 학대의 피해자들처럼, 괴롭힘의 피해자도

---

2) (역자주) 다모클레스의 검은 영웅이 전장을 누비며 적과 싸울 때 쓰는 검은 아니다. 이는 아무 부족함이 없고 우아하게만 보이는 왕의 머리 위에 매달려 그 목숨을 위협하던 검이었다. 이 검은 권력을 탐하는 자에 대한 통렬한 경고였다. [네이버 지식백과] 다모클레스의 검 [The Sword of Damocles] - (신검전설, 2000.7.25, 도서출판 들녘)

전형적인 학대 피해자들의 반응을 보일 수 있기 때문이다 — 예를 들어 그들은 보복을 제일 두려워하기 때문에 괴롭힘을 표면적으로 아무것도 아닌 것처럼 축소시키고 성인의 도움을 거부할 수 있다. 가정학대로 현장에 출동한 경찰 중에 학대 받은 아내의 "괜찮다"라는 증언을 그대로 받아들이고 떠날 경찰관은 아마 거의 없을 것이다. 우리는 학대를 받은 아내가 보복을 두려워해서 자신의 고통을 최소화시킨다는 것을 알고 있다. 우리는 아내가 맞는 것이 괜찮다고 말하는 것이 진실이 아니라는 것도 알고 있다. 마찬가지로 어른들에게 "우린 그냥 놀고 있는 거예요" 또는 "전 신경 쓰지 않아요. 우린 친구예요"라고 말하는 괴롭힘의 피해자는 본인의 상황을 최소화시키는 것일 수 있다. 어른들이 힘의 불균형에 의해 발생하는 상황들을 중재하려 할 때, 가해자들 또한 전형적인 행동을 보일 수 있다. 가해자는 어른들이 중재하는 동안에는 협조하는 척 할 수 있지만, 그렇다고 해서 중재가 끝난 뒤에 그들이 그 결과에 따른다는 보장을 할 수는 없다. 괴롭힘이 학대의 일종이라는 것을 이해하는 것은 이러한 반응을 올바르게 해석하는 데 중요하게 작용할 수 있다.

3) 확인하고 대응하는 정보가 부족하다.

대부분은 아닐지라도 많은 사람들은 어렸을 때 괴롭힘을 보거나 경험했을 것이다. 우리가 어렸을 때 보았던 이러한 눈에 띄는, 특히 신체적인 괴롭힘에 주목해야 하는 것은 당연한 일이다. 그러나 최근의 자료들에 따르면 이러한 눈에 띄는 신체적 괴롭힘은 오히려 줄고 있다. 수많은 다른 연구들도 그러하고, 내 연구에서도 최근에는 심리적 괴롭힘 현상이 지배적으로 많은데, 내가 전조행동이라고 부르는 행동도 여기에 포함된다. 이제는 신체적인 괴롭힘 사건이 뉴스에서 주목을 받는 경우는 흔치 않다. 이러한 신체적 괴롭힘에 대한 잘못된 초점은 우리로 하여금 나무만 보고 숲을 보지 못하게 한다. 우리는 무엇을 확인하고, 무엇에 대응할지에 대해 보다 정확히 알아야 한다.

우리가 관심을 두어야 할 것은 오늘날 아이들의 생활에 끼친 정보혁

명의 영향이다. 이 지속적인 디지털 의사소통은 실제로는 상당히 낮은 수준의 지식과 관련이 있다(경우에 따라서는 성숙과도 관련이 있다). 아이들은 버튼을 누르는 것은 쉽게 배우지만, 다양한 정보통신기기를 쉽게 사용함에도 불구하고 디지털 의사소통의 **영향**을 이해하지는 못한다. 정보통신기기가 바꿔 놓은 사실은 얼마나 자주 연락을 하는지가 아니라 어떻게 연락을 하는지와 관련된 것이다. 나는 이것을 이 책의 후반부에서 더 자세히 설명할 것이다. 지금은 아이들이 별 노력 없이 새로운 기술의 도움을 받아 인지적인 패턴들을 쉽게 습득하고 있지만, 그들이 어떤 정보를 놓치고 있는지, 이러한 얕은 디지털 기기를 이용한 상호작용이 얼마나 온라인과 학교에서 사회적 문제를 야기하고 있는지에 대해서는 의식하지 못한다는 사실만 언급하고 넘어가겠다.

신체적이지 않은(정신적인) 괴롭힘 유형이 증가하고 있고 디지털 의사소통 방법이 넘쳐 나는 현실은 학생들과 그들의 괴롭힘 행동에도 엄청난 영향을 주고 있다. 안타까운 점이라면, 우리는 상당한 시간 동안 매우 소모적으로 디지털 기기를 사용한 후에야 비로소 뒤늦게 이런 문제들을 이해하기 시작한다는 점이다. 그러나 좋은 소식도 역시 있다. 우리가 학교에서 어떠한 행동에 주목해야 하는지에 대해서는 명백하고 일관된 자료가 있다는 것이다. 그뿐만 아니라, 아이들이 디지털 기술로 인해 고통을 겪게 되는 것은 기술적인 문제가 아니라는 것이다. 우리가 아이들에게 도움을 줄 수 있는 것은 사이버 의사소통을 할 때 어떻게 정확한 의미를 전달하고 해석하는지에 관한 것이다. 글을 써서 게시판에 올리는 행위가 실제로 삶에 어느 정도 영향을 미칠지를 가늠할 수 있는 능력은 **생활경험**(life experience)과 관련이 있지, 기기를 다루는 기술과 관련이 있는 것은 아니기 때문이다.

(1) 공식적인 교육이 유일한 대응이 될 수 없다.

괴롭힘과 관련해서 어떠한 정보를 찾아야 할지 모른다면 당신은 괴롭힘에 대해 대응할 수 없다. 우리는 쉽게 알아챌 수 있는 "옛날 방식 (old-fashioned)의" 괴롭힘에 대해서는 어떻게 대응해야 하는지 잘 알고 있다. 만약 아이들이 신체적인 싸움을 하는 것을 본다면, 우리는 그들을 떼어 놓고, 사건을 조사하고 그 상황에 맞게 교육할 것이다. 그러나 만약 싸움이 겉으로 드러나지 않으면 어떻게 할 것인가? 지금까지 괴롭힘에 대응하는 가장 주된 방법은 공식적인 교육이었다. 공식적인 교육은 괴롭힘의 주요 예방책이었다. 그러나 이것이 얼마나 괴롭힘을 예방하는 데 효과적이었는가? 만약 괴롭힘이 눈에 드러나지 않으면, 어떤 교육이 행해져야 할까? 간단히 말하면, 공식적인 교육만으로는 충분한 예방이 될 수 없다. 우리는 전통적 괴롭힘과 사이버 괴롭힘 둘 다를 예방하기 위해 공식적인 교육 이외에도 또 다른 예방책을 강구해야 한다.

4) 구분되지도 않고 그렇다고 같지도 않은 전통적 괴롭힘과 사이버 괴롭힘

사이버 괴롭힘이 전통적 괴롭힘과는 다른 별개의 방법이기 때문에 서로 영향을 주는 방식을 파악하는 것은 쉽지 않다. 어른들은 전통적 괴롭힘과 사이버 괴롭힘을 서로 관련이 없다고 생각하는 경향이 있다. 그러나 나는 두 종류의 괴롭힘 모두 초등학교에서부터 일어나고 그 둘은 동시에 자주 일어나며, 아이들이 고등학생이 될 때까지 지속된다고 본다. 이 상호작용을 보다 잘 인식하기 위해서는 사이버상의 의사소통이 기존의 의사소통 방식을 어떻게 바꾸었는지, 어떻게 온라인과 오프라인을 넘나드는 상호작용이 가능한지를 파악하는 것이 필요하다. 아이들은 학교 복도와 사이버 공간이 분리되어 있다고 생각하지 않는다. 문자 메시지를 보내는 것은 다른 방식의 대화이고 인터넷은 친구들을 만나는 또 다른 장소인 것이다. 디지털 기기를 사용하는 것이 인지와 정서에 미치는 심각한 영향에 관한 우리의 지식은 아직 초보적인 수준에 지나지 않는다.

5) 아이들 스스로 이 쟁점들을 다루도록 가르치기

온라인이나 오프라인상에서 아이들의 상호작용에 대해 언제 반응할지 그리고 과민 반응하지 않으면서 어떻게 소통할지를 결정하는 것은 분명히 어려운 일이다. 우리가 전통적 괴롭힘과 사이버 괴롭힘을 다룰 때 아이들과 함께 해야 한다는 점은 분명하지만, 또 다른 한편으로는 인생에서 아이들은 때때로 약간은 잘못된 행동을 경험하기 때문에 이런 문제들을 다루는 법을 배워야 한다. 사실, 우리는 아이들이 약간의 무례한 행동에 노출되기를 원한다. 왜냐하면, 아이들이 그런 불친절한 사람들을 경험해 보면서 그들에게 어떻게 대응해야 하는지를 연습할 수 있기 때문이다. 우리는 항상 아이들이 이러한 공격적인 행동을 다룰 수 있도록 도울 수 있다. 그러나 만약 어른들이 아주 사소한 상황까지 모두 관여를 한다면 어떻게 아이들이 그런 상황들에 대처하는 방법을 배울 수 있겠는가? 만약 몇몇의 상황들은 아이들이 스스로 해결하고 배울 수 있게 남겨 두려고 한다면, 어떠한 경우에 한해서 어른들이 개입하는 것이 필요할까? 감정이 많이 상한 경우일까? 아마도 우리가 개입해야 하는 상황의 특징들은 상황에 따라 달라질 것이다. 만약, 어른들이 모든 예방의 책임을 짊어진다면 어떻게 아이들은 이런 행동들을 또래 사이에서 통제하는 방법에 대해 배울 수 있을까? 괴롭힘 행동이 그리 심각하지 않은 경우, 우리는 그 가해자와 피해자 또는 둘 모두에게 개입해야 할까? 물론 어른들은 아이들의 반사회적인 행동을 고쳐 주어야 한다. 또한 위험으로부터 아이들을 보호하고, 또래가 그들에게 잘못했을 경우 감정적으로 잘 대처하도록 도와주어야 한다. 그러나 이것은 오직 어른들만 해야 하는 행동은 아니다. 우리는 아이들이 전통적 괴롭힘과 사이버 괴롭힘을 잘 다룰 수 있도록 역량을 강화시켜 주어야 한다. 그리고 그러한 아이들의 역량은 괴롭힘 문제를 해결하는 데 가장 중요한 열쇠가 될 것이다.

6) 메시지(교육)와 메신저(교육하는 사람) 둘 모두의 중요성

정보는 진공 상태에서 발생하지 않는다. 의사소통이 미치는 영향을 결정짓는 것은 메시지의 내용과 메시지를 보낸 메신저의 맥락적 상황이다. 어떤 상황이 또래들에게는 문제가 되지 않는데 어른이 보기에 문제가 되는 경우, 미묘한 요인(gag factor)들이 관여하게 된다(예, 메시지에 동의하기보다는 오히려 무시하는 것이 친구 사이에서 유리한 경우). 사회적 지위가 높은 메신저(그 사람의 말을 듣는 것이 사회적으로 이득이 되는 경우)를 선택하는 것은 분명히 효율성을 증가시킨다. 더 쉽게 말하자면, 높은 지위를 지닌 또래는 다수의 어른들보다 더 영향력이 있다.

(1) 아이들과 미묘한 요인(gag factor)

많은 괴롭힘 예방 프로그램은 아이들이 평가하는 것보다 훨씬 효과적이다. 중학교 학생들이 무시하는 프로그램이라 할지라도 이러한 프로그램은 나중에 피어날 꽃의 씨를 심는 역할을 할 수 있다. 그러나 여전히 가장 효과적인 괴롭힘 예방을 위해서는 아동들과 청소년의 시각과 경험들을 반영해야 한다. 아이들에 의해, 아이들을 위해 만들어진 예방 프로그램이 성공할 가능성이 높다. 매사추세츠 공격성 감소 센터(Massachusetts Aggression Reduction Center)에서 우리는 졸업했거나 재학중인 대학생과 대학원생들을 교육했다. 이러한 교육을 한 이유는 어른들의 생각이 정말 괜찮아 보인다 할지라도 학생들의 생각이 더 진실하고 영향력이 있을 것이라고 가정했기 때문이다. 이때 중요한 것은 어른들이 이해하기 어려운 학생들의 감정을 파악하는 것이며 어른들에게 얘기하지 않는 학생들의 생활경험을 파악하는 것이다.

아이들과 디지털 생활을 얘기할 때보다 더 중요한 어떤 특정 영역은 없었다. 하나의 효과적이지 못한 예라면, 어른이 주도적으로 이메일의 잘못된 사용에 대해 토론하거나(아이들은 실제로 또래들과 이메일을 거의 사용하지 않는다), SNS와 관련된 황당한 사례들을 소개하는 경우이다. 차라리 "나는 도무지 모르겠어"라고 반짝이는 네온 사인을 들고 있는 것이 나을지도 모른다. 설사 아이들의 세계를 이해한다 할지라도, 아이들 사이에서 인기가 있는 또래들에게 내용을 전달하게 하는 것이 훨씬 효과적일 것이다.

(2) 오해의 소지가 있는 슬로건들

궁극적으로 메시지는 당연히 메신저보다 더 문제시된다(어쩌면 덜 문제시될 수도 있다). 오늘날 많은 교육자들은 폭력을 예방하는 방법으로 폭력을 목격하면 "어른들에게 말해라"라는 슬로건을 들었을 것이다(그리고 아마 반복했을 것이다). 나는 이 슬로건이 도움이 된다고 생각하지만 약간의 중요한 문제점도 있다고 본다. 첫 번째로, '말하다'라는 단어에는 아이들에게 '고자질하다'와 같은 많은 의미들이 함축되어 있다고 여겨진다. 그 슬로건은 어린 시절 중요한 규칙인 "절대로 고자질 하지 말라"라는 것을 위반하는 것이 얼마나 어려운 것인지를 인정하지 않는다. 이 슬로건의 또 다른 문제점은 포화 상태를 넘어서 지나치게 남용되고 있다는 것이다. 자신의 생각을 분명히 표현하는 7학년 남학생이 언젠가 나에게 이런 말을 한 적이 있다. "내가 만약에 '어른에게 말해'를 한 번 너 듣는다면, 나는 그런 이야기를 하는 독선적인 어른의 신발 위에 토를 해 버릴 것 같아요."

이처럼 광범위하게 많이 사용되는 슬로건들은 단지 효과가 없다는 것에서 끝나지 않는다. 만약 슬로건들이 단순하게 잘 작동하지 않을 뿐이라면, 나는 그것들을 신경 쓸 필요가 없다고 생각한다. 그러나 단기적으로 봤을 때, 슬로건의 포괄적인 사용은 실제로 더 중요한 예방 메시지를 약화시킨다. 학생들에게 누가 폭력을 목격했는지 그리고 "어떻게 도와줄 것이니?"라고 묻기보다는 "어른들에게 말하라"라는 주문만 단독으로 사용하게 되면 많은 방관자들에게 "도와줄 필요 없어. 여기서 발생하는 모든 책임감을 넌 피할 수 있어. 그냥 어른들에게 책임을 전가해"라고 말하는 것과 같다. 이처럼 간결하고 눈에 띄는 구호들이 널리 사용됨으로써 아이들이 감당해야 할 매우 중요한 역할은 평가절하될 수 있다. 만약에 학생들에게 그들 스스로 해결해서는 안 되고 어른들에게 말하는 것이 정답이라는 것을 강조한다면, 우리는 학생들에게 근본적으로 자신들의 공동체에 너무 많은 책임감을 느낄 필요는 없다고 말해 주는 것과 같다.

마지막으로 세 번째 (상당히 중요한) 문제점은 맥락을 고려하지 않고 사용되는 "어른들에게 말하라"라는 슬로건은 어른들에게 말하는 전략은 성공할 것이라고 넌지시 암시한다는 것이다. 하지만 그것은 사실이 아니라는 것이 최근의 연구 결과에 의해 밝혀지고 있다(더 많은 내용은 7장에 제시하였다). 어른들은 항상 아이들을 위해서 자신들이 문제를 해결할 수 있을 것으로 여기지만, 실제로 그렇지 못하는 많은 괴롭힘 사건들을 흔하게 볼 수 있다. 나는 폭력 해결에 있어 무력감 느끼는 것을 싫어한다. 그러나 솔직하게 말하면 아이들이 괴롭힘 상황에 직면했을 때 어른들이 항상 해결할 수 있는 것은 아니다. 그렇기 때문에 나는 단지 "어른들에게 말하라"라는 것만을 주장하는 것을 추천하지 않는 것이다.

이와 유사하게 어디서나 들을 수 있는 슬로건은 "주변인3)을 개입시켜라"라는 것이다. 그러나 모든 괴롭힘 사건에 주변인이 존재하는 것은 아니다. 그리고 주변인이 있다고 하더라도, 과연 그들이 문제가 되는 유일한 또래들인가? 괴롭힘 현장에 있으면서 그 상황을 목격하지는 않았지만 그것에 대해 알고 있거나 가해자와 친구가 된(강화시킨) 아이들은 어떠한가? 피해자가 된 아이의 친구들이나 이들의 친한 친구들은 어떠한가?

신체적으로 드러난 폭력을 멈추고 괴롭힘 상황에 개입하며 어른들에게 보고하는 것은 매력적인 아이디어다. 그러나 이런 전략들을 유익하다고 여긴다 할지라도 최근의 자료들은 연구자들로 하여금 그렇게 하는 것이 실제로 성공적인지에 대해 의문을 갖게 한다. 개입하거나 어른들에게 알리는 것이 괴롭힘 사건에 정말로 도움이 되는지 더 많은 이해가 필요하다는 생각이 들었다. 왜냐하면 우리는 개입하거나 어른들에게 말하는 것이 폭력 사건들에서 정말로 도움이 되는지 정황에 대한 더 많은 이해가 필요하기 때문이다. 괴롭힘 예방에 대한 많은 논의들은 개입하거나 어른들에게 말하는 것을 강조해 왔지만, 우리가 주변인들과 또래들에게 실제

---

3) (역자주) 주변인은 bystander를 번역한 것으로 폭력 상황을 목격한 주변인의 모든 사람을 지칭하는 용어다. 주변인은 가해자를 돕는 동조자(assistant)와 보고도 못 본 척하거나 무시하는 방관자(outsider) 그리고 피해자의 편에 서는 방어자(defender)로 구분된다.

적이고 효과적으로 권한을 주기 위해서는 그전에 괴롭힘에 대해 더 많은 이해를 할 필요가 있다고 생각한다.

⟨3⟩ 이 책이 당신에게 무엇을 제공해 줄 수 있나?

이 책은 다른 책들과 다른 점을 가지고 있다. 이 책이 제공하지 않는 것이 무엇인지 먼저 말해야 할 것 같다. 이 책은 당신에게 바로 적용할 수 있는 해결 방안을 가르쳐 주거나 언제나 적용할 수 있는 하나의 간단한 조치를 보여 주지는 않을 것이다. 또한 당신을 소셜미디어의 전문가가 되도록 하지도 않을 것이다. 이 책을 통해 모든 어른들이나 아이들이 예의 바르게 행동하노록 바꿀 수도 없다. 하지만 이 책은 구체적이고 연구에 기반을 둔, 최신의 실용적이고 실제적인 관점들을 직접적이고 유용하게 제공할 것이다.

교육자들과 함께 작업하면서 내가 발견하게 된 한 가지 역설적인 사실은 우리가 어린 시절에 경험한 사회적 잔혹함 때문에, 성인들은 학생들 사이에서 발생하는 괴롭힘을 잘못 해석하게 된다는 점이다. 괴롭힘을 당한 아픈 기억들은 자극제가 되어 어른들로 하여금 단순하고 즉각적인 반응들을 찾도록 한다. 그러나 복잡한 문제들을 단순하게 해결하는 것은 불가능하고, 이를 해결하기 위해서 많은 시간이 필요하다. 이 책에서 모든 가능한 이론들 각각에 대해 설명하지 않겠지만, 전체적으로 이 책은 독자들에게 괴롭힘 문제의 복잡성에 대해 잘 파악할 수 있도록 도울 것이다. 매우 다양한 측면이 포함된 문제 전체를 단일 요인으로 설명하는 것은 매혹적일 수 있지만, 그러한 접근으로 효과적인 반응을 이끌어 내는 것은 어려울 수 있다.

괴롭힘의 고통은 실제이며, 고통은 항상 우리로 하여금 **빠른** 반응을 찾도록 한다. 그러나 학교의 풍토를 변화시키는 것은 일반적으로 **빠르게**

할 수 있는 일이 아니고, 사회적 요인들 역시 이러한 변화를 방해할 것이다. 예를 들어, 오늘날의 괴롭힘 가해자들은 인기가 많고 사회적으로 힘이 센 학생이다. 이러한 사실은 학생들에게 (가끔씩 정확하게) 누군가를 괴롭히면 사회적 지위가 상승될 것이라는 인상을 남긴다. 학생들 사이에 깊이 새겨진 이러한 믿음 때문에 폭력성에 익숙해진 학생들은 학대와 공격성이 정상적인 생활 환경이라는 일반적인 생각을 하기 쉽다. 그렇기 때문에 학교의 심리적, 사회적인 풍토를 바꾼다는 것은 긴 여정과 같은 것이다. 나에게 마법과 같은 비법은 없지만, 교육자들이 실제적인 차이를 만드는 데 필요한 지식과 행동들은 여기에서 찾을 수 있을 것이다. 빠르고 쉬운 변화들을 기대한다면 이 책에서는 찾기 어려울 것이다.

궁극적으로 우리는 학생들에게 상대방을 존중하는 행동이 중요한 사회적 행동임을 가르쳐야 한다. 우리는 존중(respect)에 대해서 많이 듣는다. 나는 존중이 타인의 가치에 대한 긍정적인 태도와 다른 사람에 대한 배려라고 생각한다. 나는 어떻게 학생들이 이러한 존중과 배려가 중요하다는 것을 느끼도록 할 수 있는지에 대해서 잘 모른다. 그러나 나는 그들에게 정중하게 행동하라고 요구할 수는 있다. 그런 행동을 통해 평화로운 상호작용이 일어나면 마음을 상하게 하는 행동이 억제되는 법이다. 다른 사람들이 어떻게 생각하는지 느끼도록 아이들을 가르쳐야 한다.

그러나 학생들을 성공적으로 가르치기 위해서 우리는 무엇을 찾아봐야 하는지 알아야 한다. 괴롭힘과 사이버 괴롭힘을 동시에 예방할 수 있는 방법이 있는지, 언제 어떻게 적절한 처벌을 해야 하는지 그리고 아이들에게 적절한 자기주장과 자기 효능감을 장려하는 동시에 어른들과 또래들로부터 보호받는다는 긍정적인 감정의 연대를 촉진시키는 방법에 대해 알아야 할 필요가 있다.

지난 25년 동안 나는 학생들, 그들의 사회적 삶, 서로에 대한 잔인한 행동들 그리고 그들의 면대면 대화와 디지털 상호작용 사이의 차이에 대해 공부해 왔다. 많은 일화들과 연구를 통해, 나는 소위 우리가 말하는 전통적 괴롭힘과 사이버 괴롭힘의 현상을 다른 사람들이 잘 이해할 수 있도록, 또한 어떻게 도울 수 있는지에 대해 좀 더 깊게 이해할 수 있었다. 이 책의 목표는 당신도 나처럼 이러한 현상에 대해 보다 심도 있게 이해하도록 돕는 것이다. 이후의 내용도 계속 읽어 나가기를 바란다.

제1장

괴롭힘의 새로운 측면

"전조행동"의 이해

제1장

괴롭힘의 새로운 측면
"전조행동"의 이해

단 한 번의 사건으로도 괴롭힘이 될 수 있다.

(뉴저지, 뉴햄프셔, 호주의 법)

VS.

괴롭힘은 우연히 일어나거나, 단 한 번 발생한 사건이 아니다.[1]

 1 괴롭힘 행동 확인하기:
이론적으로는 쉽지만 실제에 적용하긴 어렵다.

당신은 이미 오래전에 괴롭힘이라고 여겨지는 상황들을 마주했을 것
이다. 그러한 상황들은 세 가지 특징들과 관련이 있는데, 이는 현재의 괴
롭힘에도 적용된다.[2] 이 세 가지 특징들은 다음과 같다.

- **힘의 불균형:** 높은 사회적 지위의 결과로서 괴롭힘의 가해자들은
막대한 힘을 행사한다.[3]

- **반복성**: 괴롭힘은 반복적으로 일어난다. 심각한 정도와는 무관하게 한 번 우연히 일어나는 것은 괴롭힘이 아니다.
- **의도성**: 우연히 일어난 사건이나 행동의 잔인성만 보고 무조건 괴롭힘이라고 하지 않는다. 괴롭힘은 두 학생 간의 역기능적인 관계에서 발생한다. 일반적인 의미에서 이 학생들은 서로 알고 있을 수도 있고 아닐 수도 있지만, 그들은 반복적으로 상호작용한다.

힘의 불균형, 의도성, 반복성. 이론상으로는 이 세 가지 특징을 알고 있다면, 당신은 괴롭힘이 일어나는 상황을 즉각적으로 알아챌 수 있어야 한다. 그러나 개념적으로 알기만 하는 것은 유용성에 한계가 있다. 이 세 가지 특성 중 어느 하나도 실제 상황에서 명백하게 드러나지는 않기 때문이다. 물론, 그 세 가지 특성이 실제로 존재하고 있음에도 불구하고 말이다. **의도성**은 겉으로 보이는 것이 아니라 내적인 과정이고 각각의 학생들은 상대방의 의도를 각각 다르게 해석한다. 만약 당신이 괴롭힘의 장면을 반복해서 보게 되었다면 괴롭힘의 정의를 내리는 특성 중 하나인 **반복성**은 쉽게 찾을 수 있을 것이다. 그런데 괴롭힘을 목격했을 때, 그 상황이 처음 발생한 것인지, 아니면 수백 번의 괴롭힘 중 한 번이었는지는 어떻게 알 수 있을까? **힘의 불균형**을 찾는 데 도움을 주는 몇 가지 단서들이 있는데, 그 내용은 추후에 다시 설명하겠다. 그러나 의도성, 반복성, 힘의 불균형을 판단하기 전에 당신은 어떤 행동들이 괴롭힘이 될 수 있는지 인식해야 한다. 눈에 쉽게 띄는 신체적인 괴롭힘을 발견하는 것은 쉬운 편이다. 그래서 오늘날의 학생들은 신체적으로는 안전해졌지만, 새로운 형태의 괴롭힘 행동을 알아채는 것은 더 어려워졌다.

2 20년 전의 괴롭힘이 아니다.

1부: 전조행동

10년 전에는 괴롭힘의 가해자들이 신체적으로는 크고, 학업적으로는 부진하며, 학교에서 다른 친구들에게 인기가 많지 않았다.[4] 괴롭힘은 대부분 신체적인 싸움과 관련이 있었고, 어른들의 시야에서 벗어나 학생들끼리만 있을 때 일어났다. 오늘날의 어른들은 신체적인 괴롭힘이 대부분인 시기에 성장했지만 요즘에는 세상이 변했다. 지금의 학생들은 철저히 관리되고, 눈에 띄는 신체적인 협박이나 공격들이 쉽게 용인되지 않는 환경에서 살고 있다.[1] 오늘날의 괴롭힘은 사회적·정신적으로 잔인한 형태로 진화되고 있다. 그러한 형태의 공격들은 가해자가 신체적으로 크지 않아도 되고, 상대에게 신체적 손상을 입히지 않아도 되며, 어른들의 눈을 피해 학생들끼리만 있는 비밀스러운 공간이 없어도 가능하게 되었다.

많은 어른들은 여전히 과거에 존재했던 신체적인 괴롭힘을 찾으려고 하고 있어서, 오히려 실제로 발생하고 있지만 잘 보이지 않는 괴롭힘을 놓치기가 쉽고 그 심각성을 과소평가하기 쉽다. 외적으로 보이는 행동들이 위험해 보이지 않으면, 그 행동은 큰 영향이 없다고 여겨지기 쉽기 때문이다. 요즘에 괴롭힘 가해자들은 규칙을 어기는 행동을 하여 어른들의 주의를 끌지 않는다. 오히려 그들의 타겟(target)이 되는 피해자들을 눈에 띄지 않는 방법으로 통제하고 정서적으로 무시하는 방법으로 괴롭힘을 하는 경향이 있어서, 이런 상황을 어른들이 알아채기 어렵게 되었다. 오늘날에는 주먹으로 누군가를 위협하면 즉각적으로 발견되어 처벌을 받기 때문에, 예전과 같은 신체적 괴롭힘을 하는 것은 위험하다. 그래서 어른들의 감독하에 있는 시간이 늘어날수록 신체적인 괴롭힘은 줄어드는 경

---

1) (역자주) 국내에서도 학교 폭력 현상에 무관용원칙(zero-tolerance)을 엄격하게 적용하여 2012년 이후 학교 폭력이 눈에 띄게 감소하는 양상을 보이고 있다. 특히 눈에 쉽게 띄는 신체적, 물리적 폭력의 감소 추세가 뚜렷하다.

향이 있다. 하지만 피해자들 앞에서 그들에 대해 뒷담화를 하거나, 그들이 지나갈 때 낄낄 소리 내어 웃거나 교실에서 그들이 이야기할 때 곁눈질을 하는 등의 미묘한 행동을 함으로써 괴롭힘 가해자들은 학생들과 어른들이 목격하고 있는 상황에서도 피해자들을 괴롭힐 수 있다. 이렇게 무례하고 사회적으로 악의적인 의도가 있는 행동들이 항상 괴롭힘의 지표인 것은 아니지만(오직 그 행동이 힘이 약한 학생에게 의도적이고 반복적으로 행해질 때 괴롭힘에 해당된다), 이런 행동들은 그 목적과 상관없이 어디서든지 행해질 수 있다. 3학년부터 12학년까지 27,000명의 학생들을 대상으로 실시한 나의 연구에서 중·고등학생들이 보고하기를 괴롭힘이 가장 많이 일어나는 장소가 교실과 복도라고 하였다. Davis와 Nixon의 피험자들 또한 교실이 가장 빈번한 괴롭힘의 장소라고 보고했다.[5] 전조행동이 학교의 복도나 교실에서 더 빈번하게 일어날수록 그러한 공간에서 생활하는 학생들과 어른들은 이 행동을 일상적인 행동이라고 여기게 될 가능성이 높다.

좋은 의도를 갖고 학생들의 안전을 책임지려고 노력함에도 불구하고, 학생들을 향한 감시가 증가하게 됨으로써 오히려 괴롭힘의 가해자가 공공장소에서도 괴롭힘을 할 수 있는 방법을 고안해 내도록 유도하게 되었다. 이러한 변화들로 인해 괴롭힘을 당할 때 대응할 수 있도록 어른들이 알려 주는 방법들은 구식이라 적용이 안 될 뿐만 아니라 사실상 역효과를 낳게 된다. 대략 30년 전에는 자신이 쉬운 대상이 아님을 증명하기 위해서 괴롭힘 가해자를 때리도록 조언하는 것은 흔한 일이었다. 1975년에는 가해자의 괴롭힘에 폭력으로 반격하는 것이 실행 가능한 시기였다. 하지만 오늘날에는 폭력을 가하는 피해자들은 즉시 곤경에 처하기 쉽고, 오히려 가해자뿐만 아니라 어른들과도 좋지 않은 관계가 될 것이다.[2]

---

2) (역자주) 이처럼 피해자가 괴롭힘에 대한 보복으로 가해행동을 하는 경우 도발적 피해자(provocative victim)이라고 부른다. 결과적으로 피해와 가해를 동시에 경험하는 가·피해자(bully-victim)가 되는데 현행 학교 폭력 예방 및 대책에 관한 법률에 따라 이러한 경우에도 가해학생과 같이 함께 처벌받는 것을 피할 수 없다.

1) '전조행동' vs. 신체적 괴롭힘의 비율

나는 이와 같이 정신적으로 상대방을 무시하거나 무례하게 하는 행동을 '전조행동(gateway behavior)'이라고 부른다. 왜냐하면 이 행동들은 "처음에"는 경미한 수준이나 위험 감수를 덜하는 방법으로 힘을 과시하거나 상대방을 무시하기 때문이다. 이러한 전조행동이 방치된다면, 괴롭힘 행동의 빈도수와 심각성이 증가되고 악화될 것이다.[6] 연구 결과는 현장에서 관찰된 결과와 맥을 같이한다. 오늘날 전조행동은 다른 괴롭힘들, 예를 들어 명백히 관찰되는 괴롭힘 행동들보다 더 빈번하게 일어난다. 내가 2011년도에 대학교 신입생을 대상으로 한 연구에서 피험자들은 신체적인 괴롭힘보다 전조행동으로 인한 괴롭힘을 더 많이 경험했다고 보고하였다.[7] 실제로, 피해자의 12%만이 신체적인 괴롭힘을 당했다고 보고했다. 나머지(88%)는 정신적인 괴롭힘에 의한 피해자였다(전조행동을 괴롭힘에 포함시키기 위해서는 앞서 설명한 괴롭힘의 3가지 기준을 충족해야 하고, 또한 그 행동이 상대방을 매우 속상하게 하는 행동이라고 평가받아야 한다).

이러한 연구 결과들은 매년 비슷한 양상을 보인다.[3] 2012년의 연구에서는 피험자의 6%만이 고등학교 때 신체적인 괴롭힘의 피해자라고 보고했지만, 34%는 고통스러운 루머나 거짓말의 피해자였고, 32%는 공개적으로 지목되어 따돌림을 받은 경험이 있다고 보고했다.[8] 최근의 다른 연구들은 신체적 괴롭힘 대비 비신체적 괴롭힘의 비율에 있어서 비슷한 결과를 보인다.[9] 한 연구는 과거 몇 년간 괴롭힘의 변화에 대해 연구를 했는데, 그 결과 다른 심리적인 괴롭힘의 감소에 비해 신체적 괴롭힘의 감소가 훨씬 빠르다고 말했다.[10] 13,000명의 학생을 대상으로 연구한 'Youth Voice Project'에서도 정신적인 괴롭힘은 신체적인 괴롭힘보다 더 흔한 양상을 보였다는 것이 밝혀졌다.[11] 십여 년 전, Craig는 신체적

---

3) (역자주) 이러한 양상은 국내 학교 폭력 현상에서도 동일하게 발견된다. 신체적, 물리적 폭력은 보다 빠르게 감소하는 반면 눈에 띄지 않는 정서적, 관계적 폭력의 감소는 적은 편이다. 반면에 사이버상에서 발생하는 사이버 폭력은 상대적으로 증가하고 있는 추세다.

괴롭힘은 연령이 낮은 아이들에게서 나타나지만 정신적 괴롭힘은 학령기 아이들에게서 더 흔히 일어난다고 보고했다.[12]

나의 연구에서는 가해자 스스로도 전조행동을 사용하는 것을 가장 빈번하게 보고했으나, 19%만이 이 행동에 대한 징계를 받았다고 보고했다.[13] 이는 흥미롭지만 완전히 놀라운 것은 아니다. 왜냐하면 전조행동이 절제된 행동으로 표현된다는 것을 고려해 보면, 이를 잠재적 괴롭힘의 한 형태라고 생각하지 못하기 때문이다.

개별적으로 보면 전조행동은 평범하고 악의가 없는 것처럼 보인다. 교사가 괴롭힘 보고서에 7학년 여학생이 눈을 흘길 때마다 기재를 한다면 미국에 있는 중학교들은 모두 문제가 있는 학교로 인식될 것이다. 전조행동 자체는 괴롭힘이라고 볼 수 없다. 전조행동이 반복적이지 않고 의도적으로 하지 않는 경우에는 학생들 사이에서 흔하게 발견되는 짓궂은 행동일 수 있다. 학생들 스스로가 그리한 짓궂은 행동에 대응하는 법을 배워야 한다. 그러나 힘 센 학생이 괴롭히려는 의도를 갖고 특정 학생을 반복적으로 괴롭힌다면 그 특정 학생이 피해자가 되는 것이다. 2012년에 대학교 신입생들을 대상으로 한 연구에서 보면, 빈번하게 괴롭힘의 피해자가 되었던 것 자체가 괴롭힘을 당할 가능성을 높이는 요인이 되었다. 일례로, 적지 않은 10대 학생들이 차라리 맞는 것이 낫다고 내게 얘기했었다. "적어도 그러면 끝나니까요"라고 한 10대 남학생이 내게 말한 적이 있다. "하지만 이건 계속돼요. 절대 끝나지 않고 아무도 알아차리지 못한 채 매일매일 끔찍한 기분을 느껴야 해요."

2012년 연구에 참여한 대학교 신입생들에게 어떤 유형의 괴롭힘을 가장 심각하다고 느끼는지 물어보았다. 한 번도 피해자가 되어 본 적이 없는 참여자들은 물리적 그리고 심리적 괴롭힘을 같은 비중으로 두거나 또는 물리적 괴롭힘을 더 심각하게 평가했다. 하지만 피해자 경험이 있는 참여자들은 심리적 괴롭힘이 훨씬 더 심각하다고 응답했다. 이와 비슷하게 성인의 시각에서도 전조행동은 그다지 심각하지 않은, 심지어 사소한 일로 보인다. 하지만 이것이 사회적으로 약한 또래를 대상으로 계속된다면, 명백하게 심각한 결과를 초래한다는 점을 기억해야 한다.

전조행동이 괴롭힘 전략으로 사용되는 것은 갑자기 나타난 변화가 아니다. 앞서 언급한 것처럼, 학생들의 공격성과 그러한 행동의 감독에 대한 성인들의 인식이 변한 점도 있지만, 오늘날 아이들 역시 예전과는 뚜렷하게 다른 방식으로 양육되고 있는데, 크게 두 가지로 요약할 수 있다. 하나는 어른들의 직접적인 개입 없이 아이들끼리 이루어지는 아동 주도적 놀이 시간의 감소이다. 다른 한 가지는 디지털 커뮤니케이션의 영향이 커졌다는 것이다. 이러한 양육 방식의 변화가 상대방에게 짓궂게 구는 행동에 영향을 준다고 볼 수 있다.[14]

2) 괴롭힘인지 아닌지 어떻게 분별하나?

학교에서 일어나는 사소한 행동 하나하나가 괴롭힘의 징후일 가능성은 낮다. 대부분의 경우, 이런 행동들은 상대를 그저 놀리기 위한 것들이다. 그렇다면 실제로 괴롭힘이 일어나고 있는가를 어떻게 알 수 있는가? 첫 번째로, 당신은 어떤 것이 진정한 괴롭힘이라는 것을 매번 알아야 할 필요는 없다. 두 번째로, 의도, 반복 그리고 힘의 불균형에 대해 모든 사람이 알아차릴 수 있는 신뢰할 만한 분명하면서도 빠른 규칙이 있는 것은 아니다. 괴롭힘의 추상적인 특성을 목록으로 만들기는 쉽지만, 실생활에서 이런 목록은 딱히 도움이 되지 않는다. 어떤 못된 행동이 발생했을 때 그 행동이 첫 번째로 발생한 것인지, 100번째로 반복된 것인지, 아니면 그 행동이 부주의의 결과인지, 명확한 의도의 결과인지 모를 수 있다.

공식적이고 추상적인 정의에 존재하는 한계를 솔직히 인정한다고 해서 이론이 잘못되었다는 것을 뜻하는 것은 아니다. 하지만 괴롭힘에 대한 개념의 경우 조작적으로 정의할 필요성이 있다. 실제 생활에 도움이 되도록 해야 한다는 것이다. 의도성과 같은 내적인 과정을 판단하기는 힘들겠지만, 반복성과 힘의 불균형과 같은 다른 특성을 발견하는 데는 도움이 되는 단서들이 존재한다.

(1) 힘의 불균형을 평가하기

신체적으로 큰 아동이 자신보다 작은 급우를 밀치는 행동은 대개 괴롭힘이라고 여겨진다. 하지만 오늘날 아동 힘의 대부분은 신체적 크기보다는 사회적 지위가 결정한다. 중요한 것은 상황에 관련된 아동 사이의 인기도와 사회적 지위와 같은 사회적 힘의 차이가 있는지 알아보는 것이다.[15]

내 연구에서 자신의 사회적 이득을 위해서 괴롭힘을 성공적으로 악용할 수 있었다고 보고한 아동들은 본인을 다른 아동보다 확실히 인기가 있다고 평가했다.[16] 따라서 첫 번째로 주의할 점은, 두 학생 사이에 존재하는 사회적 힘의 차이다. 한 학생이 다른 학생보다 훨씬 더 인기가 있거나, 아니면 피해자가 사회적으로 취약한 집단에 속할 수 있다. 인기 있는 아동과 집단은 학교마다 다를 수도 있지만, 취약한 아동들의 특성은 보다 일관적이다. 예를 들면, 일반 학급에 통합되어 있는 장애 아동은 일반적으로 매우 취약하고 사회적 힘이 약했다.[17] 고학년의 경우, 레즈비언(Lesbian), 게이(Gay), 양성애자(Bisexual), 트랜스젠더(Transgender)라고 불리는 학생들은 사실 여부와 상관없이 사회적으로 취약하고 때때로 괴롭힘의 대상이 된다.[18] 다른 연구들과 같은 맥락으로, 나의 2012년 대학교 신입생 연구에서의 LGBT 대상자들은 본인을 LGBT로 분류하지 않은 다른 학생들보다 괴롭힘의 피해자가 될 확률이 50% 높았다(참여자 수가 많지 않아서 이 차이는 통계적으로 유의미하지는 않았다).[19] 같은 연구에서 참여자의 반 정도에 해당하는 49%가 고등학교에서 일어나는 괴롭힘의 가장 흔한 이유로 **"그 사람에 대한 어떤 것 때문에 그 사람을 괴롭힘의 대상으로 삼을 때"**를 들었다(예, 그 사람의 외모, 동성애자인지, 특정 집단에 속했는지, 부모가 알코올 중독자인지, 기타 등등). 두 번째로 많았던 괴롭힘의 이유는 "사람들이 좋아하지 않기 때문에 괴롭힘의 대상이 되었다"였으며 17%가 그렇다고 응답했다.

힘의 불균형을 드러내는 또 다른 위험 신호는 어른의 도움제공에 응하는 방식이다.[20] 괴롭힘의 대상은 다른 학대 피해자처럼 특유의 방식으로 반응하는 경향이 있다. 우리는 흔히 괴롭힘의 대상이 된 아동이 기꺼이 어른의 도움제공을 반길 것이라 생각하기 쉽다. 그러나 괴롭힘을 당하고 있는 아동들은 학대경험이 있는 아이들처럼 어른들이 다가왔을 때 제대로 대응하지 못한다. 심지어 어른이 도움을 주려고 하는데도 그렇다. 그들은 "우리는 그냥 시간 때우며 노는 거예요"라고 하며 상황을 축소하려 하거나 심지어는 자신을 괴롭힌 학생이 곤란해지지 않게 해 달라고 두둔하기까지 한다. 어른들은 별다른 의심 없이 이러한 반응에 안심한다. 그리고 그러한 행동을 해석할 때, 가해자의 앞에서 솔직히 말하는 것이 자유롭지 않다고 느끼는 표시로 보는 대신에, 괴롭힘이 일어나지 않았다는 증거로 받아들인다. 괴롭힘이 진행되고 있다고 어른이 감지하게 되면 이를 괴롭힘의 강한 증거로 생각한다. 예를 들어, 아이들이 문제가 있다는 점을 부인한다 해도 괴롭힘이 일어나는 장면을 누군가가 보았거나, 두 명의 아이들이 실제로는 친구가 아니고 한 명이 다른 한 명보다 훨씬 힘이 센 것을 인지하는 경우가 해당된다. 물론 이러한 단서가 괴롭힘을 항상 확증하는 것은 아니지만, 역시 문제가 없다는 것을 의미하는 것도 아니다. 힘의 차이가 있는 둘이 갈등을 겪게 되면 한명은 보다 힘이 센 동료를 쉽게 탓할 수 없다는 점을 기억해야 한다.

힘의 불균형은 때때로 드러나지만, 의도는 전적으로 내적인 과정이므로 알기 어렵다. 아이들이 심술궂게 굴 때, 그들은 다른 사람을 상처 주기 위해 뚜렷한 행동(예를 들어, 협박하는 말이나 비난하는 웃음과 같은)을 한다. 어려운 것은 아이들이 다양한 상황 — 놀리거나 단지 한 번 심술궂게 할 때 — 에서도 비슷한 행동을 한다는 것이다. 누군가가 괴롭힘을 당하고 있다는 것을 구분하기가 힘들다. 왜냐하면 괴롭힘 행동은 겉으로만 봐서는 단지 놀리거나 가끔 짓궂게 구는 행동처럼 보이기 때문이다. 그 차이는 반복적으로 계속하는 의도에 있다. 그렇다면 어른들이 짓궂은 전조행동을 봤을 때, 우리가 어떻게 그 의도를 볼 것인가? 그것이 괴롭힘인지 아닌지를 어떻게 알 수 있을까?

(2) 의도성을 파악하기

의도는 내적인 과정이기 때문에 드러나는 행동을 통해서 판단하기에는 아마도 가장 어려운 부분일 것이다. 공격하는 사람의 의도를 볼 수 있는 방법이 있다고 하더라도, 공격당하는 사람들의 인식이 다르기 때문에 하나의 행동이 심술궂은 행동으로 인식될 수도 있고, 반대로 재미있는 행동으로 여겨질 수 있다. 테니스 수업을 같이 듣던 한 소년이 의도적으로 심술궂게 굴었다고 나에게 말했던 소녀와의 대화가 생생하게 기억난다.

나는 그녀에게 "어떻게 그 소년이 심술궂게 하려고 했던 것을 알았니?"라고 물었다. "그는 우리가 경기하고 있을 때 나에게 공을 높이 던졌어요"라고 답했다. 소녀는 공을 꽤 높이 던진 것을 의도적인 악의라고 해석했다. 하지만 다른 아이들은 그것을 단지 상대의 실력이 부족했다고 회상할 뿐이었다.

이러한 일관된 현장 관찰을 통해서 나는 엄밀하게 객관적으로 의도를 파악하는 것은 거의 불가능하다는 점을 내 연구에서 언급했다. 실험실에서 나는 여러 사람들이 완전히 같은 행동을 서로 다른 의도로 상이하게 해석하는 것을 발견했다. 2012년의 대학교 신입생을 대상으로 한 나의 연구에서, 나는 피험자들에게 두 소녀가 웃고 있는 사진을 보여 주었다. 피해 경험이 없는 학생들은 12%만이 소녀들이 괴롭히기 위해 비웃는 것이라고 보았다. 그러나 연구 대상자 중에서 피해 경험이 있는 학생의 22% 정도가 괴롭히기 위해 비웃는 것이라고 보았다. 이처럼 똑같이 중립적인 행동을 보았을 때 어떤 이들은 이것을 나쁜 의도로 볼 수도 있고, 어떤 경우는 정말 학대가 일어나는데도 알아채지 못한다고 볼 수도 있을 것이다. 어느 쪽이든 외부로 나타나는 행동을 통해서 내적인 의도를 파악하는 것은 어딘가 부족한 일이 될 수밖에 없다.

(3) 반복성을 평가하기

당신은 폭력이 발생하는 원인은 그 상황적 요인 때문이라고 판단해

왔을 것이다. 또는 직감적으로 그렇게 생각했을 것이다. 또한 당신은 학생의 환경을 더 탐구하고 싶어 할 것이다. 부모님 또는 다른 이들이 괴롭힘 상황을 당신에게 보고했을 때, 당신의 일은 그것이 정말 괴롭힘인지 아닌지를 파악하는 것이 될 것이다. 이론적으로 다음 단계에 확인할 것은 그 상황이 단지 한 번 일어난 것인지 반복된 것인지 파악하는 것이다.[21] 괴롭힘을 연구하는 대부분의 연구는 아이들 사이에서 계속 진행되는 폭력적 관계를 "진짜" 괴롭힘으로 여긴다.[22] 이것은 모든 상해를 입히는 행동을 괴롭힘이라고 생각하는 학부모들에게 혼란스러운 개념일 수도 있다. 그러나 일회성 행동을 괴롭힘으로 볼 수 없다는 것은 새로운 괴롭힘 개념의 첫걸음이 될 수도 있을 것이다. 학생의 부모님들은 상해가 일어나는 행동을 심각하게 생각하며, 또 그렇게 다루어져야 한다고 생각한다. 이러한 이유로 Stan Davis는 사건이 괴롭힘인지 아닌지를 판단할 때는 첫 반응만을 고려해서는 안 된다고 주장한다.[23]

이미 지속되고 있었지만 처음 발견된 문제와 일회적으로 발생한 문제를 구분하는 것은 매우 중요하다. 한 학생이 괴롭힘을 당했다고 처음 신고하였다고 해서 이것이 그 학생이 괴롭힘을 처음 당했다는 것을 뜻하지 않음을 기억해야 한다. 중요한 사실은 그 학생은 당신에게 알리지 않았던 것들을 이미 겪고 있었을지도 모른다는 점이다. 그리고 그 학생이 그러한 사실을 알려 줄 수 있는 유일한 정보원이 될지도 모른다. 폭력 상황의 본질을 끌어내기 위한 유일한 방법은 당신에게 이야기 전부를 털어놓을 수 있도록 그 학생과 신뢰관계를 충분히 쌓는 것이다. 만약 반복적인 괴롭힘에 노출되었다고 의심되는 학생이 있지만, 그 학생이 그러한 이야기를 당신에게 개인적으로 고백할지, 안 할지 확실하지 않을 때, 당신이 할 수 있는 가장 책임감 있는 행동은 편안하게 털어놓을 수 있는 어른을 찾아 주는 것이다. 그러한 사람은 당신이 될 수도 있고 아닐 수도 있다(자신이 평가당한다고 생각하지 마라. 당신과 가르치는 학생 사이에서 발생하는 상호 교감을 당신이 전적으로 통제할 수 없다는 점을 기억해야 한다).

3) 전조행동 다루기

괴롭힘의 내재적 특성(의도성과 같은)을 일반적으로 알기 어렵기 때문에 우리가 괴롭힘 상황을 직면했을 때, 만연하는 전조행동을 괴롭힘이라고 알아차리는 것은 쉽지 않다. 사실 전조행동은 괴롭힘의 상황에서도 나타나지만, 단순히 놀릴 때도 사용되고, 일회적으로 짓궂게 구는 상황에서도 나타난다. 그렇다면 어떻게 성인이 이들 사이의 차이점을 구별할 수 있을까? 놀리는 것과 괴롭힘 사이의 차이는 눈에 드러나는 행동에서가 아니라 반복성, 힘의 불균형, 의도성과 같은 은밀한 요인의 유무에 따라 발생한다. 만약 당신이 학교 식당 테이블에 앉는 것을 거부당하고 있는 학생의 상황을 보았다면, 당신은 그 행동이 그 학생에게 처음 발생한 일이라고 단정할 수 없을 것이다. 아이들이 단지 그날 서로에게 화가 나 있었던 것인지, 아니면 기존에 지속되고 있었던 괴롭힘 상황인지 당신은 알 수 없다. 경우에 따라서 당신은 힘의 불균형에 관한 단시나, 반복성을 찾을 수 있을 것이다. 그러나 평상시에 그런 증거는 눈에 띄지 않는다. 당신이 자리에 앉는 것을 거부당한 그 학생에게 물어본다면, 그녀는 괜찮다고 말하거나, 큰 문제가 아니라고 대답하기 쉽다. 그 테이블에 있었던 다른 학생들에게 물어본다면 그들은 모든 것을 부인할 것이다. 그 사건을 "괴롭힘"이라고 보려면, 당신은 반복성, 의도성, 힘의 불균형의 증거를 찾아서 제시해야 할 것이다. 하지만 이 증거들을 찾는 것은 쉽지 않다. 즉, 당신이 본 짓궂은 행동 그 자체를 괴롭힘이라고 분류하는 것은 거의 불가능하다.

비록 어떤 상황을 괴롭힘(bullying), 놀림(teasing), 짓궂음(being mean)으로 명백하게 구분할 수 없더라도, 당신은 효과적으로 대응할 수는 있다. 바로 그 해결책은 당신이 보지 못하는 내적인 동기나 감정이 아닌 당신이 볼 수 있는 행동에 주목하는 것이다. 당신이 목격한 행동이 학칙을 어긴 경우라면, 당신은 학교의 방침을 따르면 된다(예, 그들을 교장실로 보내라). 여기까지는 어렵지 않다. 전조행동은 훨씬 더 복잡하다. 왜냐하면 이것은 학칙에 위배되는 행동이 아니기 때문이다. 이런 경우에 학생들은 학교 규칙은 그대로 따르고는 있지만, 여전히 사회적으로는 부적절한 행동을 한다. 부적절한 행동에 대해서는 단호하지만 효과적인 대응이 요구된다. 생각해 보자: 아이들끼리 웃고 떠드는 것은 바람직하다. 하지만 한 아이를 지목하여 웃고 떠드는 것은 바람직하지 못하다. 사회적 행동들과 사회적 분위기는 밀접하게 연결되어 있기 때문에, 사회적으로 잔인한 행동들에는 의도와는 무관하게 대응이 필요하다는 것이 내 주장이다. 소외시키거나 눈 흘기는 행동 그 자체는 가벼운 잘못이라고 볼 수 있다. 그런 행동들이 사소함에도 불구하고, 왜 우리는 그 행동에 주목해야 할까?

쓰레기 버리는 상황을 한번 생각해 보자. 만약 한 학생이 땅에 종이 뭉치를 버리는 것을 본다면, 당신은 그것이 의도적인지 아닌지 속으로 고민하지 않고 바로 쓰레기를 줍고 쓰레기통에 버리라고 말할 것이다. 전조행동은 사회적 분위기에서 쓰레기에 해당된다. 그 행동은 의도나 목적에 상관없이 일어나서는 안 된다. 왜냐하면 그 행동들은 심리적 환경(psychological landscape)을 더럽히고 불쾌하게 만들기 때문이다. 6장에서 나는 그 행동에 어떻게 대응해야 하는지, 왜 교육자들이 학칙을 어기지 않는 그런 행동들에도 대응해야 하는지를 다룰 것이다.

마지막으로 전조행동을 "심각하지 않다"라고 생각하는 것에 대해 살펴보려고 한다. 겉으로 보기에는 심각해 보이지 않는 행동이 당하고 있는 학생에게는 괴롭힘이라고 여겨질 수 있다. 어떤 어른도 그 행동에 반응을 보이지 않는다면, 그 피해학생은 어른들에게 배신감 같은 감정을 느끼게 될 것이다. 비단 학생과 교육자 사이의 이런 시각의 차이가 가시적인 행동에 국한된 문제만은 아니다. 많은 학생들이 디지털 환경에서 일어나는 일들 때문에 상처를 받고 있지만, 대부분의 어른들은 그것을 거의 알아차리지 못하고 있다.

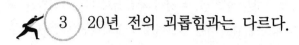

3 20년 전의 괴롭힘과는 다르다.

2부: 사이버 괴롭힘

대학교 신입생의 약 2/3(65%)는 고등학생 때 어떤 선생님도 사이버 괴롭힘의 가능성에 대해 언급조차 하지 않았다고 응답했다. 사이버 괴롭힘의 심각성은 잘 인식되지 못하곤 하는데, 특히 전자 기기와 현실 세계를 연결하는 가장 기억할 만한 상호작용이 리모컨과 씨름하는 것이었던 세대들에게는 더욱 그렇다. 물론, 오늘날의 젊은 선생님들은 TV 리모컨에는 익숙하지만 여전히 온라인 환경에 깊이 빠져 있는 요즘 학생들을 이해하기에는 부족하다. 25세 이상인 성인들은 면대면 괴롭힘 행동과 키보드와 터치스크린으로 자행되는 행동 간의 연관성에 대해 직관적으로 인식하기 어렵다. 성인들은 종종 사이버상의 괴롭힘과 전통적 괴롭힘이 완전히 다른 일인 것처럼 생각하면서 나에게 이 두 가지에 대해 질문한다. 비록 직접 대면하는 상호작용이 메시지를 보내거나 웹사이트에 댓글을 다는 행위와 완전히 동일하지는 않다고 하더라도, 이 두 가지의 의사소통 방식은 서로 영향을 미치고 있다. 사이버 괴롭힘과 전통적 괴롭힘의 상호 연관 여부뿐만 아니라, 디지털 환경이 어떻게 우리의 의사소통 방식을 바꾸었는지, 디지털 커뮤니케이션이 학교 내에서 어떻게 상호작용하여 괴롭힘 행동에 영향을 미치는지에 대해 생각해 보자.

1) 디지털 환경에서의 전조행동

물론 온라인이나 문자 메시지상에는 직접적인 신체적 괴롭힘이 존재하지 않지만, 가벼운 장난이나 경솔한 언행과는 다른 심각한 위협이 있을 수 있다. 예를 들어, 사이버 괴롭힘 가해자들은 괴롭힘 피해자나 그들과 가까운 사람(가족이나 친구)에게 피해를 주겠다든가, 문제 상황에 처하게 하겠다고(예를 들어, 피해자들이 저지르지 않은 범죄를 했다고 말함) 위협을 가할 수 있다. 대학교 신입생을 대상으로 온라인상에서 발생하는 위협을 심각성 여부에 따라 살펴본 연구 결과는 대면하는 상황에서와 유사한 결과를 보여 주었다. 82%의 남학생과 89%의 여학생들이 (중학교, 고등학교에서와 마찬가지로) 온라인에서 심각한 위협을 받은 적이 없다고 답했다. 오직 6%의 남학생과 5%의 여학생만이 육체적 폭력에 대한 온라인 위협을 받았다고 답했다. 반면 24%의 남학생과 34%의 여학생들이 별명 부르며 놀리기, 악성댓글, 온라인에 창피한 사진 올리기 등의 상대적으로 가벼운 행동의 괴롭힘을 당했다고 답했다. 학교 안에서의 괴롭힘처럼, 개인적으로 일어나고, 심각하지 않은 사건인 것처럼 보이지만 상처를 주는 일들이 사이버 괴롭힘에서도 지배적으로 나타난다. 그리고 전통적 괴롭힘처럼, 사이버 괴롭힘에서도 사소한 행동들이 모여 더욱 심각한 피해를 초래할 수 있다.

2) 사이버 괴롭힘을 어떻게 알아차릴 수 있을까?

학교에서 일어나는 일들을 잘 살펴보면, 두 학생 사이에 존재하는 힘의 불균형을 알려 주는 어떤 단서들을 찾아볼 수 있다. 더욱이 학교 내에서 아이들의 사회적 지위(사회적인 힘)는 비교적 고정되어 있다. 이 특성을 통해 우리는 힘의 불균형을 발견하고 판단할 수 있다. 하지만 디지털 환경에서는 힘의 불균형이 지속되는 경우가 거의 없기 때문에 파악하기가 어렵다.

디지털 환경의 특징 중 하나는 온라인상에서 힘은 유동적이며 가변적이라는 것이다. 앞서 언급한 바대로, 학교 내에서 사회적 힘은 안정적 특성을 가지며 대개는 인기 있는 1학년 학생이 인기 있는 5학년 학생으로, 10학년 학생으로 성장하는 경향이 있다.[24] 하지만 사이버 공간에서, 사회적 힘은 다양하게 역동적으로 변한다.

일반적으로 디지털상에서는 가해자가 익명일 때 힘을 가질 수 있다고 말한다. 익명성은 피해자를 더욱 괴롭히기 위해 선호되는 수법으로 언급되기도 하며, 사이버 괴롭힘 가해자가 익명일 때 많은 고통을 유발할 수 있다는 것도 사실이다. 그러나 적어도 청소년기 동안만큼은 가해자들이 특이한 방법으로 실제 힘을 얻을 수도 있다. 27,000명의 학생을 대상으로 한 나의 연구에서는 고등학생 사이버 괴롭힘 피해자들 중 3/4(74%)은 자신을 괴롭힌 가해자가 누구인지 알고 있다는 것을 발견하였다. 가해자의 관점에서 익명성은 힘을 얻기 위한 수단으로 이론상으로는 가치 있는 것일 수 있지만, 10대들이 사이버에서 자신을 괴롭힌 가해자를 모른다는 것은 드문 일인 것처럼 보인다.4)25

이는 학교에서 일어나는 전통적 괴롭힘은 힘의 불균형으로 인해 학생들의 역할이 잘 바뀌지 않지만, 괴롭힘이 온라인으로 이동하면 학생들의 역할이 바뀔 수도 있다는 합리적인 가능성이 존재한다. 2011년의 연구에서는 거의 반(46%)에 가까운 학생들이 괴롭힘이 디지털상으로 가게 되면 보다 동등한 힘의 싸움으로 전환된다고 보고하였다.26 온라인에서 학생들은 복수를 하거나 맞대응하거나 그들을 도와줄 친구를 데려오거나 아니면 단순히 "가해자는 나를 괴롭힐 수 있는 힘이 전혀 없다"라고 생각하는 것과 같이 오프라인에서는 용기가 없어 사용하지 못했던 전략들을 더욱 쉽게 사용하였다. 이처럼 온라인에서 나타나는 힘의 변화는 결국 학교에서 무슨 일이 일어나는지에 영향을 미칠 수 있기 때문에 어른들은 이러한 독특한 사이버 상황을 인식할 필요가 있다. 즉, 학생들 사이의 문제가 사이버상으로 옮겨졌는지 아닌지에 대해 주기적으로 물어볼 필요가 있고, 이 질문에 대해 학년이 높은 학생일수록 "네"라고 대답할 가능성이 높아진다.5)

3) 사이버 괴롭힘을 괴롭힘이라고 할 수 있을까?

온라인에서 일어나는 괴롭힘은 전통적 괴롭힘의 3가지 기준(반복성, 의도성, 힘의 불균형)에 대개 맞지 않을 수 있다는 점에 주의해야 한다.27

---

4) (역자주) 국내 연구에서도 사이버 괴롭힘의 피해자의 과반수는 가해자가 누구인지를 아는 것으로 확인되고 있어서 익명성에 기반한 사이버 괴롭힘은 흔히 생각하는 것보다 그 비율이 낮은 편이다.

5) (역자주) 국내에서도 일반적으로 학년이 높아질수록 사이버 괴롭힘은 증가하는 것으로 보고되고 있다.

온라인에서는 힘의 불균형이 예측할 수 없게 바뀔 수 있을 뿐만 아니라 괴롭힘의 피해자가 이 3가지 기준을 **경험**하기 어려울 수 있으며, 사이버 괴롭힘 가해 혐의 학생은 전혀 **의도**하지 않은 것일 수도 있다. 내가 말하고자 하는 바를 설명하기 위해 보다 전통적인(직접적인) 괴롭힘 상황을 상상해 보자. 한 남학생이 학교 복도에서 괴롭힘을 당하고 있다. 그는 매일 쉬는 시간 직전에 괴롭힘을 당한다. 다음과 같은 상황에서는 괴롭힘의 세 가지 요소를 확인할 수 있다. 이때 학생들의 상호작용은 반복적이다. 가해학생은 주변에 다른 학생들이 있다는 사실을 알고 있고, 보고 있다. 즉, 가해학생이 자신의 우월한 힘을 입증할 수 있는 상황인 것이다. 이는 잔인한 행동을 우연히 한 것이 아니라는 점이 확실하며, 피해학생은 이 의견에 전적으로 동의할 것이다.

가끔 디지털상의 행동은 가해학생과 피해학생이 의도성과 그 결과에 대해 크게 동의한다는 점에서 학교에서 발생하는 괴롭힘과 매우 유사하다. 예를 들어, "Sally Smith를 싫어하는 사람들의 모임"이라는 웹사이트를 만든 여학생을 상상해 보자. 이 여학생은 상대의 마음을 상하게 하려는 확실한 의도를 가지고 있다. 주기적으로 웹사이트에 새로운 내용을 업데이트함으로써 여학생은 의도적으로 피해학생에게 반복적인 상처를 준다. 그리고 그녀가 다른 사람들을 그룹 또는 웹사이트의 "일원"이 되도록 초대한 것으로 보아 그녀는 확실히 자신의 힘을 동경해 줄 관객을 찾고 있다. 하지만 대부분의 경우, 사이버 괴롭힘 가해자의 실제 의도는 훨씬 불명확하고 피해자는 괴롭힘을 완전히 다르게 경험할 수 있다. 한 학생이 다른 학생에 대해 악의적으로 우스운 사진을 페이스북에 게시했다고 가정하자. 이런 경우 이를 의도한 가해학생이 다른 친구 두 명에게 이 이미지를 전달한다. 그것을 받은 친구들 역시 사진이 재미있다고 생각하고 다른 학생 수십 명에게 이를 전송한다. 당신은 처음 사진을 보낼 때 비난하는 의미가 담긴 사진이 다른 사람들에게 전달될 수 있다는 것을 인지했어야만 한다고 주장할 수 있다. 하지만 이러한 행동은 여전히 괴롭힘의 기준에는 적합하지 않다. 처음 사진을 보낸 학생의 의도는 자신의 힘 또는 우월함을 입증하기 위한 것이 아니었으며, 사진이 반복적으로 전달되었지만, 가해학생은 한 번밖에 전송하지 않았다. 만약 그가 피해학생이 전혀 모를 것이라고 믿었다면, 그는 피해학생에게 상처를 주려는 의도가 아니었을 수도 있다. 하지만 사진의 주인공은 모욕적인 사진이 전달되었고, 반복적으로 노출되었으며, 명확한 의도에서 전달되었다는 점에서 실제로 괴롭힘과 같은 경험을 할 수 있었을 것이다. "장난"의 대상이 된 피해학생은 사진이 인터넷에 공개된 이후 이를 근본적으로 통제할 수 없다는 점에서 현저히 무력함을 느낄 가능성이 크다.

여기에서 중요한 점은 디지털 환경에서 힘, 반복성, 의도성에 관한 판단을 할 때 가해자라고 간주되는 학생의 관점과 피해학생의 관점이 각각 존재하며, 이 둘은 매우 다를 것이라는 점이다. 가해학생의 의도와 피해학생의 주관적 경험 중 무엇이 더 중요한 것일까? 앞서 언급하였듯이 이 문제는 전통적 괴롭힘에서도 이따금 결론 내리기 어렵다. 상호작용이 디지털상에서 이뤄질 때, 두 관점의 차이가 커질 수 있다.

디지털 환경에서는 괴롭히려는 의도가 존재하지 않거나 명백하지 않을 수 있기 때문에 아이들이 그런 환경 속에서 의사소통의 역동과 사소한 행동이 통제 불능으로 인해 확산될 수 있다는 점을 이해하는 것은 매우 중요하다. 성인의 관점에서 전통적 괴롭힘과 사이버 괴롭힘 행동을 이해하기 위한 시도의 일환으로, 사이버 괴롭힘이라고 부르는 행동의 의도와 효과가 가해학생과 피해학생 사이에서 다를 수 있다는 점을 인식해야 한다. 사이버 괴롭힘은 피해자에게 비슷한 경험을 하게 한다는 점에서 전통적 괴롭힘과 유사한 영향을 줄 수 있다. 하지만 사이버 괴롭힘 가해학생과 전통적 괴롭힘 가해학생은 아주 다른 존재일 수도 있다. 따라서 사이버 괴롭힘을 판단하는 것은 피해학생의 주관적 경험에 근거해야 하며, 우리는 **사이버 괴롭힘 피해자가 있다고 해서 그것이 항상 의도적인 가해자가 같이 존재한다는 뜻은 아니라는 점을 명심해야** 한다.

4 무엇이 괴롭힘을 없애기 위한 노력을 방해하는가?

나는 앞서 전통적 괴롭힘과 사이버 괴롭힘을 파악하는 방법에 대해 논의하였고, 이러한 괴롭힘을 해결하기 위한 방법을 제시하고자 한다. 아동을 위해 모든 것을 완벽하게 대처하고 싶은 우리의 소망과는 달리, 괴롭힘 행동에 대처하기 위한 우리의 노력을 제한하는 특정 요소가 존재한다. 아이들은 어른이 곁에 있을 때도, 또는 곁에 없을 때도 자기들끼리 서로 상호작용한다. 어른의 관점과 판단이 항상 정확한 것은 아니다. 그리고 이 사실을 인정하고 싶지는 않지만, 작은 정도의 괴롭힘을 경험한 학생의 경우, 괴롭힘에 보다 잘 대처하는 경우가 있다. 괴롭힘의 대처에는 다양한 제한점들이 존재하기 때문에, 항상 성공적이고 효과적인 대처 방법은 있을 수 없다. 따라서 우리가 약속할 수 있고 약속할 수 없는 것이 무엇이며, 이런 제한에 대해서 아동과 이야기할 때 얼마나 솔직해져야 하는지에 대해 이해하는 것은 중요하다.

1) 아이들만의 세계(child only world)

괴롭힘의 역동성을 온전히 이해하기 위해서 어른은 아동 사이에서 일어나는 행동을 완벽하게 이해해야 하는데, 이것은 현실적으로 불가능하다. 우리가 보았듯이, 가까이에서 관찰된 환경에서조차 어른이 괴롭힘이라고 알아차리지 못하는 행동이 일어난다. 또한 아동은 아이들만의 세계에서 상호작용한다. 아이들만의 세계는 어른에게 주도권이 없고 어른들은 어떤 일이 발생하는지 모르는 경우가 많다. 이와 같은 아이들만의 세계는 장소만의 문제가 아니라 일종의 다른 측면이라고 볼 수 있다. 펜실베이니아 대학교의 Vivian Seltze는 아이들만의 세계를 또래의 장(peer arena)이라고 부른다.[28] 이처럼 아동들 사이에서만 존재하는 상호작용은 어른의 가치와 규칙에 영향을 받지만(아동은 자신과 성인 사이에서 그들만의 내재화된 가치를 따른다) 어른들의 가치에 온전히 따르는 것은 아니다.

아동은 어른의 세계에서 일어나는 일과는 별개로 아이들만의 세계에서 어른들의 보호 없이 스스로 상호작용에 대처해야 한다는 것을 알고 있다. 우리는 아동이 "어른의" 세계에 있을 때는 — 어느 정도까지는 — 지도할 수 있다. 우리는 아동에게 다른 아동을 그만 괴롭히라고 말할 수 있다. 그리고 우리는 보고, 듣고, 지도할 수 있다. 하지만 아동이 우리의 지도와 감독이 미치지 않는 상황에서 상호작용할 때가 필연적으로 존재한다. 아동은 복도에서 서로를 지나칠 것이며, 같은 교실에서 서로가 보이는 자리에 앉을 것이다. 아동은 놀이터와 방과 후 학교 이곳저곳에서 상호작용할 것이며, 집으로 걸어가면서 또는 버스에서, 심지어는 온라인상에서도 서로를 볼 것이다. 이처럼 아동들이 신체적으로 분리된다고 하더라도 그들의 친구와 집단 그리고 온라인에서의 상호작용은 아동들 사이에 연결고리를 형성한다.

결론적으로 요약하면, 단순히 일회적이고 의도하지 않은 상황처럼 보이는 사건이 실제로는 의도적 괴롭힘 패턴의 한 부분이 될 수도 있다. 아이들만의 세계에서 발생하는 대부분의 일들은 어른들의 관찰과는 다르다. 또한 이론적으로 어른의 세계에서 괴롭힘을 멈추는 것은 가능하지만, 아이들만의 세계에서는 단지 빈도를 낮추는 것 정도가 될 것이다. 전 세대보다 오늘날의 아이들이 그들만의 세계에서 보내는 시간이 적은 것은 사실이다. 한 연구는 엄마들이 그들의 자녀들보다 두 배는 많은 무감독 놀이 시간을 가졌던 것으로 추정한다.[29] 1969년에는 미국 아동의 42%가 어른의 지도 없이 걷거나 자전거를 타고 혼자서 학교에 등교했다고 보고했으나, 오늘날에는 오직 16%만이 그렇다고 응답했다.[30] 이렇게 수치가 감소했음에도 불구하고 아이들만의 세계는 여전히 계속 존재한다. 모든 아이들은 이 사실을 알고 있으므로 모든 어른들도 이 사실을 민감하게 인식해야 한다.

2) 관점의 문제

아이들만의 상호작용이 괴롭힘을 인지하는 데 제한점을 주는 것 이외에 괴롭힘을 감지하는 데는 또 다른 문제가 있다. 바로 아이와 어른의 관점의 차이이다. 어른들은 하나의 괴롭힘 사건이 극도로 해로운 피해를 줄 수 있다는 점을 인지하지 못한 채, 괴롭힘을 사소한 장난 정도로 치부해 버릴 수 있다. 예를 들어, 약 2년 전에 나는 온라인상에서 학생들 간의 괴롭힘에 관한 몇몇 데이터를 분석했다. 분석 결과, 남자 아이들은 사이버 괴롭힘으로 보이는 상황을 98%나 되는 놀라운 비율로 경험했다고 보고했다. 그러나 나는 곧 이것이 일종의 착오였다는 것을 인지하고, 남학생 집단과 관련된 쟁점에 대해 탐구했다. 그들은 온라인 게임을 하는 동안 상당히 냉담하고 잔인한 말들을 자주 접하게 된다는 것을 기꺼이 인정했다. 여기서 흥미로운 점은 그들이 그러한 유형의 잡담을 어떻게 해석하느냐이다. 그들은 그것을 괴롭힘으로 보는 대신 농구장이나 미식축구장에서 종종 퍼붓는 말과 유사하게 게임과 관련해 상대를 기죽이는 말의 한 유형으로 보았다. 다른 연구자들이 수행한 연구에서뿐만 아니라 그다음 해에 내가 수행한 연구에서도 마찬가지로, 75%의 피험자들이 분명히 온라인 게임 중에 상대를 기죽이는 말을 듣는다고 보고했으나 이것은 괴롭힘과 같은 개인적인 공격이 아니라고 보았다.[31] 오히려 그것은 게임의 한 전략이며, 서로 경기하는 사람들 **모두**에게 일어날 수 있는 것이다.

이 예시는 괴롭힘을 인지하는 데 때로는 어른들과 아이들 사이에 큰 차이가 있을 수 있음을 잘 보여 준다. 그러나 이러한 관점의 차이는 생각보다 복잡하다. 게임을 할 때 발생하는 상황처럼 아이들은 실제로 특정 상황을 전혀 피해를 주지 않는 상황으로 인식할 수 있다. 반면에, 공격의 대상이 된 아이는 여러 가지 이유를 대며 그러한 상황이 자신에게 문제를 주었다고 얘기할 수도 있다. 이처럼 하나의 상황도 아이들 사이에서 서로 다르게 인식되는 경우가 많다. 때로는 괴롭힘의 대상(예를 들어, 장애 아동)이 그들을 겨냥한 행동을 모욕적인 것이라고 인지하는 데 실패할 수 있다. 또는 그들은 상황의 심각함을 경시할 수도 있고, 심지어는 다른 학대 피해자처럼 괴롭히는 자의 편을 들 수도 있다. 하지만 이것은 상황이 정말 심각하지 않기 때문이 아니라 그들이 보복을 매우 두려워하기 때문에 발생하기도 한다. 이러한 후자의 상황은 게임상의 예시와는 분명히 다르다. 즉 때때로 아이들의 "괜찮아"라는 말은 정말로 괜찮다는 것을 의미하기도 하지만, 어떤 때는 이러한 안심시키는 말이 단지 인식의 부족 또는 보복의 가능성에 대한 두려움을 반영하기도 한다는 것이다. 중요한 점은 만약 당신에게 이 "괜찮아"라는 말이 걱정스럽게 여겨진다면, 아이들이 괜찮다고 말을 한다 할지라도, 여전히 문제가 존재할 수 있다는 점을 염두에 두어야 한다.

이처럼 괴롭힘과 관련된 상황은 매우 복잡하다. 종합해서 말하자면, 괴롭힘 대응에 있어 최우선 사항은 피해학생이 자신을 보호하기 위해 괴롭힘의 상황을 축소하는 경향에 민감해야 한다는 것이다. 그러나 이와 동시에 당신은— 특히 게임의 상황에 있어서 — 어른들의 눈으로 봤을 때 끔찍해 보이는 것이 학생들에게 있어서는 그다지 모욕적인 것으로 느껴지지 않을 수도 있다는 가능성을 동시에 고려해야 한다. 따라서 희생과의 신뢰관계(라포)를 형성하여 보복에 대한 두려움으로 인한 **거짓된** 축소 보고와 실제로 별 영향이 없기 때문에 대수롭지 않다고 얘기하는 축소 보고를 분리시켜 이해해야 한다. 힌트들을 찾으려 노력하고 과거의 이력을 고려하면 그 작은 영향력이 진짜인지 가짜인지 판단할 수 있을 것이다. 강한 자신감과 다른 지원 체제가 없을 때, 또는 사회적 기술에 장애를 가지고 있을 때 거짓된 축소가 일어날 가능성이 높으며, 이는 개입이 필요하다는 것을 시사하는 것이다.

3) 사회적 난관을 다루는 방법 배우기

우리는 언제나— 특히 아이들만의 세계를 포함하여 — 100% 완벽하게 안전한 환경을 보장받고 싶어할 수 있다. 하지만 아이들만의 상호작용은 대부분의 아이들에게 위험만큼이나 큰 가치를 지니고 있다. 어른들의 세계에서 아이들은 본질적으로 무력하다. 하지만 아이들만의 세계에서 그들은 힘을 과시하며, 분명한 힘의 차이를 다루는 것을 연습하게 된다. 상호작용에서 누군가 지는 사람이 있어야 한다는 것은 사실이지만, 아이의 고통을 보고 싶어 하는 부모는 아무도 없을 것이다. 하지만 만약 아이들이 짓궂은 행동에 대한 경험이 전혀 없이 자란다고 한다면(그들 스스로 또는 다른 또래들 사이에서) 그들은 난관을 성공적으로 다루기 위해 요구되는 사회 대처 기술들을 발전시킬 수 없을 것이다. 그러나 이러한 도전적인 환경에서 상호작용을 하게 되면, 많은 아이들은 사회적 갈등을 대처할 수 있는 보다 나은 기술을 개발할 가능성이 높다. 심지어 아이들 사이에서의 경험을 어른들에게 보고하는 것에 대해 아이들이 갖는 극도의 거부감은 아이들에게 이로운 사회적 기술을 배우게 하는 것을 도울 수도 있다.

상당히 안타까운 점은 모든 아이들이 똑같은 종류의 인생 수업으로부터 이익을 얻을 수 있는 것은 아니라는 것이다. 예를 들어, 이전에 폭행을 당해 왔던 아이들은 아마도 그러한 또래 괴롭힘으로부터 효율적으로 행동하는 법을 배우기보다는 단지 자신의 역할을 희생자로 생각하게 될 것이다. 몇몇 아이들에게는 전형적 또래 간의 상호작용이 그들이 괴롭힘에 어떻게 대응할 것인가를 배우는 데 도움이 안 될 수도 있다. 하지만 많은 아이들에게 또래 간의 상호작용은 사회적 기술을 습득하고 발전시키는 데 도움이 된다.

 5 행동뿐만 아니라 행위자를 이해할 필요가 있다.

당신이 야구공을 던질 때, 당신은 하얗고 둥근 공을 던진다. 그리고 포수 역시 하얗고 둥근 공을 받는다. 모든 공은 하얗고 둥글다. 그리고 모든 투수와 포수가 똑같은 공을 다룬다. 하지만 사회적 행동은 이러한 원리가 적용되지 않는다. 포수는 투수가 던진 것과는 완전히 다른 것을 받을 수도 있다. 피해자가 괴롭힘으로부터 경험한 것은 실제로 행해진 것과 피해자가 그것을 어떻게 해석하는지 모두에 영향을 받는다. 예를 들어, 한 소년이 친근하게 인사를 했다고 할지라도 다른 소년은 그것을 비웃음으로 받아들일 수 있다. 또한 어떤 소녀는 다른 이들이 그녀를 보고 웃는 것을 보고 함께 웃을 수 있지만, 또 다른 소녀들은 정확히 똑같은 행동에 대해서 째려보거나 화를 낼 수도 있다.

모든 사람들은 서로가 사회적 행동을 다르게 해석하거나 경험한다는 것을 알고 있다. 따라서 이 장에서 설명한 것처럼, 전통적 괴롭힘과 사이버 괴롭힘을 이해하는 것에 관해서는 수용자의 관점이 중요한 역할을 한다. 우리는 이제 전조행동과 사이버 괴롭힘이라는 공이 어떻게 생겼는지 알게 되었다. 하지만 이러한 행동들이 얼마나 자주 괴롭힘에 사용되고, 얼마나 자주 의도적으로 던져지며, 얼마나 그들의 목표를 맞추는가? 괴롭힘이 의도했던 것처럼 몇몇 피해자는 희생자가 된다. 반면 다른 피해자는 더 큰 회복력을 가지게 된다. 다음 장에서는 초점이 공 그 자체(실제적 괴롭힘 행동)에서 포수에게로 옮겨 간다. 우리는 단지 몇 %의 아이들이 괴롭힘을 당했는가를 보는 것뿐만 아니라, 그 아이들 가운데 얼마나 많은 아이들이 회복탄력성을 가졌는지 그리고 무엇이 그들을 그렇게 행동할 수 있도록 했는지 살펴보아야 한다. 아이들의 짓궂은 행동은 언제나 있을 수 있는 일이며, 우리는 모든 아이들이 괴롭힘을 당하지 않는 세계를 만들 수 없다. 하지만 우리는 더 많은 회복탄력성을 가진 아이들을 만들기 위해 노력할 수 있다. 실제 사회에서 피해자가 되는 아이들의 힘을 북돋우는 것이 아마도 우리가 할 수 있는 최대한의 방어일 것이다.

전통적 괴롭힘과 사이버 괴롭힘은 얼마나 자주 일어날까?

위험에 빠진 아이들을 찾아내고 도와주기 위하여 숫자, 그 이상의 의미를 파악하기

전통적 괴롭힘과 사이버 괴롭힘은 얼마나 자주 일어날까?

위험에 빠진 아이들을 찾아내고 도와주기 위하여
숫자, 그 이상의 의미를 파악하기

"괴롭힘의 범위와 결과는 과소평가된다."[1]
"괴롭힘은 우리가 기존에 생각했던 것 보다 더 만연해 있다."[2]
"운동장에서 일어나는 괴롭힘의 수위는 과장된 면이 있다."[3]

2006년에 한 의학 저널에 소개된 연구에서는 "질병을 퍼뜨리는 행위(disease mongering, 치료법이 하나 늘 때마다, 그에 따른 질병이 또 생김)"의 개념으로 설명하였다.[4] 이 연구에서는 어떤 질병이 대중 매체에 널리 보도되면, 이러한 방식의 문제가 생겨난다고 제시하였는데, 경쟁적으로 다루는 질병 발생률에 대한 수치가 그 위험성을 과장할 수 있다고 설명하였다. 물론 이 논문은 다른 문제에 대해 설명한 것이지만, 괴롭힘도 같은 현상으로 설명할 수 있을 것이다. 어떤 위험은 과대평가되는 반면, 어떤 위험은 과소평가되는 이유는 여러 연구에서 도출된 다양한 수치 때문이다.

명백하게 모순된 결과의 예들이 다음 연구들에서 나타난다.

- 2011년에 the StageOfLife.com 웹사이트는 괴롭힘 조사 결과를 게재했다. 이 조사는 (괴롭힘에) 관심 있는 학생이라면 누구나 참여할 수 있었다. 놀랍게도, 91%가 괴롭힘을 당한 적이 있다고 응답하였다.[5]

- 2011년에 고등학교 전 학년을 대상으로 한 나의 연구에서는 31%의 학생들이 괴롭힘의 피해자라고 응답했고, 41%가 사이버 괴롭힘의 피해자라고 응답하였다.[6]

- 전국의 13~17세의 청소년 중 표본 추출한 824명을 대상으로 국가범죄예방심의회의(National Crime Prevention Council)에서 실시한 조사에서는 43%의 학생들이 지난해에 사이버 괴롭힘의 피해를 당했다고 밝혔다.[7]

- 2008년에 매사추세츠에 거주하는 2만 명 이상의 청소년을 대상으로 한 연구에서는 32%의 학생이 지난해에 전통적 괴롭힘을 당했다고 응답했고, 5%의 학생이 사이버 괴롭힘을 당했다고 응답했다.[8]

- 2009년에 국가범죄피해자센터의 조사(National Crime Victimization Survey, 매년 진행되는 국가적인 조사)에서는 지난해에 28%의 학생이 전통적 괴롭힘의 피해자라고 답했고, 6%의 학생이 사이버 괴롭힘의 피해자라고 답했다.[9]

- 2009년에 매사추세츠 청소년 건강조사(Massachusetts Youth Health Survey, 무작위 추출을 한 천 명의 학생을 대상으로 수행된 조사)에서 23%의 고등학생이 지난 한 해 동안 괴롭힘을 당했다고 응답했다.[10]

- 2008년부터 2010년까지 조사한 연구에서는 22~37%의 학생이 괴롭힘을 당했다고 응답했다.[11] 이 괴롭힘의 대부분은 정서적인 괴롭힘이었다.

- 인터넷 사용에 대한 세 가지의 다른 조사 보고서에 따르면, 2005년에 11%의 학생이 "사이버 학대(cyber harassment)"의 희생자라고 응답했다.[12]

- 2010년 4,441명의 학생을 대상으로 한 조사에서는 7.5%의 학생이

지난 30일 이내에 사이버 괴롭힘의 피해를 당했다고 응답했고, 21%의 학생이 지금까지 사이버 괴롭힘을 당했다고 응답했다.[13]

- 2011년에 3천 명의 위스콘신주 학생들을 대상으로 한 연구에서는 17%가 사이버 괴롭힘의 피해자라고 응답했다.[14]

이처럼 매우 다른 결과들은 우리를 혼동하게 만든다. 그렇다면 왜 이러한 결과의 차이가 발생하는지 살펴보자.

1 아이들은 실제로 얼마나 자주 괴롭힘을 당할까?

전통적 괴롭힘 피해율의 수치는 사이버 괴롭힘에 비해 연구마다 크게 다르지 않은 편이다. 응답자의 91%가 피해를 당했다는 연구 결과도 있지만, 이는 자기선택표본[1]이라는 한계가 있기 때문에 이를 제외하는 것이 바람직하다. 전통적 괴롭힘 피해율은 일 년을 기준으로 수행된 조사에서 23~32%의 범위로 나타났고, 4년을 기준으로 수행된 조사에서 31%로 나타났다. 약간의 차이는 있지만 그렇게 크게 다르지는 않다. 즉 일정 기간 내에 25%에서 30%의 학생들이 직접적으로 괴롭힘을 당했다는 결론을 내릴 수 있다. 물론 이 수치상에 있는 모든 괴롭힘이 심각한 수준에 있는 것은 아니며 이런 종류의 통계가 괴롭힘의 가혹함을 드러내지는 않는다.

어린 학생들을 대상으로 조사하면 괴롭힘 발생 통계치는 현저히 낮아진다.[2] 초등학생을 대상으로 연구를 진행하면서, 나는 유치원생부터 초

---

1) (역자주) 자기선택표본(self-selected sampling)은 인터넷 조사와 같이 참여하고 싶은 사람이 참여하게 하는 방식이기 때문에 연구 주제에 관심이 있는 사람이 주로 (예, 괴롭힘 연구라면 괴롭힘 경험이 있는 사람이 참여할 가능성이 높음) 참여할 가능성이 높다.
2) (역자주) 국내의 경우 해마다 교육부는 학교 폭력 실태조사를 실시하고 있는데 초등

등학교 2학년 학생에 대해서는 대규모의 조사를 하지 않았다. 그 이유는 그들의 부족한 문해력 때문에 인터뷰가 유일한 방법이었기 때문이고, 인터뷰를 하기 위해서는 다양한 자원이 필요한데 그 자원도 부족했기 때문이었다. 나는 2011년에 실시된 1,940명의 부모들에 대한 조사를 통해 대규모의 자료를 얻었다.[15] 해당 연구에서, 6%의 유치원 부모, 7%의 1학년 부모, 19%의 2학년의 부모들은 학교에서나 온라인에서 자신의 자녀들이 괴롭힘을 당하고 있거나 당했었다는 사실을 알고 있다고 응답했다(이를 통해 사이버 괴롭힘이 어린 나이에서부터 일어날 수도 있다는 사실을 알 수 있다). 나는 연구 대상자들에게서 직접 얻은 통계 결과를 더 선호하지만, 이러한 경우는 부모들의 응답이 사실에 가까운 추정으로 간주될 수 있을 것이다. 어린아이들은 사실상 거의 모든 것을 그들의 부모들에게 말하기 때문에 어린아이들의 부모들은 자녀의 피해에 대해 비교적 정확한 지식을 가지고 있다고 볼 수 있다.[16]

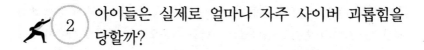

2 아이들은 실제로 얼마나 자주 사이버 괴롭힘을 당할까?

사이버 괴롭힘은 자신이 전자 기기를 통해 잔인하게 괴롭힘을 당했다는 주관적인 인식으로 규정된다는 것을 기억할 필요가 있다. 비록 사이버 괴롭힘 대상자가 명백히 모욕감을 느꼈다고 해도, 발생한 사건이 전통적 괴롭힘을 정의하는 의도성, 반복성, 힘의 불균형을 충족하지 못할 수도 있다. 전통적 괴롭힘 비율과는 다르게, 사이버 괴롭힘의 비율은 매우 다양하게 나타나는 경향이 있다. 앞에서 제시한 연구 결과에서는 낮게는

학교 4학년부터 고등학교 3학년 재학생 전체를 대상으로 2012년부터 실시해 오고 있다. 이 조사에서는 오히려 초등학생의 피, 가해율이 중학교와 고등학교에 비해 높은 것으로 보고된다. 이처럼 초등학생의 폭력 경험 비율이 높은 것이 초등학생이 폭력에 대해 민감도가 높은 것으로 해석되기도 한다.

5~6%, 높게는 41~43%로 다양한 수치가 나타났다. 어떤 연구자들은 학생들에게 작년에 일어났던 사이버 괴롭힘에 대해 물었고 또 다른 연구자들은 아이들의 지금까지의 삶 중에서 발생했던 사이버 괴롭힘에 대해 질문했다. 그리고 나는 지난 4년(고등학교 재학기간) 동안 사이버 괴롭힘이 일어났는지를 물어보았다.3) 대부분의 연구들은 고학년 학생들에 초점을 맞추어 연구하였다. 저학년 학생을 대상으로 한 다른 연구 결과와 비슷하게, 초등학생을 대상으로 한 내 연구에서는 사이버 괴롭힘 발생률이 낮은 수치로 확인되었다. 이 다양한 결과들을 정리하여 사이버 괴롭힘을 심각하게 생각해야 하는가에 대한 합리적 결론을 내려야 한다. 또한 사이버 괴롭힘의 문제가 대중 사회나 미디어의 산물인지에 대한 의문에도 합리적으로 결론을 내려야 한다.

하지만 나는 이러한 각기 다른 수치들이 나오는 타당한 이유들이 있다고 생각한다. 그리고 그 이유를 우리가 안다면, 다른 결과들을 이해할 수 있을 것이다. 종종 연구자들은 간단히 "사이버 괴롭힘을 당한 적이 있나요?"라고 묻곤 한다. 이 질문에는 아마도 낮은 비율의 응답 수치가 나타날 가능성이 높다. 그 이유는 어떤 아이들은 온라인에서 발생하는 일이 사이버 괴롭힘이라 여기지 않을 수 있기 때문이다.[17] 어떤 연구자들은 "잔인한 말을 문자 메시지로 보내기", "나쁜 댓글 달기"와 같은 사이버 괴롭힘 행동의 유형에 대해 자세히 제시하여 질문한다. 사이버 괴롭힘 유형에 대해 더 많이 열거하면 열거할수록, 하나 또는 그 이상의 유형에 해당된다는 대상자들의 수가 많아진다. 나쁜 댓글을 달거나, 루머를 퍼뜨리거나 협박을 하고, 상처를 주는 사진 등을 올리는 행동에 대해 질문한 연구에서는 연구 참여자의 21%가 사이버 괴롭힘을 당했다는 응답률을 얻었다. 나의 연구(국가범죄예방심의회의 NCPC의 연구 결과와 비슷하게 41%가 사이버 괴롭힘을 당했다고 응답하였다)에서는 노골적인 사진과 동영상을 휴대

---

3) (역자주) 이처럼 괴롭힘의 실태조사에서 참조기간(reference period)을 어떻게 제시하느냐에 따라 괴롭힘의 발생 빈도는 차이를 보인다. 참조기간이 길수록 발생 빈도는 높아지는 경향을 보인다.

폰을 통해 주고받는 것(sexting), 거짓된 이야기를 올리는 것, 괴롭힘 피해자가 밝히기를 원하지 않는 개인적인 정보를 컴퓨터를 통해 몰래 얻거나 퍼뜨리는 행동 등을 사이버 괴롭힘 행동 리스트에 추가했다. 사이버 괴롭힘의 유형을 더 많이 제시하면 할수록 연구 참여자들은 최소한 하나의 문제에 대해서라도 "피해를 당했다"라고 답하는 가능성이 높아졌다. 아이들은 사이버 괴롭힘의 문제에 대해 어른과 거의 논의하지 않기 때문에 사이버 괴롭힘의 다양한 유형들을 잘 모를 수 있다. 사이버 괴롭힘에 대한 우리의 지식은 이제야 막 발전해 나가고 있고 잠재적인 사이버 괴롭힘의 유형은 끊임없이 바뀌기 때문에, 설문 대상자가 피해를 당했을 만한 다른 유형을 계속해서 파악해 가는 것은 특히 어렵다. 그나마 많은 유형들을 이 연구에 포함시킬 수 있었던 것은 바로 MARC 연구소가 현장에서나 연구를 통해서 아이들을 많이 만났기 때문이었다.

앞서 말했듯이 서로 전혀 다른 조사 결과들이 존재하는 이유는 다른 연구자들이 서로 다른 연령의 아이들에 대해 그리고 서로 다른 참조기간(reference period) 동안의 괴롭힘에 대해 조사하기 때문이다. 가장 일반적이라고 생각되는 시간 프레임은 일 년이지만 어떤 연구는 연구로부터 30일 전의 기간을 참조기간으로 설정하기도 하고, 다른 연구들은 고등학교 전 기간을 조사하기도 한다. 당연히 오랜 기간을 대상으로 연구할수록 높은 수치를 나타내는 경향이 있고 나이대가 어릴수록 청소년기의 또래에 비해 낮은 수치를 기록했다.

핵심 내용: 간단하고 일반적인 질문과 어린 학생들을 대상으로 하며 짧은 참조기간을 대상으로 조사하는 연구는 대부분 사이버 괴롭힘에 대해 낮은 수치의 응답 비율을 보인다.

1) 그러나 어느 한쪽에만 속하는 것은 아니다(전통적 괴롭힘과 사이버 괴롭힘은 서로 연관되어 있다).

이러한 통계 자료를 보면 전통적 괴롭힘과 사이버 괴롭힘을 분리해서 보는 경향이 우세하다는 것을 알 수 있다. 나의 연구를 비롯하여 다른 자료들을 살펴보면 전통적 괴롭힘과 사이버 괴롭힘은 근본적으로 상호 관련되어 있다는 것을 알 수 있다. 특히 10대에게, 전통적 괴롭힘과 사이버 괴롭힘은 종종 동시에 발생하는 것으로 보이고, 아이들에게 디지털 세계는 친구들을 만나는 또 다른 공간으로 생각되고 있다는 것을 알 수 있다. 두 가지 괴롭힘의 유형 정도를 같은 표본에서 비교해 보면 나이가 많은 학생일수록 전통적 괴롭힘과 사이버 괴롭힘에서 동시에 상호작용이 나타났다. 나의 연구에서 초등학생들의 괴롭힘은 주로 학교 안에서 일어난다. 그러나 그런 일들은 학년이 올라갈수록 꾸준히 줄어들어 고등학생들 중에서는 오직 8%의 학생들만이 학교 안에서의 괴롭힘을 보고한다.[18] 다른 모든 피해학생들은 온라인 또는 온라인과 학교에서 벌어지는 괴롭힘을 보고했다. 그리고 이렇게 연령이 증가하면서 온라인상의 괴롭힘 비율도 증가하는 경향은 대학에서도 지속되는 것으로 보인다. 대학에서 일어나는 괴롭힘의 특성을 관찰했을 때, 직접적으로 괴롭힘이 드러나는 경우는 단 한 번도 없었다. 전통적 괴롭힘과 온라인상의 괴롭힘 간 상호작용에 대한 연구는 상대적으로 최근의 연구이다. 하지만 과거의 다른 연구자들도 아이들이 자라면서 보다 더 심리적 공격을 사용한다고 말했다.[19] 모든 사이버 괴롭힘은 당연하게도 본질적으로 심리적인 성향을 갖게 된다.

2) 고등학교에서의 전통적 괴롭힘과 사이버 괴롭힘은 대개 9, 10학년에서 일어난다.[4)]

괴롭힘 횟수가 일관적으로 기록되었다 하더라도, 그 횟수들 자체가 유용한 설명을 해 주는 것은 아니다. 다시 말해서, 단순히 널리 적용되는 수치를 아는 것보다 아이들이 학교 생활을 할 때 괴롭힘이 어떻게 **진행되고 발달하는지**, 어떻게 **증가하고 감소하는지**를 아는 일이 더 유용한 것일 수 있다. 9학년의 사회적 생활은 12학년의 사회적 생활과 굉장히 다를 수

---

4) (역자주) 미국 고등학교가 대개 9~12학년의 4개년으로 구성되어 있기 때문에 이를 한국의 상황에 적용하면 고등학교를 시작하는 1학년 또는 2학년 초기에 주로 괴롭힘이 발생할 가능성이 높다고 유추해 볼 수 있다.

밖에 없다. 9학년 학생이 전통적 괴롭힘 또는 사이버상의 괴롭힘을 당한다고 가정해 보자. 괴롭힘이 지속될까? 아니면 10학년이 되면서 보다 줄어들까? 괴롭힘 피해학생들을 연구했을 때, 나는 그 학생들의 경험이 또래에 비해서 얼마나 흔치 않은 일인지, 그리고 그 학생이 가까운 미래에 합리적으로 기대할 수 있는 것은 무엇인지에 관심이 있었다. 이러한 관심을 바탕으로 하여, 고등학교 생활을 보고한 학생들을 대상으로 연구를 실시했다.[20]

연구 결과, 전통적 괴롭힘과 사이버 괴롭힘이 대개 고등학교 4년에 걸쳐서 지속되지는 않는 것으로 드러났다.[21] 연구에 참여한 학생들 중 오직 4%만이 4년 내내 피해를 받았다고 보고했다. 그러므로 고등학교 4년 내내 괴롭힘을 당한다고 보고하는 학생은 일 년 동안만 피해를 입었다고 보고하는 학생보다 드물고 더욱 힘들어 할 수 있다. 일 년 동안만 어느 시점에 괴롭힘의 대상이 되는 건 피해 유형 중 가장 일반적이고 그 일 년은 대부분 9학년일 가능성이 크다. 9학년에 괴롭힘의 대상이 된 학생들 중에서, 약 절반은 그 해에만 괴롭힘을 당할 가능성이 높다. 그리고 다른 절반은 9학년과 10학년 때 둘 다 괴롭힘의 대상이 될 가능성이 높다. 만약 그들이 10학년에 괴롭힘을 당한다면, 11학년까지 이어질 확률은 매우 낮다. 학생들이 고등학교 시기를 거치면서, 괴롭힘 피해가 지속되는 경우는 점점 줄어든다.

이것은 이전의 학년에서 괴롭힘을 당한 적이 있는지 물어보았을 때 응답자의 학년에 따라 대답이 다양해질 수 있다는 것을 의미한다. 이러한 유형의 자료에서 보다 의미 있는 분석을 위해서는 학년별 그리고 학년에 걸친 세부 자료들을 살펴보아야 한다.

지금까지의 내용을 종합해 보면 약 1/4에서 1/3 사이의 아이들은 특정 일 년 동안 괴롭힘을 당한다고 보고한다. 사이버 괴롭힘이 얼마나 빈번히 일어나는지 아는 것은 어렵다. 사이버 괴롭힘에 대한 자료가 더 구체적이고 더 많아질수록 보고되는 사건은 더 증가할 것이다. 아이들의 연령이 증가할수록 사이버 괴롭힘이 모든 괴롭힘 사건들 중에서 차지하는 비율은 점점 더 커진다. 고등학생들 사이에서 전통적 괴롭힘과 사이버 괴롭힘은 9학년에 두드러지게 발생하는 것처럼 보인다. 그리고 피해학생의 50%는 10학년에도 이어서 괴롭힘을 경험한다. 그 이후에 괴롭힘이 보고되는 경우는 보다 적으며 고등학교 동안 지속적인 괴롭힘을 보고하는 학생들은 훨씬 큰 위험에 처해 있을 수 있다.

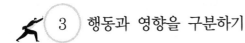

3 행동과 영향을 구분하기

나의 첫 째 아이는 세 살에 몇몇 단어를 발음하는 데 어려움이 발생하는 장애가 있다는 진단을 받았다. 이 장애는 어린 시절 내내 지속되었는데, 때때로 놀림을 받기도 했지만, 다행히 아들은 자신이 놀림을 받는다는 것을 눈치채지 못하는 경우도 있었다. 어떤 일이 일어나고 있는지 피해자가 이해하지 못하거나 관심을 보이지 않아도 괴롭힘이 진짜 괴롭힘이라고 볼 수 있는가? 대부분 연구에서의 통계 자료는 전통적 괴롭힘과 사이버 괴롭힘의 피해자가 받는 영향을 고려하지 않거나 또는 그러한 영향에 대해 고려하는 것이 부족한 편이다.

몇 가지 이유에서 피해의 영향력을 고려하는 것은 유용하다. 첫 번째로, 상황을 정확히 파악하고 괴롭힘에 상당한 영향을 받는 아동과, 상황을 정확히 파악하지만 별다른 걱정을 하지 않는 아동을 비교하는 것은 흥미롭다. 두 번째로, 괴롭힘으로 인해서 피해자가 여러 가지의 부정적인 반응을 보일 가능성이 증가할 수는 있으나 (예, 우울증, 학업의 어려움, 사회적 문제) 이것이 모든 피해자에게 동일하게 적용되는 것은 아니다. 즉 괴롭힘의 영향은 각각의 아동에게 다른 방식으로 영향을 미친다. 단순히 괴롭힘의 가해자와 피해자가 몇 명인지가 중요한 것이 아니다. 어떤 가해자와 어떤 피해자가 어려움에 처해 있는지 그리고 어려움을 경험할 때 얼마나 되는 아이들이 적응 유연성을 발휘하는지를 알아야 한다. 우리는 이 세상을 괴롭힘이 없는 평화롭기만 한 장소로 만들 수는 없다. 그렇기 때문에 궁극적으로 우리는 모든 아동이 세상에서 필연적으로 겪을 어려움 중에서 적어도 몇 가지의 작은 어려움이라도 잘 극복해 나가기를 바랄 수밖에 없다.

1) 탄력성과 취약성

괴롭힘에 대해 생각해 본 교육자라면 괴롭힘이 모든 아동에게 똑같은 영향을 미치지 않는다는 것을 쉽게 인식할 것이다. 심리학에서는 이러한 차이를 **탄력성**과 **취약성**(resiliency and vulnerability)의 개념으로 설명한다.[22] 이 맥락에서, 나는 괴롭힘의 영향을 더 심각하게 받는 아동을 지칭할 때 취약성이라는 개념을 사용할 것이다(주의: 장애 아동 또는 다른 성적 취향(sexual orientation)과 같이 괴롭힘을 당하기 쉬운 특성을 지칭하는 취약성의 다른 뜻과는 구별해야 한다[23]). 이와는 대조적으로, Langevin은 괴롭힘을 당하지만 괴롭힘을 내면화하지 않는 아동을 탄력적이라고 설명한다.[24] Bowes와 동료는 괴롭힘을 당하더라도 탄력적인 아동은 우리의 기대 이상으로 그 상황에 잘 대처한다고 본다.[25] 왜 어떤 아동은 또래의 괴롭힘에 엄청난 충격을 받는 반면, 탄력적인 아동은 괴롭힘을 "대수롭지 않게" 생각할 수 있을까?

취약성 또는 탄력성을 측정할 수 있는 방법은 여러 가지가 있다. 한 가지 방법은 가·피해자(어떤 경우에는 가해자이고 다른 경우에는 피해자인 학생)와 순수 피해자 또는 순수 가해자로만 확인된 학생들을 비교하는 것이다. 의심할 나위 없이 가·피해자들은 더욱 취약하다. 그들은 걱정과 우울이 높았으며, 공격성, 살인과 자살행동 또한 두드러지게 나타났다. 그들은 외현화 문제(다른 사람들 또는 상황을 부적절하게 탓하기)와 내재화 문제(본인에게 책임이 없어도 자신을 탓하기)를 모두 보인다.[5][26]

---

5) (역자주) 학생이 보이는 문제는 크게 외현화(externalizing) 문제와 내재화(internalizing) 문제로 구분되는데 외현화 문제는 문제가 겉으로 드러나는 공격성, 분노, 품행문제 같은 경우가 대부분인 반면, 내재화 문제는 문제가 겉으로 잘 드러나지 않는

두 번째 방법은 가장 많이 충격을 받은 괴롭힘의 피해자와 그렇지 않은 피해자를 비교하는 것이다. 대학교 신입생을 대상으로 한 연구에서, 본인이 피해자라고 보고한 피험자들은 괴롭힘이 본인을 얼마나 힘들게 만들거나 화나게 했는지 1과 10 사이의 척도에 표시했다. 10은 "최고로 힘들고 화가 남"이고 1은 "전혀 힘들거나 화가 나지 않음"이다.[27]

절반(47%) 정도의 피해자들은(전체 연구 참여자의 24%) 본인의 화가 난 정도를 1, 2 또는 3으로 표시했다. 나는 이러한 피해자들을 탄력적이라고 분류했다. 흥미롭게도 비슷한 비율의(피해자의 46% 그리고 전체 연구 참여자의 23%) 피험자들이 8, 9 또는 10점 정도로 응답했으며 괴롭힘에 취약했다. 피해자의 남은 7%는 중간(moderate)이었다. 중간에 해당되는 비율이 낮은 것이 놀라웠지만, 다른 연구에서도 비슷한 결과가 나왔다. 2007년 National Crime Prevention Council(국가범죄예방위원회)에서 실시된 설문에서도 절반 정도의 피해자가 탄력적이라는 결과가 나왔고 다른 절반은 취약하다고 나왔다.[28] 가정에서 폭력적일 수 있는 다양한 상황에 대한 아동의 반응을 측정한 연구에서도 반 정도가 탄력적인 집단이었다.[29]

연구 대상들은 순수 피해자, 순수 가해자 또는 가·피해자로 더 자세히 분류되었다. 약 13%의 피험자들이 고등학교 때 가·피해자였다고 응답했다. 17%의 학생들은 순수 가해자, 다른 18%는 순수 피해자라고 응답했다. 다른 연구에서도 유사한 비율이 나왔다.[30] 취약 집단은 가·피해자와 밀접한 관련이 있었다. 취약하다고 분류된 집단에서 절반 정도가(48%) 가·피해자였다. 대조적으로, 적응이 유연한 집단의 오직 9%만 가·피해자였다.

2) 괴롭힘 상황에서 가장 위험에 처한 피해자 찾아내기

괴롭힘으로 인해 상처를 많이 받는지 아닌지 또는 누가 가·피해자가 될 가능성이 높은지는 괴롭힘과 사이버 괴롭힘을 경험한 횟수와 어떤 관계가 있을까? 이것은 국가적 차원의 문제이다. 따라서 궁극적으로 위의

불안, 우울, 사회적 위축과 같은 문제가 있다.

질문과 관련하여 괴롭힘에 대해 답변을 제시하는 것은 지역 사회 전체에 적용되는 것이다. 그러나 우리는 가장 심각한 어려움에 처해 있는 피해자들에게 특별한 관심을 쏟을 필요가 있다. 우리는 학생들이 괴롭힘을 당하면 그 학생들의 13~24%가 폭력과 정신 질환과 같은 보다 심각한 문제에 처할 수도 있다는 것을 알고 있다. 그렇다면 이렇게 취약한 학생들을 어떻게 변별하고, 어떻게 그들에게 좀 더 특별한 관심과 보살핌을 줄 수 있을까?

(1) 괴롭힘의 유형에 따라 상처를 더 많이 받기도 하고 또는 그렇지 않기도 하는가?

전통적 괴롭힘과 사이버 괴롭힘 중 몇몇 유형들은 다른 유형들보다 흔하게 발견된다. 예를 들어, 여러 연구에서 나타나듯이 전조행동(직접 대면과 온라인 둘 다)은 신체적인 괴롭힘보다 더 자주 일어난다.[31] 그러나 의문점은 남아 있다. 괴롭힘의 유형 중 어떤 것들은 더 **자주** 일어날 뿐만 아니라 **주관적 고통** 또한 더 크지 않을까? 우리는 몇몇 아동들이 괴롭힘에 의해 더 많은 상처를 받는다는 것을 알고 있다. 다시 말해 더 취약하다는 것이다. 그렇다면 그들이 특정한 유형의 괴롭힘을 당해서 더 상처를 받은 것일까?

만약 괴롭힘의 유형이 괴롭힘에 대한 취약성(vulnerability) 또는 탄력성(resiliency)을 결정한다면, 우리는 다음과 같은 패턴이 보일 것이라고 기대할 수 있다. 예를 들어, 취약한 피해자는 "제 1유형의 괴롭힘"을 경험할 가능성이 높고, 탄력성이 높은 피해자는 "제 2유형의 괴롭힘"을 더 많이 경험할 가능성이 높을 것이다. 직감적으로 어느 정도는 일리가 있다. 이미 몇몇 흥미로운 연구에서는 **편견을 기본으로 한 괴롭힘**(대상의 인종, 민족, 성적 성향에 초점을 맞춘 괴롭힘)이 심각한 정신 질환적인 결과(예를 들어 자살 경향성)와 매우 밀접하게 연관이 있다는 것을 발견했다.[32] 그러나 대학교 신입생을 대상으로 실시한 연구 결과에서는 그러한 패턴이 나타나지 않았다. 그 대신에 취약하거나 탄력성 있는 각각의 피험자들 모두 비슷한 유형의 괴롭힘을 경험했다고 보고했다. 예를 들어, 두 집단의 경우 그들이 가장 흔하게 경험한 유형의 괴롭힘 행동은 "놀리기(name calling)"와 "눈 흘기기(eye rolling)"였다고 말했다. 게다가 취약하거나 탄력성 있는 피험자들 모두 그들이 겪은 괴롭힘의 가장 고통스러운 유형은 "욕하기"와 "그들 자신과 관련된 소문 또는 거짓말이 퍼지는 것"이라는 점에 동의했다. 편견 때문에 지속적으로 괴롭힘의 대상이 되어 온 일부 피해자들은 괴롭힘의 내용과 그 반복되는 특성 때문에 괴로움을 경험할 것이다.

(2) 괴롭힘에 대한 취약성은 더 빈번한 괴롭힘과 관련이 있을까?

아마도 취약한 피해자가 괴롭힘을 대수롭지 않은 것으로 여기지 못하는 것은 특정 방식으로 괴롭힘을 당했기 때문이 아니라, 단순히 더 자주 괴롭힘을 당했기 때문일 것이다. 당연히 모든 괴롭힘은 되풀이된다. 되풀이되기도 하고 끊임없이 일어나기도 한다(다시 말해서 사건의 발생 빈도수는 계속 변화하고 있다). 사실, 괴롭힘을 경험하는 빈도수는 취약성과 탄력성을 결정하는 데 있어 중요하게 부각되고 있다. 아이들이 상처받은 정도는 학교와 온라인상에서의 괴롭힘을 당하는 횟수와 깊은 관련이 있다.[33] 탄력적인 피해자는 괴롭힘을 당한 횟수를 한 번 또는 두 번이라고 말하는 경향이 있었지만, 취약한 피해자는 괴롭힘을 당했다고 하는 횟수를 두 번 이상이라고 말하는 경향이 더 강했다. 만약 괴롭힘의 피해자가 빈번하게 괴롭힘을 당하면서 친구와 친구가 아닌 모든 사람들에게 괴롭힘을 당했다면, 그들이 취약해지는 것은 당연하다(친구들에게 괴롭힘을 당하는 것에 대해서는 아래를 참조).

핵심 내용: 취약한 아동과 탄력적인 아동을 구별 짓는 것은 특정한 괴롭힘의 행위라기보다는 괴롭힘의 횟수라는 것이 핵심이다. 아마 이러한 취약한 아이들은 빈번하게 되풀이되는 괴롭힘으로 인해 더 취약해졌을 것이다.

3) 아이들을 더 탄력적이고 덜 상처받게 도울 수 있는 방법들

당신이 영향을 미칠 수 있는 것과 그렇지 않은 것들이 있다. 예를 들어, 남자 아이들은 그들 스스로를 괴롭힘에 대해 탄력적이라고 평가할 가능성이 있다. 하지만 여자 아이들에게 남자 아이가 되라고 가르칠 수는 없다(비록 다른 연구들에서 여성들이 받아들이고 적용할 수 있는 남성의 관점이나 태도를 밝혀낼 수도 있지만 말이다). 그럼에도 불구하고, 취약한 아이들과 탄력적인 아이들 사이에는 우리가 활용할 만한 차이점들이 있다.

(1) 친구들 사이에서 발생하는 괴롭힘에 대해 이야기하기

우리는 요즘 아이들과 괴롭힘에 대해 이야기를 많이 나눈다. 하지만 우리가 괴롭힘에 대해 이야기할 때 그것을 우정과 얼마나 많이 관련짓는가? 서로를 믿을 수 있는 사이에서 괴롭힘이 일어날 때, 괴롭힘은 아이들에게 좀 더 다른 감정을 불러일으키고 더 큰 영향을 미치게 된다. 우정은 태풍 속에서의 항구가 되지만 태풍 그 자체를 없애 주지는 못한다. 실제로, Hodge와 Boulton 등의 연구 결과를 보면 나를 괴롭히지 않는 친구와의 좋은 관계가 (특히 "가장 친한" 친구일 경우) 다른 친구들에게 괴롭힘을 당한 경험을 상쇄시켜 줄 만한 강력한 보호 요인으로서의 역할을 한다.[34] 또한 다른 연구들에서도 이와 동일한 결과가 나타났다. 나는 실제로 학생들이 괴롭힘과 우정에 대해서 굳이 이야기할 필요가 없다고 생각하는 어른들을 보게 된다. 왜냐하면 학생들(특히 10대들)은 우정을 충성심(loyalty)과 친절함(kindness)의 특정한 의무를 수행하는 것으로 이해할 가능성이 높기 때문이다. 하지만 그러한 가정이 항상 정확한 것은 아니다. 대학교 신입생을 대상으로 실시한 나의 연구 결과에 따르면, 많은 아이들이 "친구"에 의해 괴롭힘을 당한다고 보고했다. 하지만 거기에는 친구의 유형에 있어서 실질적인 차이가 있었다. 괴롭힘에 탄력적인 아이들은 친구에게 괴롭힘을 당했지만, 그 친구가 친밀하다고 하지 않았다(예를 들어, 친한 친구들의 무리가 아닌 학교에서 그냥 아는 친구나 또는 조금 아는 친구였다). 반대로, 괴롭힘에 취약한 아이들은 친한 친구들에게 더 괴롭힘을 당하는 경향이 있었다. 친구로부터 괴롭힘을 당한다는 것에 대해 이야기하게 됨으로써 우리가 친구로부터 괴롭힘을 당하는 비율을 줄일 수 있다면, 괴롭힘에 취약한 아이들의 비율도 줄일 수 있을 것이다.

(2) 정서적 고통이나 괴로움의 표시에 대해 민감해지기

놀랍지 않게도, 대학교 신입생을 대상으로 한 나의 연구에서 취약한 아이들이 고등학교 기간에 불안이나 우울을 겪었다고 더 많이 보고했다. 확실히 많은 10대 청소년들은 불안과 우울을 경험한다. 하지만 탄력적인 아이들은 불안이나 우울과 같은 변인의 경우 평균 수준에 가깝다. 취약한 아이들은 탄력적인 아이들보다 고등학교 시절 불안이나 우울 또는 그들의 화를 조절하는 데 더 많은 문제를 보였었다. 하지만 우리는 취약한 아동이 불안과 우울로 인해 괴롭힘에 더 영향을 받는 것인지 또는 더 빈번하고 영향력 있는 괴롭힘이 이러한 감정을 겪게 하는 것인지 또는 그 밖의 다른 요인들이 함께 일어나서 영향을 미치는 것인지에 대해 알지 못한다(예를 들어, 취약한 피해자들에게 친구가 별로 없다면 불안/우울을 모두 경험할 것이고, 더 영향력 있는 괴롭힘을 받게 될 것이다). 불행하게도, 비율만 나타내는 자료는 어떤 요인이 어떤 것을 유발하는지에 대한 결론을 이끌어낼 수 없게 한다.[6]

다른 연구들이 여러 가지 해석의 가이드라인을 제공할 수는 있다. 하지만 여전히 원인에 대한 결론을 확정 지을 순 없다. 여러 연구들은 괴롭힘을 당하는 것과 불안과 우울 사이의 연관성을 확인하고, 정서적으로 어려움을 겪는 아이들이 더 자주 괴롭힘의 대상이 된다는 것을 보여 준다.[35] 하지만 다른 연구들은 제 3의 요인이 괴롭힘으로 인한 정서적 고통의 유

---

6) (역자주) 이처럼 괴롭힘에 관한 대부분의 연구는 변인 간의 인과관계(causality)를 설명하기보다는 상관관계(correlation)를 설명하는 경우가 대부분이다. 예를 들어, 괴롭힘 피해와 우울이 서로 관련이 있는 경우 괴롭힘 피해로 우울을 경험하는 것인지, 아니면 우울한 학생들이 피해를 더 많이 당하는 것인지 구분하기 어렵다는 것이다. 이러한 변인 간 인과관계를 종단연구나 실험연구 등을 통해서 확인할 수 있는데 괴롭힘 연구에서 이러한 방법을 사용한 연구는 매우 적다.

무를 결정한다고 보고했다. 예를 들어, 2010년에 연구자들은 각기 다른 유전자(유전적 패턴)를 가진 아이들을 비교했고, 특정 유전자를 갖고 있는 아이들만이 괴롭힘을 경험했을 때 더 큰 정서적 고통을 겪는다는 것을 발견했다.[36] 그 연구는 다른 아이들과 비교하여 취약한 유전자를 갖고 있는 아이들에게는 괴롭힘이 정서적 문제를 유발하는 명확한 요인이라는 것을 밝혀냈다.[7]

그럼에도 불구하고 괴롭힘이 불안과 우울을 유발하는지 또는 그 반대인지는 가장 중요한 문제가 아니다. 어떤 것이 어떤 것을 유발하든지 상관없이, 두 가지가 서로 상관관계에 있고, 그 연관성은 괴롭힘의 가해자와 피해자 모두에게 우울의 위험을 증가시킬 수 있다는 것이다.[37] 만약 우리가 과도한 불안이나 우울을 경험하고 있는 학생이 있다는 것을 인지하고 그 학생에게 학교 심리 상담가나 그들의 주치의에게 상담받기를 조언한다면, 괴롭힘에 대한 아이들의 취약성을 줄이는 데 도움이 될 것이다.

(3) 데이트 폭력과 가정 폭력의 경험에 대해 세심히 살펴보기

당신이 한 번 학대를 당한 경험으로 인해 다시 학대당할 가능성이 통계적으로 높다면, 이는 삶에서 느낄 수 있는 가장 큰 부당함 중 하나일 것이다. 많은 연구 논문은 학대를 당한 경험이 있는 피해자는 미래에 학대받을 가능성이 높아진다는 현상에 대해 기술하고 있다.[38] 몇 가지 이론들은 이러한 연관성에 대해 외상 후 스트레스 장애(PTSD)와 학습된 무기력 개념을 포함하여 그 이유를 설명하고 있다.[39] 아마도 자신이 힘이 없다

---

7) (역자주) 이 경우처럼 특정 유전인자를 갖고 있는 경우 피해로 인한 정서적 고통을 더 받는다면 그 유전인자의 유무는 피해와 정서적 고통의 관계 강도를 조절한다고 볼 수 있다. 다시 말해, 그 유전인자를 갖고 있는 경우 피해로 인해 고통을 더 겪고, 없는 경우 그 고통을 덜 겪는 경우이다. 이처럼 두 관계의 강도를 조절하는 변인을 조절 변인(moderator)이라고 하는데 조절 변인은 괴롭힘에 대한 보호 요인 또는 위험 요인으로 작용한다. 이 경우는 괴롭힘 피해로 인해 정서적 고통의 정도를 가중시키기 때문에 해당 유전인자는 위험 요인으로 작용한다고 볼 수 있다. 위험 요인을 갖고 있는 학생에 대해서는 모니터링을 강화하고 피해의 충격을 최소화하기 위하여 보다 적극적이고 선제적인 개입을 실시하는 것이 효과적이다.

고 마음 먹은 사람(즉, 학대를 멈추거나 도움받을 수 없다고 확신했던 사람)은 미래에 괴롭힘 희생자가 될 확률이 높을 것이다.

나는 학교에서 괴롭힘을 당하기 전에 일어날 수 있는 두 가지 피해에 대해 연구하였다. 첫 번째는 형제, 자매에 의한 괴롭힘이고, 두 번째는 데이트 관계에 의한 위협과 공격이다. 형제, 자매에 의한 괴롭힘은 보다 일반적으로 나타난다. 연구 대상자들 중 20%가 형제, 자매에게 가끔 또는 자주 괴롭힘을 당했다고 응답했다. 괴롭힘의 피해자(21%), 가해자(23%) 경험만 있다고 응답한 학생들보다 괴롭힘 가·피해 중복 경험이 있는 학생들 중 자신을 괴롭히는 형제, 자매가 있다고 응답한 학생은 29%였다.[40]

괴롭힘 피해 전에 데이트 관계 속에서 일어날 수 있는 피해(위협, 가정 폭력 또는 데이트 폭력)는 일반적으로 형제, 자매에 의한 괴롭힘의 양상과 비슷하다. 가·피해 중복 경험을 한 학생들은 순수 피해자들보다 2배 이상 데이트(가·피해: 16%; 순수 피해: 6%)를 하던 중 또는 헤어질 때 상대방에게(가·피해: 14%; 순수 피해: 2%) 괴롭힘을 당했다고 보고하였다. 일반적으로 상당수의 취약한 피해학생들이 이전에 피해를 당한 경험이 있었다고 보고하였지만, 가·피해 중복 경험을 한 학생들은 다른 유형의 학생들보다 이전에 피해를 당한 경험이 괴롭힘 문제와 훨씬 관련이 있었다. 어떤 경우이건 간에 이전에 학대 또는 괴롭힘을 당했던 경험이 있는지 살펴보는 것은 그들의 미래나 현재의 취약성을 알아차리고 미리 지원하는 데 도움이 된다. 또한 전통적 괴롭힘이나 사이버 괴롭힘의 대상을 찾아내는 경우에도 도움이 될 수 있다.

(4) "고자질쟁이"들의 말을 무시하지 않기

내가 자주 듣는 괴롭힘에 대한 하나의 슬로건은 "어른에게 말해라"이다. 불행히도, 사회는 "고자질"하는 것에 대해 강하게 비난하고 있다. 이러한 현상은 첫째, 고자질이 문제가 있다는 인식을 심어 주며, 아이들 역시 이를 해롭다고 여기게 만든다. 둘째, 만약 어른들에게 말하는 것을 "고자질"이라고 한다면, 괴롭힘 상황을 어른에게 알려야 하는 아동은 고자질을 하지 않기 위해서 잘못된 보고를 하거나 오히려 괴롭힘에 대한 정보를 과소평가하여 무시할 수도 있다. 셋째, 괴롭힘 상황이 정당한 것이었다고 항의할 가능성이 크다. 예를 들어, 아이들이 고자질쟁이에게 화가 나서 고자질한 학생을 일부러 괴롭힘 문제에 끌어들여 골탕을 먹일 수도 있고, 아이들 스스로 어른들에게 잘 보이려고 거짓 보고를 할 수도 있다. 따라서 아이들에게 무슨 일이 있었는지를 어른에게 말하도록 계속 충고하고, 괴롭힘과 같은 일이 있었다면 꼭 어른에게 말하라고 훈계한다면, 오히려 아이들은 상처받고 의심이 많아지며 갈피를 못 잡게 될 수 있다.

고자질의 인식에 대한 또 다른 문제점은 어른들이 무엇이 고자질이고 아닌지를 판단하는 데 미숙할 수도 있다는 것이다. 2010년에 Youth Voice Project에서 Davis와 Nixon은 어른들이 "고자질 하지마!"라는 경고를 생각하는 것만큼 공정하고 객관적으로 사용하지 않는다고 보고하였다.[41] 예를 들어, 이 연구에서 유색 인종이나, 징애를 가진 학생들이 백인이나 비장애 학생들보다 고자질하지 말라는 경고를 더 많이 듣는다고 보고하였다(이러한 이유로 장애가 있는 학생들은 인지적 한계 및 사회적 기술의 부족으로 인해 "고자질"할 가능성이 더 높다고 할 수 있다. 그러나 어떠한 이유에서든 고자질하는 것이 학생의 인종이나 민족적 배경 때문이라고 단정 지어 말할 수는 없다).

우리의 연구에 의하면 초등학생 중 탄력성이 높은 학생과 취약한 학생 모두 비슷한 비율로 "고자질 하지마!"라는 말을 들은 것으로 확인되었다. 하지만 중학생이나 고등학생 중에서는 취약한 학생이 고자질하지 말라는 말을 더 많이 듣는 것으로 나타났다. 아마도 취약한 청소년은 고민에 대해 효과적인 의사소통을 잘 할 수 없어서 고자질하는 것처럼 보였을 수도 있고 또는 다른 학생들보다 괴롭힘을 더 자주 당하여 고자질의 형태로 어른들에게 더 많이 보고했을 수도 있다. 이러한 결과로 어른들은 취약한 학생들의 보고를 중요하지 않게 여겼을 가능성이 높다. 결론적으로 나는 "고자질 하지마!"라는 슬로건을 사용하는 교육 방법에 대해 생각해 볼 필요가 있다고 본다. 물론 때때로 더 중요한 문제를 먼저 해결하기 위해 어떤 쟁점들은 다른 시간대로 연기될 수도 있고, 연기되어야만 하지만, 무슨 일에 대해 지속적으로 보고하는 학생들의 말은 즉시 들어 주어야 한다. 그럼에도 불구하고, 학생들이 항상 순수한 의도로 보고하는 것은 아니기 때문에 우리는 이런 학생들의 행동을 알아차리고 여기에 대응하기 위한 더 좋은 방법을 모색할 필요가 있다.

(5) 보고한 아동에게 관심을 보여 주고 안심시키기

비록 탄력적인 아동과 취약한 아동이 비슷한 비율로 어른에게 보고함에도 불구하고, 관련 연구는 탄력적인 아동들은 그들의 특성상 보고를 함으로써 기분이 좋아질 가능성이 높다고 설명하고 있다. 이러한 결과는 어느 부분에서는 보고자의 특성 때문일 수도 있다. 반면에 Youth Voice Project에서는 아동이 보고할 때 보고를 듣는 어른의 반응이 아동의 보고 경험에 영향을 미친다는 것을 발견하였다. 즉, Davis와 Nixon은 이 연구에서, 아동이 보고한 것에 대해 만족스럽게 느끼게 했던 어른들은 성급한 결론을 내지 않거나 이야기 중에 빨리 말하라고 재촉하지 않았다는 것을 발견하였다. 어른들은 오히려 아동이 보고하는 내용을 경청하고 그들이 하는 일이 가치 있는 일이라고 아동을 안심시켰다.[42] 나의 연구에서도 이처럼 어른들이 피해자의 문제를 "완전히" 해결해 줄 수 없을지라도 아동의 보고를 경청하고 추적 조사하는 것이 아동의 보고에 반응하는 가장 효과적인 방법이라는 것을 확인하였다.[43]

(6) 유능한 사회적 기술을 향상시키기 위해 도움이 필요한 아동 지지하기

학습과 발달에 유의미한 영향을 미치는 사회적 기술의 발달은 더 이상 무시할 수 없는 교육적 학습 영역에 포함된다.[44] 인기가 높고 사회적 기술이 좋은 아이는 꽤 심한 괴롭힘도 대수롭지 않게 여기는 경향이 있다. 또한 괴롭힘을 무시할 수 있는 역량을 갖는 것은 친구들 사이에서 인기를 얻는 것과 관련이 있어 보인다. 어떤 경우에서든 탄력성이 높은 아동들은 스스로를 취약한 아동들보다 인기가 많다고 평가하였다.[45] 탄력성이 높은 아동들은 10점 만점인 인기도 측정 문항에서 자신의 인기가 평균 6.7점이라고 응답하였고, 취약한 아동들은 탄력성이 높은 아동에 비해 거의 1점 낮게 평가하여 자신의 인기도를 10점 만점에 5.8점으로 평가하였다.

비록 많은 피해자들은 사회적 기술이 부족하다는 인상을 주었지만, 데이터 분석을 통해 가·피해자와 순수 피해자들 사이에 실제적인 차이가 있다는 것을 확인하였다. 사회적 기술을 측정하는 다음과 같은 문항들, 예를 들어 "당신이 기댈 수 있다고 느끼는 친한 친구가 한 명 또는 여러 명이 있나요?" 또는 "친구 간에 매번 큰 싸움으로 번지는 사소한 문제들이 있었나요?(잘 해결되지 않은)"와 같은 문항의 신뢰도를 측정(크론바흐 알파=.972)한 결과, 가·피해자의 사회적 기술이 가장 부족하다는 것이 입증되었다. 반면, 전통적 괴롭힘이나 사이버 괴롭힘에 연관되지 않은 무경험자(즉, 가해자도 피해자도 아닌 자)들이 가장 유능한 사회적 기술을 사용하는 것으로 확인되었다. 가해자와 피해자 사이에서 가장 사회직 기술이 뛰어난 집단은 순수 가해자였고, 이어서 순수 피해자, 마지막으로 가·피해자(가장 사회적 기술이 부족) 순으로 확인되었다. 또한 가·피해자들은 직접 대면하는 의사소통을 선호하지 않은 반면, 순수 가해자와 순수 피해자는 가·피해자 집단보다는 면대면 의사소통을 더 선호하였다. 무경험 집단은 면대면 의사소통을 가장 많이 선호하였다. 자신이 다른 학생과 다르다고 느끼는지에 대한 질문에 고등학생 남학생 가·피해 집단의 절반 이상 (60%)이 자신은 다른 학생들과 "다르다"라고 느끼는 것으로 보고하였다. 이는 순수 가해자 중 31%와 순수 피해자 중 35%만이 다른 학생들과 "다르다"라고 보고한 것보다는 훨씬 높은 수치였다. 마지막으로 친한 친구에게 괴롭힘 당한 경험이 있는지 묻는 질문에 여학생 순수 피해자의 28%만이 친구에게 괴롭힘을 당했다고 보고한 것과는 다르게, 여학생 가·피해 집단의 거의 절반(47%)에 해당하는 학생들은 친구에게 괴롭힘을 당한 적이 있는 것으로 확인되었다.

위에서 보고한 것처럼 취약하거나 탄력성이 높은 아동들 모두 가끔은 친구들에게 괴롭힘을 당한 적이 있다고 보고하였다. 하지만 탄력성이 높은 아동은 친한 친구가 아닌 누군가에게 괴롭힘을 당할 가능성이 높은 반면, 취약한 아동은 친한 친구 또는 그렇지 않은 사람 모두에게 괴롭힘을 당할 가능성이 높은 것으로 나타났다.

(7) 인지/학습적 결함이 있는 학생들에게 보다 많은 주의를 기울이기

10여 년 전 실시된 한 연구에 따르면, 전반적으로 학습 기술이 부족한 아이들이 가해학생이 되는 경향이 있었다.[46] 그러나 오늘날에는 괴롭힘을 주도하는 아이들의 집단이 바뀌었거나, 이러한 행동에 관여하는 광범위한 학생들을 감별해 내는 연구자들의 능력이 향상되어, 학업성취능력의 모든 범위 안에서 또래 괴롭힘이 존재할 수 있음을 밝혀냈다. 그러나 계속해서 많은 성인들(부모 또는 교사)이 괴롭힘을 낮은 성적과 연관 짓기 때문에, 성취 수준이 높은 학생 또한 가해학생이 될 수 있다는 의견은 잘 받아들여지지 않는다. 이러한 점에서 나는 가해학생들 가운데 학업성취도가 높은 학생과 낮은 학생 간의 차이를 명확하게 기술하기 위해, 탄력적인 가해학생들과 탄력적이지 않은 가·피해학생들 간의 학습 기술을 비교하는 연구를 진행했다. 표본 집단의 학생들은 입학하기 다소 어려운 대학에 다니고 있었기 때문에 그들의 고등학교 수행 능력은 크게 다양한 편은 아니었다(즉, 표본 집단의 대부분이 뛰어난 학생들로서, 고등학교 때의 성적이 매우 낮은 학생들은 포함되지 않았다). 그러나 두 번째 측정 방법은 개별화교육계획(또는 IEP: Individualized Education Plan)의 존재 유무를 활용하는 것으로 이는 학업 수행의 수월함과 어려움을 연구하는 데 훨씬 더 좋은 방법이 된다(모든 특수교육 대상자들은 IEP에 입각한 교육을 받는다. 따라서 개별화교육계획을 실시하는 것은 문서로 기록된 장애 또는 다른 특수한 장애를 파악하는 데 유용한 방법이다). 이 주제를 연구하며 나는 조금 독특한 접근법을 사용했다. 비록 여타 많은 연구들이 특수교육 대상자와 전통적 괴롭힘 및 사이버 괴롭힘에 대한 취약성 간의 상관관계를 발견했지만, 나는 학생들이 유치원부터 고등학교까지의 기간 동안 IEP를 적용받았는지 그리고 받았다면 그것이 언제였는지를 평가하였다.[47] 이 자료를 통해서 IEP의 패턴을 세 유형으로 나눌 수 있다. 즉, 유치원에서 고등학교까지의 모든 학년에 걸쳐 IEP에 있었던 연구 대상자들은 유형 1로 분류되었고, 초등학교에서만 적용받은 학생들은 유형 2, 그리고 중학교와 고등학교에서만 IEP가 이뤄졌다고 보고한 학생들은 유형 3으로 분류되었다.

대체로 탄력적이거나 탄력적이지 않은 피해학생 모두 비슷한 비율로 유형 1과 2에 속했다. 탄력적인 연구 대상자들이 약간 더 유형 1 또는 2에 속하는 듯했지만 차이는 그렇게 크지 않았다. 보다 흥미로운 것은 탄력적인 연구 대상들의 오직 8%만이 유형 3에 속했다는 점이다. 이는 탄력적이지 않은 학생들의 31%가 유형 3에 속한 것과 비교된다. 유형 3이 어떤 인지적 취약성을 시사하는지 명확히 말하기는 어렵지만, 이 IEP가 청소년전기 또는 청소년기에 시작하는 유형이라는 점에서 이는 미리 발견되지 않은 인지적 또는 학습적 어려움을 반영하는 것일 수도 있고, 그렇지 않으면 청소년기에 출연하는 정시적 또는 행동적 문제를 기졌기 때문이라고 볼 수도 있다. 따라서 유형 3 역시 괴롭힘에 대한 취약성과 괴롭힘을 사소한 사건으로 간주할 수 없음을 포함하는 취약성들이 공존하고 있기에 잠재적 위험 요인으로 간주되어야 한다.

탄력적이지 않은 다른 집단들과 같이, 가해와 피해 모두를 겪은 가·피해 남학생들이 가해학생(9%)이나 피해학생(6%)보다 IEP를 받을 가능성이 훨씬 높았는데, 그중에서도 특히 IEP 유형 3(23%)일 가능성이 높았다. 이러한 특징은 여학생들에게는 적용되지 않았다. 하지만 남학생과 여학생 모두를 대상으로 한 다른 연구에서는 높은 사회적 지위를 지닌 가해학생들의 학업성취도가 디 높다는 결괴기 나왔는데, 이런 가해학생들은 내 연구에서 확인된 가해학생들과도 일맥상통하는 집단이다(인기도와 취약성에 관해서는 위의 내용을 참조).[48]

취약한 아동에서 볼 수 있는 인지적인 패턴은 학업 기술에까지 영향을 미친다. 예를 들면, 가·피해학생들은 학교의 환경을 조금 다르게 해석하고 인식하는 것으로 보인다. 내 연구에서 가·피해학생들은 일관적으로 그들의 학교 환경을 보다 적대적으로 해석했다. 그들은 자신이 다니는 학교의 어른들이 괴롭힘에 대해 지속적으로 관심을 가진다고 평가하지 않았다. 또한 이 학생들은 어른들이 명확한 괴롭힘의 장면을 목격했을 때 그 상황에 대응하지 않는다고 보는 경향이 있었다. 가·피해학생들은 고등학교 생활동안 "지속적으로" 괴롭힘을 당했고, 어른들에게 보고하는 것이 부정적인 경험이었다고 말하는 경향이 있었다. 가·피해학생들의 1/4(22%)은 어른들에게 말하는 것이 괴롭힘 상황을 악화시키는 것 같다고 응답했다. 이와 대조적으로, 피해학생 집단은 오직 2%만이 이처럼 느꼈다. 탄력적이지 않은 가·피해학생 집단은 다른 집단들 보다 어른들에게 보고하는 것이 "일반적으로" 괴롭힘 상황에 도움이 될 것이라고 말하는 비율이 가장 낮았다. 가·피해학생들은 자신들의 학교 분위기가 사실은 괴롭힘을 부추긴다고 말할 가능성이 가장 높은 집단이다(가·피해학생은 36%, 피해학생은 17%, 가해학생은 13%). 또한 가·피해학생들은 어른들이 자신보다 가해학생을 더 "좋아하는 경향이 있는" 것으로 간주하였다(가·피해학생이 37%인 반면, 가해학생은 26%, 피해학생은 28%).

우리는 아직 원인과 결과에 대해 정확히 답을 내릴 수 없다. 어쩌면 탄력적이지 않은 피해학생들은 보다 부정적인 사회적 분위기를 가진 학교에 다닐지도 모른다. 또는 그들의 학교가 실제로는 다른 학교와 다르지 않다고 할지라도, 탄력적이지 않은 피해학생들이 모호한 학교 분위기를 보다 부정적으로 받아들였을 수도 있다. 양쪽의 결론이 모두 가능성이 있지만, 후자의 설명이 더 현실적으로 보인다. 공격적인 아동들이 모호한 상황을 적대적으로 해석한다는 것은 오래전부터 관찰되어 왔다. 비록 몇몇의 공격적인 아동들은(우리의 연구에서는 가해학생) 왜 이러한 인지적 오해를 비교적 적게 하는지에 대해 밝혀야 하지만 말이다.[49]

4) 직접적인 영향을 넘어선 위험 요인들

앞서 본 목록들을 통해 비록 우리가 위험 상황들을 발견하고 영향을 미칠 수 있는 방법들이 많이 있다는 것을 확인했음에도 불구하고, 탄력적인 아이들과 탄력적이지 않은 아이들 간에는 우리가 직접적으로 영향을 미칠 수 없는 차이가 존재한다. 그러나 어찌되었든 간에 이에 대해 알고 있는 것은 유용하다. 우리가 이러한 요인들을 변화시킬 수는 없지만, 그것들을 아는 것은 위험을 평가하고 적절하게 개입할 수 있도록 도와줄 것이다.

(1) 공개적 괴롭힘은 피해학생에게 더 많은 영향을 미친다.

탄력적이지 않은 피해학생들은 다른 친구들이 그들의 피해 사실을 알고 있다고(아마도 괴롭힘 당하는 현장을 직접 목격했거나, 그것에 대해 듣는 것을 통해) 보고하는 경향이 더 많다. 탄력적인 피해학생들 가운데는 절반 정도가 친구들이 자신의 괴롭힘을 알고 있다고 말했다. 반면에 탄력적이지 않은 피해학생들의 경우 이 비율은 약 75%가 되었다. 이는 탄력적이지 않은 학생들이 보다 많은 대중들의 괴롭힘 대상이 되었기 때문일 수 있다. 그러나 단력직이지 않은 학생들 스스로가 무슨 일이 일어났었는지 친구들에게 말하는 경향이 있다는 것 또한 사실이다(탄력적이지 않은 아이들이나 탄력적인 아이들 모두 어른들에게 알리는 비율은 비슷했지만, 탄력적이지 않은 아이들이 또래 친구들에게 알리는 비율이 더 높았다). 비록 다른 사람들에게 피해 사실을 밝히는 사람이 피해학생 스스로일지라도, 공개적인 괴롭힘은 더 굴욕적이고 괴롭힘이 자신의 사회적 평판과 지위를 훼손시킨다는 피해학생들의 생각은 더 강화될 수 있다.

(2) 일반적으로 남자 아이들이 더 탄력적이다.

신입생들을 대상으로 한 연구에서, 여자 아이들이 남자 아이들보다 괴롭힘의 피해에 훨씬 더 취약한 것으로 확인되었다. 이는 학교에 다니는 3~12학년 아이들을 대상으로 한 연구 및 다른 연구들의 결과와도 일치한다.[50] 남자 아이들의 경우 26%가 피해에 취약하다고 한 것에 비해, 여자 아이들의 경우에는 반 이상(54%)이 취약함을 보고했다. 또 다른 선행 연구 역시 일반적으로 여자 아이들이 괴롭힘과 사이버 괴롭힘 피해를 당하는 것에 더 취약함을 발견했는데, 이는 아마도 여자 아이들이 괴롭힘을 유발할 수 있는 전자 기기를 더 자주 사용하기 때문인 것으로 보인다.[51] 앞서 봤듯이 더 높은 빈도는 더 취약함을 뜻한다. 결국 여자 아이들이 남자 아이들에 비해 피해를 증가시킬 수 있는 관계 방식을 더 많이 가진다는 점에서 여자 아이들의 취약성은 높아진다.[52]

(3) 스트레스가 적은 가정 환경이 더 높은 탄력성을 제공한다.

나는 약하게나마(강하지는 않게) 가족의 크기와 취약성이 괴롭힘에 영향을 준다는 사실을 알아냈다. 부모님의 스트레스는 아이들의 많은 행동적 문제들과 연관되어 있으며, 괴롭힘과 사이버 괴롭힘 또한 예외가 아닐 것이다. 이 조사의 표본에서 탄력적이지 않은 아이들은 가족 구성원이 많은 집에서 자라난 경우가 더 많았다. 그들의 부모들은 관리해야 할 아이들이 많아서 개별 아이들을 신경 쓸 여유가 없었다. 반면에 탄력적인 아이들은 더 유복하고 아이들을 위한 자원이 많은 환경에서 자라난 경우가 많았다.

 4　괴롭힘에 대한 우리의 관점 바꾸기

여기서 우리가 배운 것이 무엇일까? 괴롭힘은 걷잡을 수 없이 빈번한 사건도 아니고, 희귀한 사건도 아니다. 즉, 괴롭힘이 흔한 일인지 흔하지 않은지는 중요한 문제가 아니다. 오히려 어떻게 하면 괴롭힘 피해학생들의 사회적 기술을 발달시켜 짓궂은 사회적 행동들에 대응할 수 있는 탄력성을 높여 주는지를 살피는 것이 중요하다. 우리가 비록 괴롭힘의 빈도를 성공적으로 낮췄다고 하더라도, 우리는 여전히 왜 어떤 아이들은 잘 대처하고 다른 아이들은 그렇지 못한지를 알고 싶어 한다. 하지만 그 차이의 원인을 파악하는 것은 우리에게 있어서 여전히 미완의 과제이다.

지난 장에서 나는 사회적 행동들을 어떻게, 그리고 언제 검토해야 하는지를 설명하기 위해 투수가 야구공을 포수에게 던지는 비유를 사용했다. 공은 언제나 동일하지 않았다. 지난 장을 통해 공의 본질은 무엇이며 어떠한 양상으로 나타나는지(전조행동 및 온라인에서의 잔인한 행동들)에 대해 이해했다면, 이번 장에서는 피해학생이(포수) 공을 어떻게 해석하는지에 영향을 주는 특징들에 대해 설명하였다. 즉, 아이들은 각각의 인지/정서 스타일과 경험들을 통해 또래 친구들로부터 던져진 사회적 행동들을 해석하고 있었다. 그러나 가해학생들(투수)에 대해서도 또한 연구해야 할 필요성이 있다. 가해학생들의 동기는 무엇일까? 그들은 어떠한 종류의 공을 던질까? 괴롭힘은 결국 우리 사회 변화의 결과일까? 오늘날의 아이들은 옛날과 다르게 길러져 왔기 때문일까? 그리고 가해학생들을 조사한 연구들은 그들의 의도를 보여 줄까? 당신은 아마도 가해학생들 스스로가 그들의 의도를 어떻게 보는지에 대해 알게 되면 놀랄 것이다. 3장을 계속해서 읽어 보면 놀라운 사실을 알게 될 것이다.

왜 아이들은 전통적 괴롭힘과 사이버 괴롭힘을 하는 것일까?

사회적 행동에 대한 디지털 기술의 영향

제3장

왜 아이들은 전통적 괴롭힘과
사이버 괴롭힘을 하는 것일까?

사회적 행동에 대한 디지털 기술의 영향

아이들은 왜 전통적 괴롭힘과 사이버 괴롭힘을 하는 것일까? 이러한 의문을 던지면 열띤 토론이 시작된다. 이는 반사회적 행동(antisocial behavior) ─ 괴롭힘을 포함한─ 의 원인이 단순하게 학문적 관심에만 국한되지 않기 때문이다. 그에 대한 대답은 좀 더 넓은 사회적 및 정치적 함의를 갖고 있다. 명백한 이유로 어떤 특정한 아이들이 괴롭힘을 선택한다고 믿는 사람들은 아이들이 괴롭히는 행동을 했을 때 가해자에게 분명하고 단호한 반응을 보인다. 긍정적 행동에는 상을 주고 부정적 행동을 했을 때는 처벌을 하여 그 행동을 그만두게 한다. 하지만 아이들이 괴롭힘 행동을 하는 이유가 유전자의 문제 또는 충분히 기능하기 어려운 환경에 처해 있기 때문이라고 믿는 사람들은 그러한 처벌은 적절하지 않거나 심지어는 정당하지 못하다고 생각할 수 있다.

이러한 논쟁을 더욱 심화시키는 것은 괴롭힘이 항상 주위에 있고, 괴롭힘의 양상은 항상 변화한다는 사실이다. 괴롭힘은 오늘날 그 어느 때보다도 흔하고 다양하다. 따라서 이러한 의문이 생기기 쉽다. 왜 괴롭힘이 별로 중요하지 않았던 행동에서 더 중요하고 만연한 문제가 되어 버린 것일까? 이러한 질문에 대한 답을 찾다 보면, 당신은 아래와 같은 더 많은 의견들을 마주하게 될 것이다.

- **실질적으로 변한 것은 없다.** 예나 지금이나 변한 것이 없다고 믿는 사람들은 전체적인 상황은 실제로 변한 것이 아니라고 주장한다. 단지 이론가들과 미디어 그리고 과보호적인 부모들에 의해 문제가 "확산"된 것뿐이라고 주장한다. 또는 사이버 괴롭힘을 단지 별다른 특징이 없는 괴롭힘의 다른 유형이라고 본다. 그리고 괴롭힘 행동과 빈도수는 전혀 변하지 않았다고 주장한다.
- **오늘날 아이들은 더 많은 문제를 겪고 있다.** 실제로, 많은 수의 연구들은 청소년들이 현재 우리 사회에서 적응적으로 잘 지내고 있다고 보고하기도 한다. 일반적으로 성범죄, 자살, 고등학교 학업 중단율, 청소년 비행 그리고 다른 평가 항목들에서 증가가 아닌 감소하는 경향을 보이기도 한다.[1]
- **사회적 변화가 근본적인 원인이다.** 이러한 관점은 일반적으로 사회적 변화에 초점을 두는데, 예를 들어, 엄마들이 집 밖에서 일을 하게 된 변화, 마약 오남용 또는 왜곡된 가치들이 이에 해당한다. 이러한 변화들이 괴롭힘과 연관되어 있을 수 있다. 하지만 그것들은 이미 수십 년 전에도 나타난 문제들이기 때문에 이러한 문제들이 현재의 상황을 야기한 주된 책임을 갖고 있다고 보기는 어렵다(이 부분에 대해서는 이후에 보다 자세히 논의하고자 한다).
- **선생님들은 무관심하고 준비되어 있지 않다.** 이 주장은 납득하기 힘들다. 오늘날 선생님들은 이전보다 교사가 되기 위해 더 많은 훈련과 노력을 하고 있기 때문이다.
- **인터넷은 무책임하고 악의적으로 발달했다.** 인터넷을 통한 의사소통들과 소셜 웹사이트들은 물론 부분적으로나마 괴롭힘 패턴의 변화에 책임이 있다. 하지만 사이버 괴롭힘이 문제라고는 하지만 전통적 괴롭힘이 선행되었고, 더 많은 부분을 차지하고 있다는 것을

기억해야 한다.

괴롭힘이 어떻게, 왜 변했는지에 대해 마치 내가 모든 정답을 아는 척 하지는 않을 것이다. 하지만 과거와 현재의 한 가지 두드러진 차이점은 과거에는 괴롭힘 현상은 주로 문제를 가진 아이들이 행하는 것으로 인식했다는 것이다. 30년 전의 연구들은 괴롭힘과 학업 문제 그리고 사회적 어려움 사이의 강력한 연관성을 발견했다.[2] 그러나 최근의 연구들에서는 다른 결과들이 나타난다. 대학교 신입생 연구와 다른 최신 연구들은 괴롭힘 가해자들의 두 가지 유형을 밝혀냈다. 그중에 한 유형인 가해자이면서 피해자인 가·피해자들은 좀 더 "전형적인(traditional)" 위기에 처한 아이들과 닮았다. 하지만 또 다른 유형인 단지 괴롭히기만 하는 아이들(피해자가 되지는 않는)은 대체로 위험 요인을 적게 가진 아이들로 밝혀졌다.

이러한 두 유형은 사회적으로나 학업적으로 다른 것처럼 보인다. 2장에서 언급했던 것처럼 순수 가해자들은 그들 스스로를 가·피해자보다 상당히 더 인기 있다고 평가한다. 그리고 그들은 사회적 기술이 뛰어나다. 그들은 디지털 방식의 의사소통보다는 면대면 의사소통을 선호한다(가·피해자들은 24%만이 면대면 의사소통을 선호한 것에 비해 오직 가해만 한 학생들은 36%가 면대면 의사소통을 선호하였다). 또한 가·피해자들은 IEP(개별화교육계획)에 더 많이 참여하는 것으로 나타났다(순수 가해학생들은 오직 14%만이 개별화교육을 받았지만 가·피해자들은 35%가 개별화교육을 받았다). 가·피해자는 어른들이 전통적 괴롭힘과 사이버 괴롭힘에 대해 덜 반응적이고 신경을 덜 쓰고 있다고 생각한다. 이러한 두 괴롭힘 가해자들에 대한 장기적인 연구 결과 두 집단은 역시 서로 다른 것으로 확인되었다. 대학교에 다니는 동안 45%의 가·피해학생은 괴롭힘의 타겟이 되었고, 단지 12%의 순수 가해자들만이 대학에서의 괴롭힘 피해를 경험했다. 또한 가·피해자 집단의 22%가 취약했으나, 순수 가해 집단은 오직 6%만이 취약했다(대학교에서의 괴롭힘에 의해 큰 영향을 받음). 간단히 말하자면, 가·피해자 집단은 학업적·사회적으로 보다 많은 문제들을 갖고 있는 것으로 보이며, 이는 과거 연구들에서 오랫동안 가해자로 여겨졌던 위험 요인이 많은 가해자 집단과 유사한 것으로 나타났다. 대조적으로 순수 가해학생들은 인기가 많고, 높은 사회성 기술을 갖고 있으며, 어른들과 더 잘 교류를 하는 것으로, 예전 연구들에서는 가해자가 될 가능성이 적은 아이들과 좀 더 유사한 것으로 나타났다.

과연 정말 그럴까? 이러한 결과가 나오게 된 것에 대해 나는 '괴롭힘에는 심리적 요인들이 좀 더 관련될 수 있다'라는 사실과 '몇십 년 전의 경우 유능한 가해자들은 괴롭힘에 관여되지 않았다'라고 본 두 가지 눈에 띄는 변화들이 중요한 역할을 했다고 생각한다. 하지만 이외에도 다른 해석들 역시 분명히 가능할 것이다. 아마도 기능 수준이 높은 가해자들이 심리적인 괴롭힘을 통해 지속적으로 가해를 하고 있었을 수도 있지만, 과거의 연구에서는 단지 잘 알아채지 못했을 수도 있다. 아마 어른들은 그들의 더 나은 사회적 기술로 인해 그들을 전형적인 "가해자"라고 생각힐 수 없었으며, 괴롭힘은 오직 신체적 행동을 통해 나타난다고만 추측했기 때문일 것이다. 하지만 나는 단순히 부모들, 교육자들 그리고 연구원들이 사회적으로 유능한 아이들에 의해 심리적 괴롭힘이 일어난다는 것을 발견하지 못했다는 사실을 받아들이기 어려웠기 때문에 이러한 해석을 인정하기 쉽지 않았다.[3] 오히려 유능한 가해자들과 심리적 괴롭힘 모두 40년 전에도 이미 존재했지만, 그것은 단지 예외적이고 이례적인 일이었다고 여겼기 때문이라고 생각한다(그러나 오늘날은 오히려 그 반대 상황이 진실임이 드러나고 있다). 결국 우리는 그 원인을 가해 방법과 가해자가 오늘날 변화했기 때문인지, 아니면 그 요소들을 이제야 알아차려서인지는 명확하게 알 수 없지만, 나는 아마도 두 가지가 다 이유일 것이라고 생각한다.

어느 쪽이든 간에 최근에 아동과 10대들이 친사회적 행동들을 선택할 수 있는 기회들을 거부하고 공격성, 학대와 관련한 것들을 내재화하여 폭력적인 행동들을 하고 있다는 것은 생각해 볼 만한 문제이다. 최근의 괴롭힘에 대한 한 가지 불편한 점은 여러 가지 특권을 누리고 있는 아이들이 파괴적인 반사회적 행동을 하려는 경향이 있다는 것이다. 이와 관련된 예로서 Rutgers 대학의 신입생 Tyler Clementi의 자살을 둘러싼 대혼란[1]을 생각해 보자. 사이버상으로 그를 괴롭힌 학생은 부적응자가 아니었다. 대신, 그는 누가 보아도 행복한 가정에서 성장하여 건강한 정신상태로 삶에서 다양한 이점을 누릴 수 있는 특권을 가진 아이였다. 그는 그의 룸메이트를 감시하거나 대중적으로 모욕을 줄 수 있는 행동을 할 만한 뚜렷한 이유나 근거가 없었다. 어떤 단일 사례들에 있어서 우리는 흔히 가해자가 어떤 병리적 인성을 가진 것은 아닌지 추측하게 된다. 하지만 위의 사례처럼 빈번하게 발생하는 문제들을 고려했을 때 그 또한 답이 되기 어렵다. 왜냐하면 그들 모두가 소시오패스일 수는 없기 때문이다.

1 사회가 변화했기 때문에 괴롭힘이 일어나는 것인가?

어떤 행동이 이전과는 다르게 나타난다면 일상적인 무언가가 바뀌었기 때문일 것이고, 위에서도 언급했듯이 많은 이유에 대해 생각해 볼 수 있다. 해로운 물과 공기가 중추신경계에 영향을 주어 아동들을 더 과격하고 폭력적으로 만들 수 있을까? 인터넷과 전자 기기의 발달로 인해 오늘날 아동들이 성장하는 과정이 근본적으로 바뀌었기 때문일까? 이 세대의 아동들이 폭력적인 매체에 더 많이 노출되었기 때문일까?

사회의 어떤 요소들이 변했다는 것은 부정할 수 없다. 중산층을 유지하기 위해서 더 많은 가정에서 맞벌이를 해야 하고, 더 어린 나이의 아동들이 어린이집에 맡겨진다. 하지만 괴롭힘에 관한 가정 요인 연구에 의하면 이러한 사회적 변화는 양육 방식의 유형이나 방법, 형제 관계와 괴롭

---

1) (역자주) 2010년 9월 22일, 미국 뉴저지에 위치한 Rutgers 대학의 신입생인 타일러 클레멘티(Tyler Clementi, 18세)는 동성애자였다. 그의 룸메이트 라비(Dharun Ravi)와 기숙사 친구 몰리(Molly Wei)는 그가 다른 동성과 성관계를 맺는 장면을 몰래 촬영하여 인터넷에 올렸는데, 이 사실을 뒤늦게 알게 된 타일러는 극단적인 자살을 선택했다.

힘보다 덜 중요하다.[4] 또한, 이러한 사회적 변화 중 다수는 우리가 관찰한 괴롭힘의 변화보다 앞서 나타났다. 40년보다 더 오랜 기간 존재하던 사회적 변화가 원인에 포함되지 않는다는 것이 아니다. 다만 이러한 변화와 함께 최근의 발달 특징을 함께 고려하는 것이 더 바람직할 것이다. 또한, 사회적 요소들은 그 자체로만은 행동을 온전히 설명하지 못한다는 것이 관찰되어 왔다. 예를 들어서 폭력적인 매체를 고려해 보자. 그중 특히 폭력적인 비디오 게임은 증가했고, 여러 연구는 폭력적 매체와 몇몇 아동들이 보이는 공격성의 증가를 연결 짓는다. 이러한 연구는 공격성과 괴롭힘이 증가하는 유일한 또는 주된 이유가 아동들이 하는 게임이 점점 과격해지기 때문이라는 이론으로 이어진다. 하지만 우리가 아동에게서 볼 수 있는 현실을 함께 고려하면 이러한 이론 자체는 충분한 설명이 되지 않는다. 폭력적인 비디오 게임을 하는 남학생 중 상당수는 그리 과격하지 않다. 더욱이 오늘날 관찰되는 전통적 괴롭힘과 사이비 괴롭힘 중 상당수는 여학생들 사이에서 발생하는데, 여학생들은 폭력적인 비디오 게임을 많이 하지 않는다.

요약하자면, 단일 요인으로는 설명할 수 없다는 것이다. 다른 복잡한 문제들과 마찬가지로 다양한 이유들이 존재하고, 각각의 아동에게 영향을 미치는 중요한 요인은 모두 다르다. 한 아동은 부모의 이혼으로 큰 영향을 받을 수 있다. 다른 아동은 (심지어 그 아동의 형제라 할지라도) 이혼으로 인한 영향을 보다 적게 받을 수도 있다. 한 아동에게는 맞벌이를 하지 않는 양육 상황이 좋을 수 있다. 그러나 다른 아동은 어린이집의 장점인 또래 사회화에서 더 많은 도움을 받을 수도 있다

질문을 더 발전시켜 보자. "무엇이 괴롭힘의 원인인가?"라는 질문이 아닌 "새로운 또는 변화된 어떤 요인이 오늘날 나타나는 전통적 괴롭힘과 사이버 괴롭힘의 요인이 될 수 있는가?"라는 질문을 해 보자. 학생들이 왜 더 심리적 괴롭힘을 선호하고, 더 많은 유능한 아동들이 왜 전통적 괴롭힘과 사이버 괴롭힘에 관여되는지를 설명할 수 있는 변화가 지난 몇십 년 동안 발생하였는가?

1) 아동들의 성장 과정에 미치는 전자 기기의 영향

오늘날의 많은 부모들은 (나를 포함해서) 성장하면서 자신들이 가장 좋아하는 TV 쇼에 빠졌던 경험이 있다. 하지만 아동들이 지난 몇십 년간 TV를 시청하던 방식과 오늘날의 시청 방식에는 여러 가지 차이가 존재한다. 이러한 차이들은 아동들이 성장하는 방식과 그들의 사회적 환경이 어떻게 변화하는지에 대한 주요 요인일 수 있다.

(1) 새로운 기기: 이제 그냥 단순한 TV가 아니다.

1970년대 일반적인 가정은 3~4개의 채널이 방영되는 TV를 하나 또는 두 개 소유했다. 오늘날, 미국의 중산층 가정에는 130개의 채널이 방영되는 TV가 3개 있다(그리고 최신 TV들은 인터넷과 직접 연결이 된다). 또한, 오늘날 미국의 가정에는 인터넷과 연결되는 기기가 평균적으로 4가지는 더 있다(컴퓨터, 노트북, 태블릿, 휴대폰, 스마트폰, iPad, 음악 재생기, 전자책, 게임 기기, 기타). 30~40년 전에는 가족이 한 대의 TV를 함께 시청했을 것이다. 그러나 오늘날에는 가족 구성원들이 뿔뿔이 흩어져서 자신의 TV를 시청한다. 2011년 후반과 2012년 초 Nielsen이 수집한 통계 자료는 처음으로 미국 가정이 TV 화면이 아닌 "다른" 화면을 시청하기 시작했다는 것을 제시했다.[5]

(2) 화면 시청의 상호작용적 특성

그러나 화면의 수가 단순히 더 증가한 것만으로 끝나는 것이 아니다. 화면은 상호작용적인 기술에 점점 더 초점을 맞추고 있다. 내가 성장할 때는 광고와 같은 대중 매체의 캠페인에 영향을 받는 TV 시청자였다. 나는 익숙한 광고 음악에 맞춰 흥얼거리던 것을 기억한다. 그 당시 TV는 일방적이었다. 광고는 나의 개인적인 관심과 쇼핑 방식을 위해 구성된 것이 아니었고 나는 광고의 내용에 기여한 바가 전혀 없다. 그러나 오늘날, 인기가 많은 인터넷 사이트와 전자 기기는 사용자가 다른 사람의 흥미와 관심을 위해서 자신이 직접 구성하는 사회 기반 시설이나 다름 없다.[6]

(3) 화면을 보는 시간

1970년대 미국인들의 (평균) TV 시청 시간은 2.9시간이었다. 1980년대가 되자 3.1시간으로 조금 늘었고, 2004년에는 6.3시간으로 급격히 증가했다. TV 시청이 그 이후로는 줄어들었지만 화면을 보는 총 시간은 계속 증가했고, 2010년에는 7.6시간이 되었다.[7] 어떤 활동을 매일 이 시간만큼 한다면 결코 무시할 수 없는 수준이다.

하지만 화면을 시청하는 것의 문제는 소요되는 시간에만 한정되는 것이 아니다. 어떤 종류의 화면을 시청하는지도 중요하다. 어떤 화면은 이미지를 보여 주고 (TV, 온라인 비디오, 사진-공유 어플 또는 화상 전화) 다른 화면들은 주로 글씨를 사용한다(문자 메시지, 블로그). 어떤 화면은 수동적이지만(유튜브, TV) 다른 화면은 상호적이다(게임, 공유하고 내용을 공지하기, SNS). 이렇게 다른 디지털 경험은 당연히 각기 다른 영향을 미칠 것이다.

서로 다른 나이의 아동은 어떤 종류의 화면을 시청하는지와 어느 정도 시청하는지에 따라 서로 다른 방식으로 영향을 받을 것이다. 사춘기 직전의 아동·청소년은 문자 메시지를 주고받으며 보내는 1시간 30분을 포함해서 매일 11시간 이상 화면을 시청하며 시간을 보낸다. 하지만 이 통계는 사실 적절한 비교는 아니다. 1970년대 사람들은 종이에 글을 썼고, 청소년들이 문자 메시지를 보낼 수는 없었어도 통화를 하며 몇 시간을 보내곤 했다. 2012년 우리는 화면을 통해서 읽고 쓰고 얘기를 하지만, 이러한 화면을 통해 보내는 시간이 어느 일과에 포함되는지 판단하기는 어렵다. 15살 아이가 인터넷을 통해서 신문 기사를 읽는 것과 비디오 게임을 하는 것을 같은 것이라고 볼 수 있는가? 태블릿을 통해서 읽는 것이 종이로 읽는 것과 근본적으로 다른가? 비록 그 수단이 바뀌었을 수는 있어도 어떤 활동들은 근본적으로 변하지는 않았다.

(4) 직접적으로 대면하는 교류의 감소

스크린이라는 매체를 통해서 배울 수 있는 것들이 있다. 하지만 우리가 스크린 앞에 있느라 다른 활동을 포기하기 때문에 배울 수 없게 되는 것들도 있다. 디지털 전자 기기를 사용하며 시간을 보낸다는 것은 아동들이 다른 사람들과 만나서 교류를 하며 놀지 않는다는 것을 뜻한다. 문자 메시지, 온라인 게임, 포스팅과 블로그와 같은 대중적인 커뮤니케이션의 사용은 사용자들에게 비언어적 신호와 보디랭귀지를 이해할 수 있는 기회를 빼앗는다. 미디어에 덜 노출된 아동들이 더 건강한 사회적 관계를 유지한다는 연구 결과도 있다.[8] 서로 마주보고 대면하면서 사람들은 사회적으로 어색한 상황을 직면하고 해결하기 때문에 직접적 대면을 통해 사람들은 사회적 기술을 신장시킬 수 있다. 이러한 어색한 상황의 범위는 약간 쑥스러운 상황에서(예, 데이트를 하고 싶은 사람에게 당신을 소개하기), 진정으로 어려운 상황까지(예, 지나치게 좌절하고 분노하는 친구를 진정시키기) 다양하다. 이러한 불편한 상황은 온라인상에서도 발생할 수 있다. 하지만 디지털 환경에서 당신은 당신의 사회적 전략이 잘 사용되고 있는지 확인하기 위해 복잡한 보디랭귀지와 얼굴 표정을 살펴볼 기회가 없다(Skype 또는 Facetime과 같은 흔한 화상 채팅도 미묘한 뉘앙스를 해석하기에는 부족하다).

대인 간 상호작용을 박탈당하는 것이 어떻게 대처 능력에 영향을 미칠 수 있는지를 살펴보기 위해, 한 아이가 다른 아이에게 짓궂은 말을 하는 상황을 가정해 보자. 피해자는 아마 이 상황에 대응하기 위해서 곧바로 다른 친구를 불러 웃으며 귓속말을 하고, 그 짓궂은 말을 한 여자 아이를 당황스럽고 곤란하게 만들 수 있다. 아마도 이 전략은 디지털 환경에서는 구상할 수도 없고, 실행될 수도 없으며, 검토될 수도 없을 것이다. 그러나 이런 곤란한 상황을 해소하기 위한 "사소하지만 효과적인" 전략을 구성하는 것을 통해 더욱 심각한 대인 관계의 문제를 해결할 수 있는 능력을 기를 수 있다. 어쩌면 1, 2년 후에 앞서 행했던 '비웃고−소곤거리는 전략'이 괴롭힘과 같은 어떤 심각한 상황을 해결하기 위해 다시 사용될 수도 있다. 그러나 (대인 간에) 실행할 기회가 없었다면, 아이들은 그러한 기술을 습득하지 못했을 것이고, 괴롭힘이 발생했을 때 대처할 수 없다고 느낄 것이다.

물론 디지털 커뮤니케이션은 사회적으로 곤란한 상황을 원만하게 해결해 줄 수도 있다. 예를 들어 누군가에게 데이트를 신청하는 것이 얼마나 불편한 일이었는지를 이야기해 보자. 지겹도록 당신의 친구들과 얼마나 많이 상의했는지, 계획을 짜고, 대사를 준비했는지 말이다. 단순한 문자 메시지를 보내면 될 일에 그러지 않고 이런 일을 벌였다는 것에 친구들은 우습게 생각할 것이다. 그러나 곤란한 상황을 피하는 것은 대가를 치른다. 데이트를 신청하는 일처럼 끔찍하게 어색한 상황은 우리의 사회적 능력을 향상시킬 수 있는 상황들 중 하나이다. 불편하지만, 이러한 중요한 사회적 순간들이 부재한다면, 아이들에게 골치 아픈 상황을 극복할 수 있는 기회는 거의 없다. 내가 현장에서 만나는 대부분의 선생님들은 오늘날 아이들이 상대적으로 10년 전과 비교했을 때 현저하게 사회적 능력이 덜 발달되었다고 느낀다.

(5) 괴롭힘과 비난/욕설의 모델링은 TV 황금 시간대에 만연하게 나타난다.

2009년 MARC 연구소의 대학원 학생인 Elizabeth Millss는 유명한 시트콤에서 나오는 욕설의 빈도수를 살펴보는 프로젝트를 계획했다.[9] 인기 있는 상위 4개 시트콤 중 5편의 에피소드를 8주가 넘는 기간 동안 분석하였다. 언어 폭력 사례, 가해자와 주변인의 역할, 공격의 유형 그리고 그러한 공격적인 행동에 보상이 주어졌는지(예를 들면, 공격자/가해자의 사회적 지위나 권력이 높아졌는지), 아니면 처벌받았는지(예를 들면, 주변인이 피해자를 대신해 공격자와 맞섰는지)를 코드화했다. 이런 방송 프로그램에는 매회 평균적으로 8.4에서 10.4개 사이의 반사회적 행동이 나타났다. 프로그램의 조연들이 주로 가해자의 역할을 맡았고, 비밀을 인터넷에 올린다거나, 눈을 흘긴다거나, 경멸하는 표정으로 바라본다거나, 빈정대는/비꼬는 언행(여자들은 거의 관계적 공격성을 보였다)과 같은 전조행동을 주로 사용하였다. 거의 이런 행동들의 2/3 정도는 관객의 웃음소리 테이프를 사용하여 넘어갔고, 34%는 다른 보상들이 주어졌다. 오직 8%의 반사회적 행동만이 처벌을 받았으며, 가장 흔한 처벌은 주변인이 가해자의 반대편에서 피해자의 편을 드는 것이었다.

TV에 나오는 적대적인 행동에 노출되면 일상생활이나 온라인에서도 무례하고 잔인한 행동을 더 하게 될까? 모델링(modeling)과 같이 분명한 메커니즘 외에도, 어떤 연구는 시각과 행동을 연결하는 생물학적인 메커니즘이 있을 수 있음을 제시하였다. Coyne과 그녀의 동료들은 스크린에 나오는 언어 폭력과 관계적 괴롭힘에 자주 노출되는 것은, 점화(priming) 효과[2]로 인해 청소년 시청자들이 사회적으로 잔인하게 되는 경향을 증가시킬 수 있음을 밝혔다.[10]

2) 전자 기기가 괴롭힘의 방법과 동기에 미치는 영향

많은 아이들은 괴롭히는 것을 원하지 않는다. 그들은 잔인해지길 원하지 않고, 그러기에는 너무 소심하거나 기본적으로 괴롭힘이 나쁘다는 것을 안다. 어떤 사람들은 잔인한 행동을 가끔은 정당한 행동으로 보며, 그 자체로는 그들 스스로 "가해자"라고 여기지는 않는다. 중요한 점은 아이들이 어느 날 일어나서 가해자가 되기로 결심하는 것은 아니라는 것이다. 그러기보다는 어떤 상황 속에 놓이게 되면, 괴롭히지 않을 아이들도 어쩔 수 없이 가해자가 될 수도 있다.[11] 그리고 디지털 환경은 때때로 그런 상황을 제공한다. 그렇다면 온라인과 디지털 커뮤니케이션이 일반화되면서 왜 괴롭힘 행동은 보다 쉽게 발생하는가?

(1) 더 분명한 이유: 빠르고 쉽다.

한 번에 많은 사람들에게 전자 기기를 통해 문자 메시지를 보내는 것은 종이에 펜을 써서 보내는 것보다 훨씬 더 쉬운 일이다. 낯 뜨겁게 하는 문자 메시지나 사진을 보내는 것도 아주 쉬운 일이고, 당신이 받았거

---

2) (역자주) 프라이밍(priming) 효과라고도 불리는데 시간적으로 먼저 제시된 자극이 나중에 제시된 자극의 처리에 영향을 주는 현상을 일컫는다. 예를 들어, 사람들에게 table이라는 단어를 보여 준 후에 tab이란 단어를 보여 주고 단어의 나머지 부분을 채우게 하면 table이라고 대답할 가능성이 높아지는 경우이다.

나 읽은 것을 포스팅하거나 공유하는 일도 순식간에 할 수 있는 일이 되었다. 이는 커뮤니케이션 전달을 용이하게 만들지만, 루머 또한 널리 확산시켜서 결국 보다 더 치명적이게 만든다. 2011년에 내 연구 참여자들은 (1시간이라도) 핸드폰이 없을 때, 불안함을 느낀다고 보고했다. 그리고 이런 불안이 야기되는 가장 큰 이유 중 하나는 문자 메시지로 전송된 루머를 놓칠지도 모른다는 가능성도 있었다.[12] 그들이 최악의 상황을 상상하고 있는지, 실제로 일어나지 않을 루머가 퍼져 나가는 위험을 상상하는지 또는 잘못된 루머가 실제로 우리 주변에 너무 쉽게 퍼지는지 등 연구중이다. 이 글을 쓰는 시점에 나는 새로운 참여자들을 연구하고 있다(지금까지 355명을 조사하였다). 이들 중에서 39%가 전자 기기에서 시작된 가상적인 루머가 15분도 안되어 백 명이 넘는 학생들에게 퍼질 것이라고 여겼다. 그리고 64%는 1시간 안에 백 명의 학생들에게 퍼질 수 있다고 응답했나. 내상자의 오직 10%만이 루머를 무시하는 것이 루머를 막을 수 있는 가장 좋은 방법이라고 여겼고, 48%가 즉각적인 대응이 사회적 피해를 줄일 것이라고 여겼다. 이런 연구 결과는 치명적인 루머의 빠른 전파에 대해서 아이들이 두려움을 느끼는 데는 그 나름의 이유가 있음을 보여준다.

(2) 일반적으로 공격성을 억누르는 시각적이고 청각적인 단서의 결여

디지털 환경은 가끔 자신도 모르게 사이버 괴롭힘을 "방치"하도록 할때도 있다. 직접적인 대면 상황에서 대인 관계와 관련된 일련의 것들은 일반적으로 다른 사람에게 너무 상처가 되는 행동을 막는 단서가 된다. 특히, 그들이 부주의할 때 그렇다. 예를 들면, 생각 없이 친구의 운동복이 얼마나 더러운지에 대해 불쑥 얘기한 후, 친구의 상처받은 얼굴을 지켜볼때 이런 단서는 일반적으로 배려 없는 사람이 말을 아끼게 되는 원인이될 것이다. 그러나 디지털 환경에서는 이러한 단서들이 부재하고, 배려 없는 잔인한 누군가가 다른 사람이 상처받는지 의식하지 못한 채 계속 말을 하게 된다. 그렇다면 조심성 없고 잔인한 것을 "의도적"이라고 여겨야 할까? 어떻게 보면 그런 말들은 우연이 아니기 때문에 의도적이라고 여겨야 한다. 하지만 또 어떻게 보면 진짜로 상대방의 감정에 상처를 주고자 하는 것이 최종 목표가 아닐 것이기 때문에 의도적이라고 볼 수 없다. 어쩌면 우리는 이런 새로운 유형의 디지털 학대에 '**부주의한 사이버 괴롭힘** (negligent cyberbullying)'이라는 이름을 붙일 수 있을 것이다. 이 유형은 사이버 괴롭힘을 당하는 아동의 중요한 개인적 특성을 말하는 것이 아니다.

즉시 확인 가능한 시각적 단서의 부재는 긍정적인 방향으로 디지털 사용자들을 대담하게 만들 수 있다는 것에 주목해야 한다. 낙담시키는 피드백 단서(예, 노려보거나, 못마땅한 표정을 짓거나, 아니꼽게 쳐다보는)를 확인할 수 없기 때문에 온라인 사용자들은 본인이 중요하거나 민감하게 여기는 생각과 감정을 거리낌 없이 표현하는 경향이 있다. 이러한 상황에서 상대방의 부정적인 단서의 부재는 말하는 사람에게 강력하게 긍정적으로 작용할 수 있다. 디지털 환경의 문제에 대해 지속적으로 집중하다 보면, 디지털 환경이 얼마나 좋은 영향을 미치는지, 그리고 많은 사람들에게 얼마나 많은 능력을 주는지를 쉽게 잊어버리게 된다.

(3) 어조의 결여: 무엇을 말하는지 잘못 이해하기 쉽다.

교육자들이 영어가 파괴되고 있다는 증거로 문자 메시지에서 구두법과 문법의 결여를 예로 들며 한탄하고 있음에도 불구하고, 문체에 대한 또 다른 문제점이 있다. 구두법과 완벽한 문장을 쓰기 위한 연습은 단지 학문적인 것만은 아니다. 글쓰기는 어조와 뜻을 전달하는 방법 중의 하나이다. 예를 들어, 다음 문장에 대해 생각해 보자. "나는 너어어어어어무 너를 죽이고 싶어." 대부분의 독자들은 이 문장을 쓴 사람은 죽이고 싶다는 것을 강조한 것이지 직접 죽이겠다고 한 것은 아니라고 결론 내릴 수 있다. 하지만 만약 당신이 구두점이나 아무런 강조 없이 다음과 같이 글을 썼다면 이 글을 본 사람은 상대가 협박을 하는 것인지 농담을 하는 것인지 알아차리기가 매우 어려울 것이다.

"널 죽일거야"

간단한 디지털 메시지 역시 억양을 전달할 수 없는 어려움이 있다. Carnegie Mellon 대학의 컴퓨터 과학자 Scott Fahlman은 옆으로 웃고 있는 "미소 표시"(이렇게 보이는 :) 또는 ☺) 이모티콘을 만들어야 한다고 주장했다.[13] 그는 말투를 전달하지 못하면 빈정대는 건지, 친근한 건지 아니면 그 외의 다른 것인지 알 수 없다고 주장하였다. 그래서 이모티콘의 사용으로 디지털 의사소통의 어려움을 보완할 수 있다고 생각했다. 이모티콘이 광범위하게 사용되고 있다는 것은 많은 사용자들이 디지털 환경에서 말투를 전달하는 것이 어렵다는 것을 반대로 설명해 주는 것이다.

결과적으로, 이런 디지털 의사소통의 문제점은 잘못 이해하기가 매우 쉽고, 의도치 않게 아이들이 서로에게 상처를 줄 가능성이 크다는 것을 시사한다. 예를 들어, 12살 소녀가 그녀의 친구로부터 다음과 같은 메시지를 받았다고 생각해 보자. "헐, 대박, 걔가 너 졸못[3]이란 듯이 말했다고?"(번역하면: "어머, 난 그 남자애가 너한테 못생겼다는 식으로 말한 걸 믿을 수가 없어.") 친구가 위로해 주기 위해 다음과 같이 말했다면, 소녀는 "졸못이란 듯이 말했다고?"라는 뜻을 "너는 절대 못생기지 않았어!"라고 인식할 수 있을 것이다. 하지만 소녀를 못생겼다고 말한 친구에게 화가 나고, 동시에 친구를 위로해 주고자 하는 이 친구의 마음이 메시지상에서 명확히 다가오지 않는다면, 소녀는 친구 역시 자신에게 '졸못'이라는 단어를 사용했다는 이유로 친구 역시 자신을 못생겼다는 식으로 말했다고 결론 내릴 수도 있다. 이렇게 되면 소녀와 친구 사이에 싸움이 발생하고, 이 모든 것의 원인은 정확하게 말투를 전달하지 못하는 간단한 메시지 때문인 것이다.

---

3) (역자주) '졸못'은 청소년들 사이에서 아주 못생긴 애를 뜻하는 비속어이다. 졸라 못생김의 줄임말로 '졷못'이라고도 한다.

(4) 소셜 네트워크는 많은 정보를 제공하지만, 가끔은 불을 지르는 연료가 된다.

학교에서는 괴롭힘을 당할 것 같지 않은 아이들도 온라인에 접할 기회가 증가하기 때문에 결국 온라인상에서 괴롭힘에 연루될 수 있다. 초등학생들 사이에서 단순히 모바일 기기를 소유하고 있다는 것만으로도 (특히 스마트폰) 그들이 온라인상에서 괴롭힘 피해자나 가해자가 될 가능성이 높아진다. 아마도 그 이유는 모바일 기기의 소유는 그들이 디지털 환경에 노출될 기회를 높이기 때문이다.[14] 왜 스마트폰을 소유하는 것이 온라인상에서 친구들 간의 이상한 문제를 증가시키는 것일까? 아마도 스마트폰의 소유는 소셜 네트워킹 활용 빈도를 증가시키기 때문일 것이다. 2010년의 연구에 따르면 정기적으로 소셜 네트워크 사이트를 방문하는 사람은 그들 자신에 대해 글을 자주 올리고, 다른 글도 많이 올린다는 사실을 발견하였다.[15] 즉, 이것은 누군가에 대한 지식이나 정보를 더 많이 읽을 수 있게 되고, 그것을 읽는 사람들은 그들이 도전하거나 부인하거나 심지어 공격하는 데 사용하고 싶어 하는 어떤 사실이나 생각을 보게 될 가능성이 높아짐을 의미한다.

3) 아이들의 놀이가 사라지다.

Milteer는 아이들의 삶에서 놀이가 차지하는 역할이 매우 중요하며, 놀이는 아동기를 정의하는 데 있어 필수적인 부분이라고 주장하였다.[16] 그럼에도 불구하고, 전통적 놀이에 기반을 둔 유치원과 어린이집을 제외하고는 초등학교부터 정규 학업 중심 구조를 지향하는 트렌드로 인해 초기 아동기 교육에서 놀이의 역할은 지난 10년 동안 크게 변하고 있다.[17] 대부분 학업에 있어 조기 교육을 지지하는 사람들은 놀이의 장점(건강한 신체 활동, 창의성)을 인정은 하지만, 정책가들 사이에서는 놀이가 학업과 사회적 성공 둘 다 관련이 있다고 보는 관점에 대해서는 논란이 많다. 학업 중심의 정규 조기 교육은 길게 볼 때 학업에 있어 좋은 결과로 나타나

지 않고, 오히려 사회적 성숙과 학업성취도 두 가지 측면에서 모두 해가
될 수 있다. Almon은 유치원 시절 2개의 다른 그룹으로 나누어 진행된
실험에 참여했던 23살 학생들에 대해 연구했다. 한 그룹은 정규 학업 기
술을 사용하는 법을 배웠고, 나머지 두 그룹은 놀이 중심의 프로그램에 참
여하였다.[18] 비록 궁극적으로 두 그룹 간에 학업적 성취의 차이는 나타나
지 않았지만, 성인이 되었을 때 학업 기술에 초점을 둔 그룹에서 사회·정
서적 문제, 예를 들어 대인 관계의 부족, 범죄율, 학령기 동안 특별 교육
의 필요, 직장에서의 문제와 같은 비율이 훨씬 높게 나타났다. 따라서
Almon은 유치원에서 놀이 대신에 정규 교육을 하는 것은 분명하게 장점
이 적을 뿐만 아니라 실제로 해가 된다고 주장하였다.

그러나 어떻게 놀이(어린이집, 유치원에 있는 동안 또는 방과 후)가 괴롭
힘 행동과 관련 있을까? 사회적 기술(유능한 사회적 기술이란 더 많은 친구들,
자신감, 지위 등을 발함)들과의 연결을 배제하더라도 창의적인 놀이는 탄력
성을 향상시키는 데 중요한 요소로 아이들의 힘과 조절에 대한 감각을 촉
진시켜 준다.[19] 연구자들은 놀이의 중요한 목적 중 하나가 괴롭힘과 같은
힘든 사회적 상황에서 유능한 사회적 기술을 사용할 수 있도록 가르쳐 주
는 역할을 한다고 강력히 말한다.[20] 이러한 **사회적 기술**들은 긍정적일수도
있고(예, 부정적인 행동을 하는 친구라도 친구로서 친해지려고 노력함), 부정적일
수도 있다(괴롭힘 행동에 대한 관심을 일부러 분산시키거나 딴 곳으로 돌리기 위
해 거짓말을 함). 비록 어른들이 사회적으로 바람직하지 않기 때문에 괴롭
힘 예방 프로그램에서 부정적인 기술을 촉진시키는 방법을 가르치지는
않는다. 그러나 현실 세계에서는 묵살, 속임, 기만과 같은 전략들이 유능
한 기술이 될 수도 있고, 괴롭힘 피해자들은 자신을 보호하기 위한 방식
으로 이러한 기술을 사용할 수도 있다. 사실 사회적으로 보이지 않는 위
험한 일들에 맞서는 방법을 배우는 것은 놀이에서 매우 중요한 부분이며,
놀이를 통해 피해자들은 어떤 문제에 대항할 수는 방법을 터득하게 된다.
따라서 괴롭힘을 예방하기 위해 피해자에게 힘이 되거나 괴롭힘을 예방
할 수 있는 어떤 전략들(잔인 또는 폭력 외에)에 대해 적절히 고려하지 않

고 묵살하는 것은 바람직하지 않다.[21]

4) 교우관계 본질에서의 변화

오늘날 아동들이 자라는 방식의 변화는 대인 관계 측면에서 긍정적이고 보호적인 관계를 형성하는 능력을 형성하는 데도 영향을 미칠 수 있다. 학창 시절의 좋은 교우관계는 아이들이 괴롭힘을 당하지 않도록 보호해 준다.[22] 교우관계(의미 있고 친밀한 관계) 형성 능력의 저하로 일부 전통적 괴롭힘과 사이버 괴롭힘 문제를 설명할 수 있을까?

앞서 논의한 바와 같이, 디지털 의사소통의 더 많은 이용이나 유아기 놀이 시간의 결핍 등과 같은 몇몇 요소들은 사회적 기술의 문제나 부정적이고 비우호적인 사회적 행동들과 연관되어 있다.[23] 결과적으로 사회적 기술의 어려움은 유년기와 그 이후의 안정적이고 긍정적인 교우관계의 부재와 관련되어 있다.[24]

계속 진행 중인 연구에서 교우관계는 보호적이며 여학생들에게 특히 중요하다는 것을 밝혀내었다. 전통적으로 성별과 교우관계를 조사한 연구에 따르면 여학생들의 교우관계가 남학생들의 경우보다 더 친밀하고 강렬하며 감정적으로 지지적인 것으로 드러났다.[25] 여성의 경우 전 생애에 걸쳐 이러한 교우관계에서의 강한 친밀함과 지지가 드러난다.[26] 하지만 이렇게 명백한 경향성에도 불구하고 1학년 여학생들에 관한 조사에 따르면 누군가를 괴롭힐 때 자신의 친구를 희생양으로 삼는 경향이 매우 컸다. 대조적으로 남학생들은 자신들의 가장 가까운 친구보다는 친밀하지는 않은 지인을 괴롭히는 경향이 있음이 보고되었다. 현장에서나 실험실에서 친구 간 괴롭힘에 대한 한 가지 흥미로운 (또한 흔한) 구조가 눈에 띈다. 여학생들은 그들이 어떤 사람에게 화가 났을 때 서로에게서 지지를 구하는데, 오늘날의 경우 이를 위해 흔히 서로 계속 문자 메시지를 보낼 것이다.[27] 화가 났을 때 지지를 구하는 것은 정상적이며 바람직한 일이지만, 문자 메시지를 통해 이렇게 하는 것은 화난 여학생 자신을 그녀의 상처와 화난 감정을 반복적으로 적은 메시지에 노출시키는 것이다. 이러한 반복적인 메시지를 읽는 것의 효과는 부정적인 감정을 점점 더 강렬하게 느끼는 결과를 초래한다.[28] 따라서 이 효과를 **인지적 점화**(cognitive priming)라고 한다.

인지적 점화는 화가 난 개인이 친구들과의 대화를 통해 감정적인 지지를 받으면 기분이 안정될 것이지만, 반복적인 문자 메시지를 통해 감정적 지지를 받게 되면 그들의 기분이 더 **악화**될 것임을 암시한다. 10대 청소년은 친구에게 빌려준 스웨터가 더럽혀져서 돌아왔을 때 화가 날 것이지만, 그에 대한 불만을 적은 메시지를 읽고 또 읽는 동안 자신의 기분이 더 강렬한 분노로 악화되는 것을 느낄 것이다. 1학년 연구에서 밝혀진 바에 따르면, 화가 났을 때 인터넷이나 문자 메시지를 사용하는 경향이 남학생보다 여학생에게서 더 많이 나타났다(90% vs. 71%). 화가 났을 때 여학생들은 문자 메시지를 주고받는 것을 훨씬 더 선호했다(83% vs. 53%).

인지적 점화에 대해서는 4장에서 더 다룰 것이지만 여기에서 말하고자 하는 요점은 여학생들은 문자 메시지를 주고받음으로써 지지를 구하는 것을 더 낫다고 생각하고 있지만, 글로 적힌 반복적인 메시지의 특성은 그들의 부정적인 감정을 인위적으로 강화하며 교우관계에서의 갈등을 더 유발한다는 것이다. 결과적으로 그 분노와 갈등은 친구 사이에서의 전통적 괴롭힘과 사이버 괴롭힘을 촉발할 수 있다. 괴롭힘 가해자들은 또래를 괴롭히는 중요한 동기로 분노를 언급하고는 한다(다음 절을 보라). 갈등적인 교우관계를 겪는 여학생들은 매우 보호적인 기능을 할 수 있는 깊은 감정의 연결 고리 없이 방치되어 있는 것이다. 내 연구에서 고등학교에서의 교우관계에 대해 물어보았을 때 남학생과 여학생 모두 자신의 친구를 재미있고 개인적인 이야기를 할 수 있는 사람이라고 묘사했지만, 남학생들은 그들의 친한 친구에 대해 의리 있고 언제나 친밀하며 문제나 싸움이 있어도 잘 해결할 수 있는 사이라고 이야기하는 경향이 더 강했다. 인지적 점화가 일부 여학생들의 교우관계에서 영향을 끼쳐 왔을 수 있지만, 만약 그렇다면 간단한 교육과 경각심을 통해서 이는 부분적으로라도 경감될 수 있을 것이다.

2 괴롭힘 가해자들은 그들의 동기에 대해 어떻게 말하는가?

연구 대상자들이 괴롭힘의 동기를 어떻게 인지하고 있는지에 대한 연구에서 나는 동기를 분명하게 두 가지로 나눌 수 있었다. 먼저, 연구 대상자들에게 전반적인 괴롭힘의 동기에 대해 물어보았다. 괴롭힘 가해자들은 보통 화가 나 있는가? 힘을 추구하는가? 인기 있어 보이려고 하는 것인가? 두 번째로, 괴롭힘 가해자가 괴롭힘 대상을 고르는 "계기" 또는 즉각적인 동기에 대해 물어보았다. 괴롭힘 가해자는 괴롭힘 대상에게 화가 나 있거나 그들과 싸운 적이 있는 것인가? 괴롭힘 대상의 특성이 괴롭힘 대상을 선택하는 데 동기가 되었는가?

1) 대체적으로 그들은 힘(power)을 궁극적인 동기로 이해했다.

괴롭힘의 전반적인 동기에 대해서 물었을 때 대부분의 연구 대상자들(73%)은 괴롭힘이 분노에 관한 것이 아니라고 보고했다. 괴롭힘은 힘과 지배에 관한 것이며 괴롭힘 대상과 주변인 그리고 다른 이들에게 그들이 그 힘과 지배권을 가지고 있음을 보여 주는 것이었다. 이는 앞서 논의되었던 힘의 불균형이 괴롭힘의 개념에서 왜 그렇게 핵심적인지를 설명해 준다. 이 결과는 아이들이 일반적으로 괴롭힘을 힘에 대한 역학 관계의 표출로 보았다고 주장한 다른 연구와도 잘 들어맞는다.[29] 연구 대상자 중 괴롭힘이 본질적으로 분노에 관한 것이라고 생각한 집단은 소수에 불과했다.

그들은 괴롭힘의 동기 — 희생양 선택의 이유 — 를 대체로 괴롭힘 대상의 특성이라고 보았다. 전체 중 절반이 조금 안 되는 연구 대상자가 그것이 가장 즉각적인 중요한 이유라고 생각하였다. 연구 대상자 중 더 적은 수는 다른 설명을 내놓았다. 1/6 정도는 괴롭힘 가해자가 괴롭힘 대상을 대체로 싫어한다(명쾌하게 설명되진 않지만 아마도 어떤 특성들 때문에)고 생각했고, 다른 1/5은 대부분의 괴롭힘 가해자들이 사소한 싸움이 걷잡을 수 없이 악화되어 괴롭힘 대상을 선택한다고 생각했다. 비록 의견들이 공통되진 않았지만 사회적 힘의 추구가 괴롭힘의 핵심적인 이유라는 경향은 지지되었다.

2) 가해자 스스로의 상황에서 그들은 분노를 1차적(primary) 동기로 이해했다.

대체적으로 연구 대상자들은 괴롭힘을 취약한 특성을 가진 괴롭힘 대상에 대한 힘의 확립으로 보았지만, 괴롭힘 가해자 스스로의 괴롭힘 동기에 대해서 물어보았을 때는 대부분이 그 원인으로 대상에 대한 분노, 적게는 "자신이 그 괴롭힘 대상을 싫어한다는 것을 보여 주기 위해서였다"라고 설명했다. 이는 남녀 괴롭힘 가해자 모두 그러했는데, 그들은 괴롭힘을 힘과 지위를 위한 행동이라기보다는 그들이 화나 있거나 특히 싫어하는 누군가와 그들 자신 사이의 다툼이라고 보았다. 그들은 대개 괴롭힘 대상이 공격을 유발하는 어떤 특성을 가졌다고는 생각하지 않았다.

1학년 연구 샘플에서 나타난 많은 공격성이나 짓궂음은 "화남"에 관한 것이었다. 일회성의 잔혹 행위와 반복되는 괴롭힘 상황 모두에서 전체의 70%가 분노 때문이었다고 했으며, 가·피해자의 경우는 순수 가해자들에 비해 몇 명만이 분노의 탓으로 돌렸다. 흥미롭게도 사이버 괴롭힘에서는 분노가 훨씬 적게 언급되었다. 직접 괴롭힘 가해자는 75%나 보고한 것에 비해, 사이버 괴롭힘 가해자의 51%만이 그들의 동기가 분노였다고 말했다. 한편, 순수 가해자와 가·피해자 모두 자신이 인기 있다는 것을 보여 주려는 경우를 괴롭힘의 주요 동기로 가장 적게 언급하였다.

이러한 결과들은 앞선 절의 연구 샘플에서 나타났던 괴롭힘에 대한 일반적인 시각과는 매우 대조되지만 다른 연구들도 괴롭힘을 분노와 연관 지어 왔다.[30] 게다가 분노는 통계적으로 다수의 연구에서 다른 종류의 학대(예, 배우자나 자식)와도 관련이 있다.[31] 분노는 심리적인 데이트 폭력(내가 생각하기에 괴롭힘과 아주 관련성이 높은 행동)에 영향을 미치는 원인으로 지적되고 있다.[32] 비록 내 연구에서 분노는 직접 괴롭힘에 비해 사이버 괴롭힘에서 덜 연관된 것으로 밝혀졌지만, 이는 여전히 괴롭힘 가해자와 다른 비슷한 결과를 낸 연구 모두에서 언급되는 가장 중요한 원인 중 하나이다.[33] 그렇다면 우리는 어떻게 괴롭힘의 원인이 오로지 힘의 문제라는 널리 퍼진 인식과 분노 또한 괴롭힘과 관련되어 있다는 연구 결과를 잘 조화시킬 수 있을까?

3) 괴롭힘 가해자들은 정말로 분노를 동기로 생각하는가?

괴롭힘 가해자들은 그들 행동의 동기로 분노를 말하지만 이것이 솔직한 대답인지 아닌지를 알기는 어렵다. 괴롭힘 가해자들은 아마 괴롭힘 대상에게 진짜로 화가 났을 수도 있지만, 또한 분노를 과장하거나 분노의 감정으로 속일 수도 있다. 분노가 그들의 행동을 편리하게 정당화할 수 있을 때 일반적으로 자기통제는 느슨해진다. 괴롭힘 가해자들은 분노를 통제하기 위해 애쓰기보다는 이를 하나의 기회로 간주하며 환영할 것이다. 그래서 나는 두 가지 불확실한 관점이 있음을 알았다. 그들은 정말로 화가 난 것인가? 또는 단지 괴롭힘의 변명으로 이를 이용하는 것인가?

적어도 몇몇 괴롭힘 가해자들은 그것이 부적절한 반응일 때에도 정말로 분노를 느끼는 것처럼 보인다. 많은 사회적 접촉들은 불명확한 경우가 많은데(예, 타인의 사회적 행동이 의미하는 것을 해석), 많은 연구에 따르면 괴롭히거나 공격적인 경향을 가진 아동들은 때때로 애매모호한 상황에 직면했을 때 현저하게 적대적으로 해석하는 것에 주목했다.[34] 다른 공격성이 발달하기 전부터 보이는 이러한 지나치게 적대적인 인식은 공격적인 아동들에게서 발견되는데, 이는 적어도 몇몇 아동에게는 정당화를 위해서가 아니라 정말로 인지적인 문제가 있음을 시사한다.[35] 다시 말해서 몇몇 가해자들은 분노에 대한 정당한 이유를 우리 중 대부분이 이해할 수 없는 곳에서 찾으며, 이러한 경향성은 자신의 적대적이고 편향된 인지(감정 그 자체가 아니라)에서 유래한다.

두 번째 관점은 괴롭힘 가해자들이 분노(진짜든 가짜든)를 그들의 폭력 행동을 정당화하기 위해 편리하게 사용할 가능성이다. 괴롭힘 가해자들은 괴롭힘 행동이 지위를 높여 주지만, 또한 이것이 사회적으로 용납되지 않는 태도임을 마주하게 된다. 분노를 언급하는 것은 그런 문제를 피하게 해 준다.

나는 18살의 연구 대상자들에게 고등학교 시절에 참여한 적 있는 폭력 행동을 되돌아보고 그것을 정당화하거나 설명해 보라고 요구했다. 연구 대상자들은 그들의 행동을 변명의 여지가 있다고 하거나 또는 잘못이었다, 생각이 없었다고 묘사했다. 나는 자신의 행동을 변명하려는 연구 대상자의 경우, 그 상황에서 적절한 행동이었다고 판단했을 것임을 가설로 세웠다. 내가 발견한 것은 이론과 꽤 잘 맞았는데, 반복적인 괴롭힘 가해자들은 괴롭힘 행동을 주어진 상황에서 적절한 것이었다고 보는 경향이 컸다. 일회성 괴롭힘 행동을 보인 연구 대상자들은(반복적이지 않은 괴롭힘 가해자들) 그들이 "생각이 없었다"거나 그들이 한 짓이 "적절하지 않았다"라고 밀하는 경향이 더 컸다. 한편, 반복적인 괴롭힘 기해지들은 그들의 행동을 "이해할 수 있고 정당화할 수 있는" 것으로 묘사하거나 또는 "다른 선택지가 없었다"라고 느꼈다고 이야기했다. 괴롭힘 가해자들은 다른 관찰자들에 비해서 진심으로 그들 자신의 행동을 환경에 의해 더 정당화할 수 있는 것으로 보았다.

다른 유형의 학대자들의 경우 분노는 그들이 합리화를 위해 이용하는 도구로 여겨져 왔다. 이들을 대상으로 일하는 치료사들은 분노 관리(anger management) 치료가 한 번 완료되면 몇몇 학대범들은 자신의 행위를 또 다른 방식으로 정당화하는 경향이 있다고 말한다.[36] 다른 연구에서도 몇몇 아동 학대범들은 그들에게 화를 유발하는 환경 때문에 학대 행위를 했다고 정당화하는 것이 확인되었다.[37] 거짓된 분노와 진실한 분노 중 어느 쪽이 심각한 폭력이나 괴롭힘과 더 연관이 있을지를 말하는 것은 어렵다.[38]

이 주제는 우리가 가해자에게 어떻게 개입할지 고려할 때 가장 중요한 부분이라 할 수 있다. 진정한 분노에서 유발된 문제는 합리화 수단으로 분노를 이용하는 냉소적인 경향과 굉장히 다르다. 그리고 분노가 고정적이라고 가정할 만한 이유도 없다. 아마도 일부 괴롭힘 상황들은 분노에 의해 시작되었을 것이다. 그러나 그것이 지속되는 것은 덜 충동적인 다른 이유들 때문이다. 반면에 지속되는 괴롭힘 상황들은 서열에 대한 것들이 더 많다. 내가 가해학생들에게 왜 누군가를 괴롭히는 것을 멈추었는지 물어봤을 때, 59%는 자신이 "더 이상 화가 나지 않았다"라고 답하였다. 하지만 괴롭힘에서 분노가 갖는 역할이 바로 거기에 있으며, 이는 많은 것을 함축하고 있다. 만약 우리의 예방적 노력들과 관련하여 분노가 때로는 동기로 작용할 수 있다는 가능성을 고려하지 않는다면, 분노를 가지고 있는 학생들은 그들의 행동이 명백한 괴롭힘이 아니라고 생각할 수 있다. 만약 우리가 괴롭힘을 힘에 관련된 것으로만 묘사한다면, 몇몇 학생에게는 괴롭힘이라는 주제가 자신들과는 관련이 없는 것이라고 확인해 주는 결과가 될 수 있다. 물론, 학생들이 불평등과 힘이 아닌 다양성과 관용을 강조하는 가치관을 가질 수 있도록 돕는 것은 여전히 중요하다. 그러나 우리는 가해학생 그리고 아마도 그들의 친구 및 친한 관계의 집단이 그들의 괴롭힘 상황을 동등한 힘에 기반을 둔 싸움으로 본다는 점을 인지할 필요가 있다. 그리고 그로 인해 그들은 관용과 존중이라는 메시지가 자신들의 상황에 적용된다고 생각하지 않을 것이다. 그들 스스로는 자신들이 누군가를 외형상의 문제, 인종 또는 성적 지향성을 이유로 괴롭히는 것이 아니라고 보는 경향이 있다. 그들은 자신들이 정당한 이유로 화가 났기 때문에 타인을 공격한다고 여긴다는 점을 기억할 필요가 있다.

핵심 내용: 분노는 적어도 어떤 경우에는 괴롭힘과 관련되어 있다. 이것은 이미 분노의 경향이 있는 아동들에게 해당되는 주제일 수 있다. 또는 불을 일으키는 불꽃과 같은 기능을 할 수도 있고, 나쁜 행동의 정당화 수단으로 사용될 수도 있다. 무엇에 해당하건 우리는 이에 대한 연구를 시작하고 학생들과의 논의에서 이것을 다룰 필요가 있다.

3 공격성 이해하기

모든 학생들은 타인을 해칠 가능성을 갖고 있다. 취학 전 아동들은 공격성이 타인을 다치게 한다는 점을 이해하기 시작할 뿐만 아니라, 상호 간 폭력성의 기본적 토대가 되는 의도를 형성하기 시작한다. 친사회적인 행동과 공격성의 가능성이 모두 급격히 증가하는 때가 바로 유아기 시절이다.

1) 아동의 공격성과 연결되는 양육에서의 문제점

애착(attachment)은 아동과 양육자 사이의 감정적 유대를 의미하며 아동의 사회성 발달에 매우 중요하다. 애착 문제는 드물지 않으며(불안정 애착 아동들의 추정치는 모든 아동들의 40%가 될 만큼 높다), 책임감 있고, 교육을 잘 받았으며, 성실한 부모로부터 양육 받은 아이에게서도 일어날 수 있다는 것에 주목할 필요가 있다. 애착 문제는 무조건 잘못된 육아로부터 일어나는 것이 아니다. 부모가 자신의 아이에 대해 긍정적으로 생각할 가능성을 방해하는(난임 또는 재정 문제와 같은) 부정적인 경험에서 유발될 수도 있다. 애착은 아동의 삶에서 가장 중요한 과정 중 하나이며, 사회적 또는 공격적 성향과 거의 명백하게 관련되어 있다. 안정 애착은 높은 수준의 친사회적 행동을 예견하게 하며, 애착 문제가 있는 아동은 때때로 취학 전 시기 동안 적대적이거나 공격적인 행동을 보인다. 애착은 다음에 논의될 사회적 유능성과도 관련이 있다.

아동기 중반과 청소년기 동안의 **양육 방식**(parenting style) 또한 공격적 행동에 중요한 영향을 미친다. 애착, 양육 방식 그리고 공격성 간의 관계를 확실히 뒷받침하는 연구도 있다. 한 연구에서는 안정적인 애착을 유지하고 자신의 10대 자녀들에게 긍정적인 영향을 준 부모들이 보다 친사회적인 자녀를 만든다는 것을 발견했다.[39] 대조적으로, 또 다른 연구에서는 높은 수준의 물리적 제재를 가하는 부모로부터 양육받은 청소년 자녀들은 보다 많은 행동상의 문제를 겪는다는 것을 밝혀냈다.[40] 물론, 이 관계는 절대로 단순한 것이 아니라 언제나 부모와 자녀 상호 간의 영향이 복잡하게 작용한다. 다른 유형의 아동은 다른 유형의 양육을 유발한다. 자신의 한 자녀에게 엄격한 통제가 필요함을 느끼는 부모는 또 다른 자신의 자녀에게는 그 필요성을 느끼지 않을 수도 있다. 이런 관계들의 복잡한 특성은(특히 개인적인 경우라면) 부모를 문제의 원인으로 지목하기에는 효율적이지 않을 수 있다는 점을 우리에게 상기시킨다. 그러나 우리가 왜 괴롭힘이 때때로 일어나는지를 고려할 때, 애착과 양육 상황을 고려하는 것은 중요하다.

환경적 요소가 항상 공격성을 증가시키진 않는다는 점을 기억하는 것 역시 중요하다. 영향력은 양쪽 방향에서 발생한다. 즉 환경이 공격성에 대한 가능성을 증가시키도록 유도할 수 있지만 또한 그 반대의 경우도 가능하다는 점을 기억할 필요가 있다.

2) 공격성을 억누르는 일반적 과정

인생의 초기 몇 년 안에, **사회화**(socialization)라 불리는 중요한 과정이 시작되고, 걸음마 시기의 유아는 사회의 규칙과 가치관들을 습득하기 시작한다. 비록 처음에는 어린 아동이 처벌에 대한 두려움 또는 다른 사람들을 기쁘게 하고 싶은 마음에서 규칙을 따른다고 할지라도, 결국에 그들은 그것을 내면화한다. 즉, 이 규칙들을 옳다고 믿기 시작한다는 것이다. 궁극적으로 사회화는 법을 준수하는 그리고 평화로운 행동 대부분의 근원이 된다.

사회적 유능성(social competence)은 또래들과 정기적으로 교류하며 또래들이 좋아하는 아동에게서 보이는 능력이고, 취학 전 행동과 관련이 있다. 적절한 사회적 유능성을 갖춘 아동은 다른 아이들과 우호적인 방식으로 어울릴 수 있다. 그런 교류는 그들이 공격성과 폭력의 수용(또는 거부)을 포함하는 여러 주제들에 대해 배울 수 있게 해 주기 때문에 중요하다. 사회적 유능성이 높은 아동은 그렇지 않은 아동보다 친사회적 행동,

공격적 행동에 대해 또래로부터 얻는 교훈을 보다 잘 흡수할 수 있다.

4 사이버상의 주제: 모든 것을 복잡하게 만드는 변화구

우리는 야구의 특성을 이용해서 사이버 괴롭힘을 설명할 수 있었다 (전조행동 및 잔인한 사이버상의 행동). 포수의 차이점을 살펴보았고(취약하거 나 탄력적이거나), 투수에 대해서 파악하기 시작했다(때로는 분노하고, 정당화 하려 하며, 덜 어울리고 더 은닉하며, 사회적 기술이 부족함). 이제는 이 비유를 확장시킬 시점이다. 공이 공중에서 날아가고 있는 장면을 상상해 보자. 이때 기묘한 바람이 심하게 불어서 공의 방향이 오른쪽 또는 왼쪽으로 또 는 투수 바로 뒤로 비뚤어져서 날아간다. 예상할 수 없는 요소는 그 이진 에는 꽤 예상 가능한 소소한 일이라고 알려졌었다.

물론, 이 예측 불가능한 요소는 사이버상에서 벌어진 것이다. 이것은 새로이 등장하였고 전체 게임에 영향을 미치고 있다. 일부분은 예측되었 던 것이지만, 상당히 많은 부분은 그렇지 않다. 학생들 스스로는 분명 이 러한 요소들을 이해하지 못한다. 그러므로 만약 우리들 스스로가 이 주제 들을 제대로 이해하지 않는다면 어떻게 아이들을 가르칠 수 있을까? 그러 므로 다음 장에서는 두 가지 중요한 주제들을 다루려 한다. 첫째는 디지 털 환경에서 사회적 행동이 어떻게 변화하거나 왜곡되는지 그리고 둘째 는 전자 통신 기계 및 컴퓨터 사용과 관련된 새로운 문제에는 어떠한 것 들이 있는지에 대한 부분이다.

전통적 괴롭힘과
사이버 괴롭힘의 상호작용

사이버 공간에서 발생하는 갈등의 증폭

제4장

전통적 괴롭힘과
사이버 괴롭힘의 상호작용

사이버 공간에서 발생하는 갈등의 증폭

"사이버 괴롭힘은 다른 형태의 괴롭힘과 다르지 않다."[1]
"사이버 괴롭힘은 다르다. 신체적으로 대면할 필요 없이
사이버 괴롭힘은 언제 어디서든 발생할 수 있다."[2]

만약 어떤 학생이 자신의 핸드폰을 음식과 물처럼 필수적인 것이라 말한다면 당신은 웃어넘길 것이다. 하지만 실제로 Cisco의 연구에서 대학생의 34%가 핸드폰이 필수적 요소라고 응답했다.[3] 연결성(connectivity)이 오늘날 아동·청소년의 생활에서 중심적 역할을 하기 때문에 이러한 전자기기의 사용을 그만둘 청소년 — 심지어 사이버 괴롭힘을 당하는 학생일지라도 — 은 없을 것이다. 아동들은 (그리고 대부분의 어른들은) 이러한 전자 기기가 그 이전으로 되돌아갈 수 없는 루비콘 강[1]이라 생각한다. 전자기기와 관련된 여러 문제들이 있음에도 불구하고, 전자 기기 사용의 필요

---

1) (역자주) Rubicon 루비콘 강. (결정을) 돌이킬 수 없는 지점이라는 뜻으로, 이탈리아와 골(Gaul)의 국경을 이루던 강의 이름에서 유래되었다. 줄리어스 시저가 기원전 49년에 군대를 이끌고 이 강을 건넜고 그 결과 전쟁이 벌어지게 되었다.

성과 타당성은 더 강력하다. 내가 피험자들에게 한 시간 동안 핸드폰을 사용하지 못할 때 어떤 기분일지에 대해 물어보았을 때, 위급 상황에 대한 소식을 듣지 못하는 것에 대한 두려움 외에 "지루함"과 "불안함"이 가장 많이 나온 대답이었다.[4]

물론, 디지털 생활은 청소년기 훨씬 이전에 시작되었고, 오늘날의 확장된 온라인 경험은 예외적인 것이 아니라 일반적인 것이다. 2011년에 나는 8세 아동의 90%가 이미 또래들과 온라인상으로 소통하고 있었음을 발견했다.[5] 11,700명의 초등학생을 대상으로 설문조사를 한 결과, 2010년에는 5학년 아동 중 40%가 핸드폰을 소유하고 있었지만 2012년에는 52%로 증가했다.[6] 대부분의 18세 청소년(98%)은 자신의 SNS 계정이 있다고 응답하였다. 이와 같이 아동기의 디지털 참여는 평범한 것을 넘어선 보편적인 것이 되었다.

아동·청소년들이 온라인에서 하는 활동 중 몇몇 활동은 또래 간에 안 좋은 감정을 불러일으킬 수도 있다. 하지만 이런 부정적 영향이 대부분의 활동에 해당되는 것은 아니고, 오히려 상당수의 활동들이 훌륭한 통찰과, 참여, 소통, 역량 강화를 촉진시킬 수 있다. 하지만 결과가 긍정적이든 부정적이든 간에, 우리는 온라인에서 발생하는 일을 무시할 수 없다. 그리고 최근 뉴스 보도들에서도 볼 수 있듯이, 온라인에서 발생하는 일 중 하나는 사이버 괴롭힘이다. 그래서 여기서 제기하고자 하는 첫 번째 질문은 "사이버 괴롭힘이 전통적 괴롭힘과 정말 다른가? 다르다면 어떻게 다른가?"이다. 바로 이 질문이 본 장에서 다루게 될 사이버 괴롭힘과 사이버 행동만의 독특성에 대한 것이다.

 ## ① 전통적 괴롭힘과 사이버 괴롭힘은 같은 것은 아니지만 서로 영향을 준다.

요즘의 경우 아동과 관련된 일을 하는 대부분의 어른들은 아동의 디지털 상호작용이 그들의 일상생활에 큰 영향을 끼친다는 것을 쉽게 이해할 것이다. 하지만 온라인과 오프라인 사이의 상호작용이 아직 영향을 미치지 못하는 틈새가 있다. 예를 들면, 혹자는 사이버 관련 지식이 초등학교와 어떻게 관련이 있는지 이해하기 어려울 수 있다. 한번은 2학년 선생님 한 분이 사이버 공간에서 적절하게 대처하는 방법에 대한 수업 계획을 걱정스러운 눈으로 바라보면서 나에게 "이런게 정말 문제가 돼요? 그냥 그런 문제는 컴퓨터 시간에 다루면 안 될까요?"라고 말한 적이 있다. 하지만 아동들은 온라인 세상과 실제 세상이 서로 상당히 관련되어 있다고 생각한다. 그들에게 온라인 세상은 자신들의 친구를 만나는 또 다른 장소이다.[7] 실제로, 초등학교 3학년부터 고등학교 3학년 학생 33,000명을 대상으로 한 나의 연구에 의하면, 아동들이 성장해 감에 따라 괴롭힘이 **학교에서만** 발생할 확률은 점점 낮아진다. 고등학교를 보면, 보고된 괴롭힘의 90% 이상이 오직 온라인상에서만 발생했거나 온라인과 학교에서 함께 발생했다. Ybarra의 연구에 의하면, 심지어 중학생들 사이에서도 학교와 온라인에서 발생하는 괴롭힘의 상당수가 서로 함께 발생한다.[8] 호주와 워싱턴에서 진행된 한 종단 연구에서는 온라인과 오프라인 괴롭힘의 서로 겹치는 부분이 많지 않았다. 하지만 더 어린 나이에 전통적 괴롭힘에 관여될수록 사이버 괴롭힘에 연루될지 아닐지를 예상할 수 있다는 것을 발견했다.[9] 2인 3각 경기와 같은 사회생활에서, 학교와 온라인 사이와 같은 상호작용의 두 발은 서로 확고히 묶인 듯하다.

1) 사이버 괴롭힘: 독특한 것인가? 아니면 전통적 괴롭힘과 유사한 것인가?

기자 겸 전문가인 Larry Magid는 사이버 괴롭힘과 전통적 괴롭힘을 분별하는 것은 근본적으로 무의미하다고 주장한다. 두 가지 괴롭힘을 분별하는 것은 마치 "일반적" 괴롭힘과 분별하기 위해서 주먹을 사용하는 괴롭힘을 "주먹 괴롭힘"이라 부르는 것처럼 소용이 없다는 것이다.[10] 이런 주장도 일리가 있다. 아동들이 폭력을 행사하기 위해 사용하는 모든 기계적 방법을 분리시키는 것은 불필요할 수 있고, 전체적인 상황을 필요 이상으로 복잡하게 만드는 것일 수 있다. 하지만 "비웃는 괴롭힘"과 "소문을 퍼트리는 괴롭힘"을 분별하는 것은 중요하지 않아도, **온라인 환경**에서 발생하는 괴롭힘과 **직접 대면하는 환경**에서 발생하는 괴롭힘을 분별하는 것은 유용하고, 또한 어느 정도 연구적 기반이 있기도 하다.

모든 종류의 괴롭힘은 몇 가지 공통적인 특징을 가지고 있다. 어른이 현장에 존재하지 않거나, 감독하지 않을 때 더 자주 발생한다거나, 일반적으로 힘을 과시하기 위한 목적으로 이를 지켜보는 사람이 있을 때 주로 발생한다는 것, 그리고 괴롭힘의 목적은 잔인한 방식으로 상대를 지배하는 것에 있다는 것이다(이러한 광범위한 가정은 어떤 경우에는 해당하지 않는다. 이에 대해서는 나중에 더 상세히 다루겠다).[11] 하지만 사이버 괴롭힘은 전통적 괴롭힘과 다른 면이 있다. 말하는 것 대신 키보드를 사용한다는 것에서만 차이가 나는 것이 아니다. 진통직 괴롭힘과 사이버 괴롭힘의 차이는 온라인 소통 방식이 우리의 의사소통 전반에 변화를 야기한 것과 상당히 관련이 있다.[12] 복도에서 어떤 사람한테 발을 거는 행위와, 침을 뱉는 행위는 동기와 해석, 결과의 측면에서 큰 차이가 날 수도 있다. 하지만 디지털 기기에 하려는 말을 입력하는 것과 그것을 오프라인 환경에서 큰 소리로 말하는 것 사이에는 그것이 칭찬이든 비난이든 간에 상관없이 분명히 큰 차이가 있다. 사이버 괴롭힘은 다른 모든 디지털 의사소통과 동등하지는 않지만 사이버 괴롭힘도 디지털 소통의 한 방법이기 때문에 디지털 의사소통의 일반적인 특징이 여기에 포함된다. 따라서 이러한 차이는 살펴볼 가치가 있다.

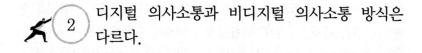

2 디지털 의사소통과 비디지털 의사소통 방식은 다르다.

당신은 디지털 의사소통이 종이에 쓴 글처럼 단지 문자로 쓰여진 의

사소통의 한 유형일 뿐이라는 입장을 가질 수 있다. 하지만 그런 관점은 시야를 좁게 할 것이다. 종이에 쓴 단어와 사이버상의 단어는 근본적으로 차이가 있다.

1) 이용과 파급의 용이성

명확하게 말하면, 문자 메시지, 인스턴트 메시지, 온라인에서 글을 쓰고 포스팅하는 디지털 의사소통 방식은 종이에 글을 쓰는 것보다 훨씬 빠르고 쉽다. 이런 디지털 의사소통은 많은 성인과 아동에게 의사소통의 표준 방식으로 빠르게 자리 잡았다. 손으로 글을 쓴다는 것은 언제나 좀 귀찮고 느려서 휴대폰이 일상화되기 시작한 현대에 급속하게 사용 빈도가 줄어들고 있다.

손으로 글을 쓰는 것은 많은 도구들(종이, 펜, 타자기, 봉투, 우표)이 필요하다. 또한 많은 생각들(훌륭한 편지는 우아한 표현뿐 아니라 문법과 철자에 대한 지식이 필요하다)과 많은 시간(글을 쓰거나 고칠 때 맞는 어휘를 고르거나 우편으로 보낼 때 앞선 세기에는 몇 주 또는 몇 달씩 걸렸다)이 필요하다. 디지털 장비들은 이러한 제약들을 감소시켰다. 하나의 기기로 동시에 글을 전달하고 문서의 모든 글을 여러 차례 보낼 필요 없이 단 한 번에 보낼 수 있다. 하지만 이렇게 편리한 디지털 소통의 경우 어조와 의견은 충분히 반영하지 못하는 한계를 지닌다(디지털 편지가 모든 방면에서 좋다는 것은 아니다. 종이로 편지 쓰는 것을 여전히 즐기는 많은 사람들도 있다. 손으로 쓴 편지를 받았을 때의 기분을 기억해 보라. 또한 이전 세대가 남긴 손으로 쓴 편지들로부터 우리가 알게 된 것들을 생각해 보라. 미래의 다음 세대들은 우리의 정신 활동에 대해 알기가 힘들 것이다).

사용의 용이성보다 더욱 핵심적인 것은 전파 가능성의 차이이다. 예전에는 드물었던 일상적 정보가 광범위하게 전파된다. 이제는 일상적인 생활에 대해 페이스북에 게시글을 올리거나 친구들에게 문자 메시지 보내기 같은 버튼 누르기의 편리성을 종이 문서를 복사하고 전달하는 수고의 귀찮음과 비교할 필요가 있다. 우리는 이처럼 정보와 데이터의 바다에서 헤엄치고 있다(아마도 익사하고 있는지도 모른다).

안타깝게도 인간의 인지 과정은 이 광범위한 전파의 놀라운 잠재력을 소화하기 위해 몸부림치고 있다. 인간은 지금까지 가장 자주 이뤄지는 두 사람 간의 대화나 소집단 안에서 이루어지는 의사소통에 맞게 진화되어 왔기 때문에 광범위한 정보의 전파는 제한적이었고 어려웠다. 만일 당신이 사물함 옆에서 수다를 떨고 있다면 당신이 지금 친구와 얘기하고 있는 어떤 기사의 내용이 그날 밤 저녁 뉴스를 장식할 수도 있다는 것을 인식할 것이다. 당신은 친구와 수다를 떨면서 단지 얘기하고 있는 주제를 통해 친구와 친해지고 있다는 감정을 즐길 것이다. 당신이 지금 말하고 있는 것을 온라인에서 전한다고 할 경우, 당신의 말투나 습관에 대한 정확한 복제는 어려울 것이다(은밀하게 녹음하지 않는 한). 만일 그러한 복제가 잘 이루어질 수 있다 할지라도, 실제 상대와 대화를 하면서 느끼는 교감의 느낌을 온라인에서 그대로 전달하는 것은 어려울 것이다.

문제점은 우리가 오프라인에서 수다를 떠는 것을 편하게 즐기는 것처럼 온라인에서도 마찬가지로 수다를 떨고 포스팅한다는 것이다. 우리는 때때로 쉽게 널리 퍼질 수 있는 정보들에 대해 적용해야 할 여과 장치 없이 수다를 떨거나 조심성 없이 행동한다. Brett Favre, Anthony Weiner, Christopher Lee, Larry Johnson, Gilbert Gottfried를 생각해 보라.[2] 이 사람들은 의도치 않은 명성을 얻은 유명인들 중 일부이다. 결국에 대규모로 대중들에게 알려질 어떤 것을 포스팅하거나 보내는 행동은 (비록 당신이 의도치 않더라도) 중대한 실수 같은 일이지만 오늘날은 감기같이 흔해져 버리고 말았다.

다행히도 사회 구성원으로서 우리는 디지털 대화에 참여할 때 주의하는 것을 배우게 될 것이다. 만일 우리가 인터넷상에서 말하는 것에 대

---

2) (역자주) 이들은 모두 온라인에서 의도치 않은 방식으로 주목을 끌었던 공통점을 지니고 있다. 예를 들어, Anthony Weiner는 2011년 트위터를 통해 여성 팔로워들에게 외설 사진을 보낸 사실이 드러나 민주당 연방 하원의원직에서 물러났다. Gilbert Gottfried는 9/11 테러가 있은 지 3주만에 뉴욕 한가운데서 진행된 Roast라는 쇼에 출연하여 9/11을 소재로 농담을 하여 유명해졌다.

해 주의하지 않는다면 황당하거나 심각한 사진, 문자 메시지의 노출은 사이버 괴롭힘의 방법으로 사용될 수 있을 것이다. 대학교 신입생에 대한 2011년의 연구에서 22%의 여학생들은 어떤 사람이 본인들이 드러내기 원치 않는 사적인 사실이나 사진들을 노출시켰다고 말했다.[13] 광범위한 정보 전파의 잠재력은 인터넷 의사소통이 그저 단순한 대화와는 크게 다른 방식임을 알게 한다. 또한 사이버 의사소통이 상당한 괴롭힘의 원인이 되는 방식임을 알려 준다.

2) 프라이버시(privacy)의 잘못된 인식, 익명성, 탈억제와 우발적 잔인성

디지털 의사소통은 개인적인 것처럼 느끼도록 현혹시킨다. 이것은 당신과 나, 둘 이상의 대화가 아니라고 느끼게 하는 전파 이슈와 관련되어 있지만 다른 요소들이 거짓된 프라이버시를 인식하도록 하는 데 추가될 수 있다. 사면이 벽으로 둘러싸인 안전하고 사적인 집에서 누군가에게 글을 쓰는 것은 그 일이 세계적인 인터넷 망에서 일어난 것이 아닌 마치 집 안에서 일어난 것이라고 느끼게 한다. 아늑한 집이 도움이 되었을지도 모르지만 디지털 세계에서는 단둘 만의 대화라고 생각되기 때문에 벽 없이도 안전함을 느낄 수 있을 것이다. 당신이 러시아워에 뉴욕의 중앙역에서 있다고 해도 당신의 휴대폰으로 문자 메시지를 두드리고 있는 동안은 개인적이라고 느낄 것이다. 만일 당신이 큰 소리로 휴대폰 통화를 하고 있다면 주변에 있는 사람들은 적어도 당신의 대화의 절반은 들을 수 있을 것이고 결과적으로 이러한 상황은 당신의 말을 억제할 것이다. 예를 들면, "나 임신했어!"라고 큰 소리로 알리기보다 "그 검사에서 명확하게 나타났어"라고 나직하게 그리고 애매하게 말할 것이다. 하지만 문자 메시지의 경우, 실제로 당신 주변에 아무도 그 작은 스크린을 보기 위해 서 있는 사람이 없기 때문에 더욱 사적이라고 느낄 것이다. 그래서 당신 주변의 사람들은 그 메시지의 내용에 대해 알 수 없을 것이다. 그렇기 때문에 당신은 어떤 것이든 문자 메시지를 통해 보낼 수 있다. 이러한 인식은 당신이 드러내고자 하는 것에 대해 억제하지 못하게 하고 때때로 우발적인 잔인성을 낳게 할 수도 있다.

(1) 익명성

사이버 괴롭힘을 조장하는 역할로서의 익명성에 대해서는 많은 논의가 있었다. 많은 연구자들은 사이버 괴롭힘 가해자가 익명성을 가지는 것을 다른 무엇보다 중요하게 언급한다.[14] 하지만 대부분의 연구는 사이버 괴롭힘 가해자들이 일반적으로 스스로가 익명성을 가지고 있다고 믿는다는 가정을 지지하지는 않는다. 초등학교 3학년부터 고등학교 3학년까지의 학생을 대상으로 한 나의 연구에 따르면 약 74%의 사이버 괴롭힘 피해자가 사이버 괴롭힘 가해자의 신원에 대해서 알고 있었다. 사이버상의 익명성은 초등학교 시기에는 훨씬 더 흔했다.[15] 아이들이 성장함에 따라 사이버상의 상호작용은 학교에서의 또래관계를 반영하고 더욱 밀접한 영향을 받게 된다.

(2) 탈억제와 비언어적 신호의 부재

사이버상에서 의사소통하는 것은 내용과 어조의 모든 면에서 사람들을 덜 억제한다. 사람들은 온라인상에서 또는 문자 메시지를 보낼 때, 면대면 상황에서라면 하지 않을 말이나 행동을 한다.[16] 이것은 적어도 내가 연구한 학생들에 따르면 아주 색다른 현상이 아니다. 그들은 명확하게 이런 현상을 파악하고 있었는데, 여학생의 90%와 남학생의 75%가 디지털 환경이 탈억제된 어조와 폭로를 유도한다는 것에 동의했다.[17]

상호작용의 인지된 프라이버시(perceived privacy of the interaction)와 면대면 신호의 결핍이 이러한 탈억제를 만들어 내는 것으로 보인다. 말하는 상대방이 바로 자기 앞에 있지 않다는 것은 사이버 의사소통과 일반적인 말하기의 중요한 차이점이다. 물리적 상대가 없다는 것은 보디랭귀지, 목소리의 어조, 얼굴 표정과 같은 언어적, 비언어적, 사회적 의사소통 신호들의 주인 또한 없다는 것이다. 그러한 신호들이 평소에 우리의 반응에 어떤 영향을 주는가에 대한 예시로서, 학교 시험 일정을 정하는 것과 갑작스러운 건강상의 위기 또는 학생의 조부모의 삶의 위기를 연관시켜 온 연구들이 있었다는 흥미로운 사실에 대해 생각해 보자.[18] 대부분의 교사들은 과제를 늦게 제출하거나 시험을 놓친 것에 대해 확인하기 어려운 "조부모" 핑계를 대는 학생들을 본 적이 있다. 우리는 할머니의 입원 이야기를 경청하면서, 그것이 의심스럽다는 것을 보통 보디랭귀지 — 팔짱을 끼거나 주의 깊지만 회의적인 표정으로 — 를 통해서 어떻게든 전달한다. 이러한 비언어적 신호를 보거나 눈치채는 학생들은 대개 빠르게 말을 바꾼다. 하지만 이러한 피드백 신호가 없다면 그들은 자신의 변명이 받아들여지기 어렵다는 것을 알아차리지 못한 채 그저 무턱대고 자신의 주장을 밀고 나갈 것이다.

사이버 괴롭힘의 경우에는 직접적인 피드백 신호가 없기 때문에 무언가가 다른 사람의 기분을 해쳤다는 것을 언제나 알 수 있는 것은 아니다. 다시 예시로 돌아가 보자. 만약 학생에게 정말로 아픈 조부모가 있다면 그의 고통이 가시적으로 드러나서 교사가 이를 가족의 위기로서 수용할 수 있을 것이다. 하지만 만약 학생이 단지 이메일로 상황을 알렸다면 고통을 드러낼 수 있는 비언어적 피드백 신호가 없어서 교사가 그 설명을 받아들이지 않을 수 있다. 비슷하게, 자세하고 풍부한 비언어적 자료가 부족한 대화는 이해 부족과 "부주의한(negligent)" 사이버 괴롭힘 그리고 원래 의도보다 훨씬 짓궂은 언동을 야기할 수 있다.

언어와 비언어적 신호가 직접적으로 공격성을 감소시킬 수 있다는 증거가 있다. 캐나다의 남자 대학생 64명의 연구에서 피해자의 고통 신호를 보는 것이 대부분의 상황에서 공격성을 감소시켰다는 것을 발견했다.[19] 제 3의 목표(예, 그들의 사회적 지위를 강화함)에 더 많은 관심을 갖고 있거나 그들이 한 일의 영향을 과소평가하는 가해자들은 실제 상황에서의 직접적인 사회적 신호를 보게 되면 불편해져서 공격성이 감소하거나 심지어는 아예 그만둘 수도 있다. 나의 연구에서도 보고된 가해자들 중 상당한 비율이 장난삼아 한번 해 본 경우였다. 그들은 딱 한 번 괴롭힘

(즉, 한 약자에 대해 여러 번의 반복적인 가해행동을 했다)을 해 본 이들이었다. 가해행동을 멈추는 가장 일반적인 이유(38%)는 "모든 일에 대해서 후회하게 되었기 때문"(아마 이 연구 대상자들은 그들의 잔인성의 영향에 놀라고 그것이 가치 없는 것이었다고 결론지었을 것이다)이었다.[20]

직접적인 고통 신호는 억제할 수 있지만 디지털 환경에서는 비언어적 신호가 **부재**하기 때문에 일반적으로 직접적으로 괴롭히지는 않을 사람이 사이버상에서는 괴롭히는 원인이 될 수 있다.[21] 공격성과 사회적 신호들의 관련성을 연구한 49개 연구의 메타 분석을 살펴보면 사이버 괴롭힘 가해자들은 대상에 대한 초점은 줄이고 그들 자신에 대한 자기－초점(self－focus)을 높이는 경향을 보이는데, 이는 피해자의 고통에 덜 집중함으로써 공격적인 성향이 증가하는 것을 설명해 줄 수 있다.[22]

가끔 제 3의 요인 — 예를 들어, 음주 — 은 디지털 환경과 상호작용하여 탈억제를 훨씬 증가시킨다. 이것은 크게 놀랍지 않다. 음주는 일반적으로 공격성의 탈억제와 관련되어 있다. 나의 연구에서 음주와 관련된 문제들은 전통적 괴롭힘과 사이버 괴롭힘 모든 경우에서 가해자 또는 가·피해자였다고 자백한 연구 대상자들 사이에서 더 자주 보고되었다.[23] 이 연구에서 1/4보다 조금 더 많은(26%) 연구 대상자들은 그들에게 있어서 약물(substances)을 사용하는 것이 사이버 괴롭힘을 할 가능성을 특히 더 높인다고 했으며, 이러한 결과는 일반적으로 사람을 탈억제시키는 요인이 사이버상에서도 마찬가지로 작용한다는 것을 보여 준다.[24]

3) 감정의 상승/확장

디지털 의사소통 중 가장 매력적인 특징은 일반적으로 종이에 써서 의사소통할 때는 느끼지 못했던 방식으로 당신의 감정에 변화를 가져올 수 있다는 것이다. 3장에서 언급했듯이, 이미 이전에도 전자 통신이 광범위하게 사용되었음에도 불구하고, 심리학자들은 디지털 의사소통 방식이 감정적 소재(emotional materials)에 반복적으로 노출되는 것이 "가장 심각한" 문제이며, 너무 감정적으로만 느끼게 만든다는 사실에 주목하였다.[25]

디지털 기술을 사용하게 되면서 개인들은 감정적으로 부담이 되는 내용에 반복적으로 노출되는 경향이 증가하였다. 다음은 실제 대화를 바탕으로 만든 10대들의 문자 메시지 대화 내용이다.

청소년 1: 나 C한테 진짜 화나. 걔가 내 스웨터 완전 망쳐 놨어.(많은 친구들한테 문자 메시지 보냄)

청소년 2: 너무 자책하지마. C가 나한테도 그랬어.(답장)

청소년 3: 너 진짜 화났겠다.(답장)

청소년 4: 나도 걔한테 화나.

위의 대화에서 중요한 것은 친구들로부터 답장받을 때마다 감정(화)이 계속 반복된다는 것이다. 그래서 최초 문자 메시지를 보낸 사람의 감정은 점점 증가하고 폭발하게 된다. 반면, 이러한 내용을 종이에 적는다면 한 명이나 두 명한테밖에 보낼 수 없을 것이고, 답장을 하더라도 하루 또는 그 이상이 걸릴 것이다. 이런 시간의 경과는 의심할 여지없이 점화 효과(priming effect)를 약화시킬 것이다. 특히, 이런 짜증과 같은 가벼운 감정을 느끼는 사례에서는 더욱 그럴 것이다. 하지만 문자 메시지를 보내게 되면 최초 발신자는 몇 초 또는 몇 시간 안에 수십 통의 문자 메시지를 주고받고 자신의 감정을 문자 메시지로 쓰면서 계속 되풀이하게 될 것이다. 따라서 감정에 대한 문자 메시지를 읽고 또 읽으면서 감정은 인위적으로 상승되고 확장된다.

이론상으로 이런 현상은 감정의 어떤 형태(긍정적, 부정적)로든 발생할 수 있다. 예를 들어, 어떤 소년에게 점심 이전에는 단순히 호감을 느끼는 수준이었는데, 다른 친구들이 옆에서 부추기게 되면 저녁 즈음 그 소년과 사랑에 빠져버리게 된다. 또는 어떤 친구에게 짜증이 났는데 이 역시 주위 친구들의 영향으로 학교가 끝날 무렵에는 완전 화가 나 있을 수도 있다. 물론 "와~ 오늘 아침에 사소한 일 때문에 짜증이 났는데 지금은 화난 것 같아. 미쳤나봐!"라고 말하는 대신, 단순히 "나 걔한테 진짜 화났어"라고 생각한다. 이런 감정들은 지지해 주는 친구들로 인해 더 증폭되고 반복되며, 더욱 강해진 감정은 이런 경험을 통해 더욱 정당화된다.

역설적으로 이런 종류의 잘못된 감정의 증폭은 어떤 괴로운 감정 또는 가벼운 감정에 대한 적절한 반응을 하려고 할 때도 나타날 수 있다. 문제점은 학생들(특히 여학생들에게 더 자주 나타나는 반응)이 역동적으로 변하는 디지털 세계에서 이런 지지 집단을 찾는다는 것이다. 나는 이런 영향을 확인하기 위해 실험실에서 비슷한 상황을 만들고, 대학교 신입생을 대상으로 가벼운 짜증이 날 수 있는 시나리오를 읽게 했다. 시나리오를 읽은 후, 피험자들을 두 집단으로 구분하였다. 첫 번째 집단은 자신을 공감해 주는 친구의 문자 메시지를 하나만 읽은 집단이고, 두 번째 집단(무선할당)은 친구가 자신의 화를 공감해 주면서 그 감정을 반복적으로 느낄 수 있게 해 주는 문자 메시지를 5개 읽은 집단이다. 그 결과 같은 시나리오를 읽었음에도 불구하고, 하나의 문자 메시지만 읽은 집단은 5개의 문자 메시지를 읽은 집단보다 화가 덜 난다고 보고하였다.[26] 3장에서 언급했듯이, 여학생들은 이런 현상을 남학생들보다 더 많이 경험하는 것처럼 보인다. 이런 패턴은 우리가 (여학생들의 우정의 질에 대한 문제점에 대해 얘기할 때 자주 언급했던) MARC에서 현장 연구를 통해 확인한 패턴과 일치한다.

감정이 확대되는 것이 심각하다는 것은 사소한 사회적 문제가 확장되는 것을 검토해 봄으로써 또 다르게 연구할 수 있다. 2011년도부터 2012년도까지 대학교 신입생을 대상으로 했던 연구에서 나는 피험자들에게 고등학교 생활 동안 친구랑 겪었던 문제의 유형에 대해 물어봤다. 여학생들은 남학생들보다 더 사소한 의견 충돌로 큰 싸움이 되었다고 응답했다. 게다가 과반수가 넘는(52%) 여학생들이 몹시 화나 있는 동안 여러 친구들한테 문자 메시지를 보냈다고 응답했다. 비슷한 상황에서 남학생들은 27%만이 친구에게 문자 메시지를 보냈다고 응답했다.[27] 이러한 결과는 남학생들보다 여학생들 사이에서 상대적으로 문자 메시지를 더 선호한다는 것을 확인한 결과라고 할 수 있다(고등학교 때 선호하는 의사소통 방법으로 여학생의 49%, 남학생의 33%가 문자 메시지라고 응답하였다). 다른 많은 연구 역시 문자 메시지를 주고받는 것에 있어 여학생이 남학생의 비율보다 높다고 보고하고 있다.[28] 이 결과는 문자 메시지를 주고받는 것을 선호하는 것이 여학생들의 의사소통을 도와줄 수 있다는 장점이 있지만, 대인 관계의 갈등을 디지털 방식으로 확대시켜서 오히려 여학생들을 더 취약하게 만들 수도 있다는 단점을 보여 준다. 어쨌든 직접적인 관계와는 달리 감정을 확대시키는 가장 확실한 방법은 전자 기기를 통한 상호작용이라고 할 수 있다.

3) 사이버 괴롭힘으로부터 벗어날 수 없는 피해자

오늘날 많은 아동들은 (그리고 성인들) 디지털 기기와 절대로 떨어져서는 안 되는 것처럼 생각하는 경향이 있다.[29] 중년의 사람들(예를 들면, 1970년 이전에 태어난 사람들)은 전자 기기를 이용한 의사소통(electronic communication)이 오늘날의 아이들에게 왜 그렇게 중요하게 된 건지 이해하는 데 다소 어려움이 있었다. 그러나 오늘날 아동·청소년의 삶은 전자 기기의 영향을 너무 많이 받았고, 실제로 그 외에 다른 방법으로 연결될 만한 다른 대안책이 없는 것처럼 보인다. 연락할 수 있는 유일한 수단이 일반 유선 전화였던 사람들에게는 (요즘 아이들이) 온라인상에서 보이는 짓궂은 행동에 지나칠 정도로 관심을 보이는 것이 부적절하다고 생각한다. 그러한 생각 때문에 사이버 괴롭힘의 피해자들에게 "그냥 전원을 꺼버려!!"라는 충고를 하여, 그들에게 잘못된 가이드라인을 줄 수도 있다. 점차 많은 성인들에게도 "온라인상의 연결 고리"가 만들어지면서 그러한 해결책이 비현실적이라는 것에 대해서는 알게 되었지만(괴롭힘의 가해자가 피해자들에게 메시지를 보내거나 포스팅을 하는 것을 막기 위한 방법으로), 여전히 사이버 괴롭힘의 피해자들에게 차단하라는 방법만 제시하기도 한다. 그러나 사이버 괴롭힘이라는 드라마에서 주요한 인물(가해자)들 중의 한 명의 연락을 차단하면 오히려 피해자는 가해자들이 다른 사람들에게 하는 이야기들을 보지 못하게 된다. 그래서 그들은 사이버 괴롭힘의 가해자를 온라인상에서 차단하는 것을 원치 않을 것이다. 그들은 어른들의 충고를 따르겠지만, 곧바로 차단을 다시 해제할 것이다.

이러한 행동들을 이해할 수 없지만, 이는 자신을 학대하는 남편과 한 집에 사는 피해 여성들을 볼 때 느끼는 당황스러움과 비슷하다. 그러한 행동은 완전히 이유 없이 나타나지는 않는다. 1970년대, 심리학은 피해 여성들이 자기 학대(masochism)적인 이유보다 보복에 대한 두려움 또는 경제적 의존에 의해 그와 같은 선택을 한다는 것을 알게 되었다. 그렇지만 1994년까지 정신의학에서 자주 사용되는 진단 매뉴얼에는 마조히즘/피학증(masochism)의 개념이 없어지지는 않았다.[30] 피해 여성들의 경우처럼 사이버 괴롭힘의 피해자들도 자신을 괴롭히는 가해자들과 연결되는 커뮤니케이션을 유지하는 합당한 이유를 갖고 있다. 전반적으로 그들은 친구들과 연결되고 싶어 하는 강한 욕구를 갖고 있다.[31] 커뮤니케이션에서 소외되는 것은 많은 10대 청소년들에게 다소 큰 불안감으로 다가온다.[32] 실제로, 10대들은 정보의 홍수를 유지하기 위한 욕구가 강하다. 그래서 그들은 디지털 기기를 뺏기는 것이 두려워서 사이버 괴롭힘을 당하고 있어도 어른들에게 이야기하지 않을 것이다.[33]

4) 전통적 괴롭힘보다 더 큰 피해

또 다른 차이는 적어도 몇몇 대상들에게 또는 어떤 상황에서는 사이버 괴롭힘이 전통적 괴롭힘보다 더 큰 충격을 줄 수 있다는 것이다. 스페인 청소년 17,000명을 대상으로 한 2009년 연구는 면대면과 온라인 괴롭힘의 충격을 비교하였다. 그 결과 참가자들은 전통적 괴롭힘에는 다양한 범위의 정서적 반응을 보였고, 사이버 괴롭힘과 관련해서는 좀 더 극단적인 반응을 보이는 경향이 있었다.[34] 예를 들면, 무시당함을 느끼거나 또는 상당히 큰 상처를 받았다는 것이다. 2012년에 대학교 신입생을 대상으로 한 연구의 참가자들은 고등학교 생활 동안 면대면 괴롭힘보다(21%) 디지털상의 괴롭힘(42%)이 가장 큰 불편감과 심각한 수준의 위협을 느끼게 하는 것으로 분류하였는데, 그 정도가 두 배나 더 많았다.[35] 사이버 괴롭힘이 더 큰 피해를 미치는 한 가지 이유는 온라인상으로 확산되는 것을 통제하는 것이 불가능하기 때문에 피해자들의 무력감이 더 크게 느껴지

는 것이다.[36]

 온라인상의 의사소통과 관련하여 학생들이 배워야 할 것은?

1. 온라인상에서 이야기하는 것은 면대면으로 이야기하는 것과 같지 않다. 그곳에서 이야기한 모든 것을 널리 확산시키는 것은 매우 쉬운 일이다.
2. 온라인상에서 이야기하는 것은 아무런 제약을 받지 않기 때문에 이는 좀 더 생각 없이 말하게 하고 짓궂게 반응하도록 만든다.
3. 자기 감정의 변화에 대해 타이핑하거나 포스팅하는 것은 (짜증이 난 것처럼) 그 감정을 더 고조시키거나 상황을 더욱더 악화시킬 수도 있다.
4. 전자 기기의 특성으로 인해 발생하는 문제(electronic problem)로부터 벗어나는 것이 어렵다. 이러한 점을 알게 되었다면 당신의 지지가 필요한 친구들에게 도움을 줘라.
5. 면대면 괴롭힘도 상처를 주지만, 사이버 괴롭힘은 때때로 면대면 괴롭힘보다 더 큰 피해를 준다.

 ③ 기술이 우리를 통제하는 것이 아니라 우리가 기술을 통제하기

냉전 시기에 자라면서, 나는 핵 기술과 기술적인 진보를 제어하지 못한 인류 공동의 실패에 대한 통탄함을 들었던 것을 생생히 기억한다. 핵 기술이 오늘날 통제가 더 잘되는지는 의문이지만, 디지털 테크놀로지에도 똑같은 원칙이 적용되어야 한다. 전자 제품들은 우리의 삶을 향상시키는 데 사용되어야 하며 우리를 얽매는 데 사용되면 안 된다. 이것은 전 연령대가 고려하고 의논하고 공부해야 할 중요한 개념이다.

나는 위에서 잠깐 나의 연구 대상자들이 한 시간 동안 전자 기기를 사용하지 못하게 하는 것 때문에 나타나는 불안감에 대해서 이야기했다.

청소년과 성인의 경우 자신의 전자 기기가 울렸으나 회의나 수업시간 같은 상황 때문에 확인을 할 수 없을 때 느꼈던 정서적인 반응에 대하여 이야기한 적이 있다. 한 여학생은 그녀를 불안하게 하는 두 가지 가능성에 대하여 묘사했다. 그 학생은 다른 사람이 그녀에게 화가 날 수도 있을 것이라고 생각했고, 또 다른 가능성으로 누군가가 그녀에 대해서 이야기해도 그녀는 "그것을 모를 수도 있다"라는 걱정에 대해 이야기했다. 이런 불안은 잠재적으로 심각하며 치명적인 문제이다. 거의 1/3(32%)의 연구 대상자들이 "핸드폰이 울렸을 때 바로 대답하지 않으면 불안하다"라는 것에 동의했다. 곧바로 문자 메시지나 포스팅에 반응하지 않았을 경우, 약 1/4(24%)의 대상자들은 자신이 반응하지 않았기 때문에 "자신에 관한 문자메시지를 걱정"했고, 22%의 응답자들은 "타인이 화가 날 수 있음"을 염려했다. 이러한 염려들은 몇몇 사람들에게는 스스로가 전자 기기와 끊임없는 연락을 통제하는 것이 아니라 통제받는다고 느끼게 한다. 한 연구자는 핸드폰이 없다는 것에 대한 두려움을 '노모포비아(nomophobia)3)'라고 명명하였으며, 이러한 걱정은 전자 기기가 없다는 것을 생각하는 것만으로도 발생할 수 있다고 덧붙였다.[37]

연락이 단절된다는 두려움이 단순히 아이들에게만 있는 것은 아니다. 어른들에게는 이러한 현상이 심지어는 근무 외 시간에도 업무 관련 연락을 계속 확인하는 것으로도 나타날 수 있다. 흥미롭게도, 폭스바겐은 이와 관련하여 용단을 내려서, 직원들이 사생활과 직장생활을 균형 있게 할 수 있도록 근무 이외의 시간에는 핸드폰이나 문자 메시지 등을 보내지 않도록 했다.[38] 수많은 유사 종류의 애플리케이션들(예, BreakTime, Desktop Task Timer)은 인위적으로 이용자들이 그들의 메일과 메시지 확인을 위한 접속을 제한하도록 발전되어 왔다. 심리학적 관점에서 볼 때, 이메일을

---

3) (역자주) 노모포비아(nomophobia)란 "no-mobile-phobia"의 약자로 휴대폰이 없을 때 초조해 하거나 불안감을 느끼는 증상을 말한다. 이 용어는 2008년 영국에서 스마트폰 사용자의 불안감을 조사하기 위한 연구에서 처음 사용되었는데, 이후 수행된 연구(SecurEnvoy, 2012)에서 노모포비아의 비율이 66%로 나타나기도 하였다.

수시로 체크하는 행동을 스스로 멈출 수 없고, 멈출 의향이 없으며, 기계적인 도움을 필요로 하는 사람들의 행동은 흥미롭다.

그러나 교육과 인식만으로 이 문제를 다룰 수 있을까? 사실 불안에 대한 인식은 제한과 억제를 향한 첫걸음이다. 나는 현장에서 대부분의 사람들이 전자 기기에 대한 불안을 인식하지 못하는 것을 보았다.[39] 아이들은 전자 기기를 재미있고 즐거움을 주는 연락과 소통의 수단으로 보고 끊임없는 연락이 미치는 영향에 대해서는 잘 인식하지 못한다. 이 문제의 새로운 면은 대부분의 어른들도 이에 대해 인식하지 못한다는 것이다. 그러나 이에 대한 인식은 점점 증가하고 있으며, 또한 우리가 전자 통신과 다른 연락 수단의 차이점을 이해하고 기기들이 우리의 삶에 어떻게 영향을 미치는지 안다면, 사이버 괴롭힘의 종류와 사건을 더 잘 이해하고 더 잘 다루게 될 것이다.

1) 이런 문제들을 아이들에게 가르치는 것이 어려운 이유는 무엇일까?

사이버 괴롭힘은 미디어가 사용된다는 점을 제외하고는 전통적 괴롭힘과 다르지 않다. 또한 사이버 괴롭힘은 많은 어른들에게 특정한 불안감과 때로는 무능함을 느끼게 하는 주제이기도 하다. 우리는 문제가 무엇인지 알지만, 우리 자신이 해결할 수 있는 도움을 줄 수 있다고 생각하지는 않는다. 아이들과 사이버 기술과 관련된 지속적인 잘못된 믿음(myths) 중 하나는 아이들은 디지털 기술에 대해 "모든 것"을 알고 있고 우리보다 훨씬 더 앞서 있기 때문에, 어른들이 사이버 괴롭힘과 사이버 교육에 관여할 필요가 없다는 것이다. 당신의 자녀가 집에서 기술자 역할(at-home tech support)을 담당하고 있는데, 당신이 자녀에게 과연 무엇을 가르칠 수 있단 말인가?

아이들 대부분은 자신들이 디지털 기기를 더 잘 안다고 굳게 믿고 있다. 1에서 10점 척도로 나눠 보았을 때, 2010년 1학년을 대상으로 한 연구에서, 대부분의 연구 대상자들은 컴퓨터 및 인터넷 사용과 관련된 그들의 이해도에 8, 9, 10점을 주었다. 그러나 우리가 정말로 컴퓨터, 인터넷,

소셜 네트워킹 사이트에 관한 그들의 이해도/지식을 측정해 보았을 때, 그들은 C나 D 정도의 점수(60~77%를 맞춘 정도)를 받았다. 어떤 컴퓨터 선생님은 대부분의 학생이 컴퓨터에 대해 아주 조금만 알고 있으며, 그 이상을 알고 싶어 하지 않는다고 말했다.[40] 그러므로 아이들이 테크놀로지에 대한 이해가 한없이 폭넓을 것이라는 믿음은 하나의 미신일 뿐이다.

그러나 어린이들은 테크놀로지를 매우 편안하게 다룰 수는 있다. 어른들이 낯선 기기를 고장 낼까봐 사용하기 꺼려하는 것과 달리, 어린이들은 일반적으로 새로운 전자 기기를 사용하는 것을 두려워하지 않는다. 그리고 그들이 원하는 결과를 이끌어 낼 때까지 다양한 버튼을 누르며 시도해 본다. 이런 편리한 사용은 다양한 디지털 기기들에 대한 간단한 논리적인 이해 때문에 가능하다. 예를 들어, 대부분의 기기들은 "뒤로 가기" 버튼이 있다. 그리고 그 버튼을 누르면, 그 버튼에 쓰인 것과 똑같은 반응이 일어난다. 장치 1에서 뒤로 가기 버튼이 무엇인지 안다면, 당신이 새로운 장치 2를 사용하기 전에도 뒤로 가기 기능을 사용하는 방법을 알 수 있을 것이다. 디지털 기기의 많은 특징과 기능들은 모두 이런 방식으로 수행된다. 모든 연령의 사람들은 이런 형태의 패턴들을 자극에 의해 알아차린다.[41] 그러나 어른들은 풍부한 인생 경험을 겪으면서 패턴들과 그 패턴이 야기할 수 있는 예외적인 상황을 모두 고려하게 된다. 단지 버튼들이 "뒤로 가기"라고 쓰여 있다고 해서 그것이 "뒤로 가는" 기능을 행하는 것을 의미한다고 믿지 않는다. 그러나 아이들은 예외가 있다는 생각 없이 지속되는 패턴들을 더 쉽게 인식하는 경향이 있다.[42] 그들이 학습된 패턴을 새로운 디지털 기기에 적용했을 때, 그들의 적용은 성공하고, 이런 성공들은 그들의 전자 기기 사용 능력에 자신감을 갖게 한다.

그래서 어른들은 아마 아이들이 다양한 장치들을 겁내지 않고 잘 사용한다고 생각하며, 아이들이 다 아는 것처럼 생각을 한다. 그러나 사실 어른들은 테크놀로지를 사용하는 방법과 테크놀로지를 현명하게 사용하는 방법의 차이에 대해 혼돈을 느끼고 있는 것이다. 우리들 중 일부는 아이들에게 단지 테크놀로지들을 어떻게 다루는지만 가르칠 것이다. 하지만 대부분의 어른들은 디지털 기기의 사용이 초래한 결과를 아이들이 제대로 이해하도록 가르치는 데 초점을 맞추어야 한다. 우리가 타이핑하고 포스팅하는 것이 어떻게 잘못 해석되고 잘못 이해될 수 있을지, 어떻게 전자 기기에 의한 메시지가 확산될 수 있는지, 어느 경우에 디지털 기기를 사용하는 것보다 직접적인 상호 의사소통을 하는 것이 더 적절할지, 디지털 기기 사용이 정신 건강과 어떻게 관련되는지 말이다.

이것은 학생들에게 디지털 의사소통 방식이 다른 의사소통 방식과 어떻게 다른지를 가르치는 것으로부터 시작할 수 있다. 안타깝게도 나의 경험에 비추어 봤을 때 학교와 가정 안에서 이러한 가르침은 거의 언급되지 않는다. 대부분의 어른들은 이런 문제들을 스스로 이해하지 못하기 때문에 이 쟁점들을 아이들에게 가르칠 수 없다. 그렇다고 해서 이것이 실패를 의미하는 것은 아니다. 너무 새로운 분야라 아직까지 폭넓은 이해가 없었을 뿐이다.

아이들의 폭력적인 상호작용을 줄이도록 하는 것이 우리의 목적이라면, 우리는 전자 기기를 사용하는 영역 안에서 그들이 성공적으로 의사소통할 수 있도록, 그들의 의사소통을 서로 잘 이해할 수 있도록 가르쳐야 할 것이다. 우리가 학생들보다 디지털 기기에 대해 덜 알고 있다고 걱정하지만, 숙련된 디지털 기기의 사용이 항상 기기를 사용한 의사소통의 결과까지 예측할 수 있는 것은 아니다. 우리는 디지털 환경에서 의사소통이 어떻게 변화하는지 가르쳐야 하며, 아이들이 디지털 기기에 지배되지 않도록 불안을 제어하는 법을 가르쳐야 한다. 또한 자신이 의도한 의미와 상대방이 이해한 의미가 어떻게 차이가 날 수 있는지를 논의해 보아야 하며, 특히 디지털 환경에서는 이런 일이 빈번하게 일어날 수 있음을 알아야 한다. 만약 우리가 아이들이 디지털 기술을 사용하는 것을 조절하도록 돕기를 원한다면, 우리는 그들이 무엇을 알아야만 하는지를 이해할 필요가 있다. 따라서 우리가 그들을 가르치기 전에 우리가 먼저 배워야만 한다.

새로운 시대, 새로운 문제들

섹스팅, 자기 – 사이버 괴롭힘과
다른 형태의 위험한 온라인 행동들

제5장

새로운 시대, 새로운 문제들

섹스팅, 자기 – 사이버 괴롭힘과
다른 형태의 위험한 온라인 행동들

설문조사에 따르면 "섹스팅"은 대학교에서 만연하다.[1]
새로운 연구에 의하면 청소년들의 섹스팅은 드물다.[2]

미국 질병통제예방센터(Centers for Disease Control and Prevention)의
보고에 의하면, 2010년 미국에서는 약 1억 천2백만 건의 음주 운전이 발
생했다.[3] 하지만 그러한 위험과 비극에도 불구하고, 그 보고를 한 기자는
자동차 사용을 하지 말라는 충고를 하지 않았다. 자동차가 현대 생활에
압도적으로 긍정적인 영향을 끼치기 때문에, 자동차를 사용하지 말라고
했다면 그 의견은 이상하다고 생각되었을 것이다. 이와 비슷한 맥락으로
이 장에서는 디지털 소통으로 인해 발생할 수 있는 심각한 문제들을 다룰
것이다. 하지만 그렇다고 해서 디지털 소통을 하면 안 된다는 주장을 하
고자 하는 것은 아니다. Pew의 연구에서 나왔듯이 온라인 경험의 대부분
은 부정적이지 않고 긍정적이다. 부정적인 경험을 겪을 가능성이 높은 청
소년조차도 인터넷을 통해서 전반적으로 긍정적인 경험을 한다.[4] 비록 이

장에서의 초점은 디지털 소통의 문제점이지만, 긍정적인 측면도 많다는 것을 기억해야 한다.

디지털 기술로 인해 발생하는 몇 가지 쟁점은 정말로 새로운 것들이다 — 그 밖의 쟁점들은 이미 존재하는 문제들을 반복한 것뿐이다. 이 장에서 다루는 섹스팅, 자기 – 사이버 괴롭힘(self – cyberbullying) 그리고 다른 위험한 행동들도 역시 중요한 주제이지만 — 이들은 사이버 괴롭힘 그 자체는 아니라는 것을 기억해야 한다. 하지만 이러한 온라인상의 특수한 활동들이 사이버 괴롭힘 또는 디지털 남용과 전반적으로 관련될 수 있다. 이러한 것들을 이해하는 것은 우리가 온라인상에서의 문제들과 괴롭힘을 발견하고 줄일 수 있도록 도와주기 때문에 이와 관련된 두드러지는 특징을 살펴볼 필요가 있다. 이번 장에서 나는 섹스팅 및 아동들이 어떻게 그리고 왜 스스로에게 사이버 괴롭힘을 가하는지, 아주 어린 아동이 어떻게 테크놀로지를 사용하는지 그리고 "사생활(privacy)"에 대한 매우 복잡한 논쟁을 아동들이 어떻게 인식하는지에 대한 자료와 관점을 제공할 것이다.[5]

나는 또한 어떠한 아동들이 학교에서 휴대폰을 불법적으로 사용하는지 그리고 왜 오늘날의 많은 아동들은 솔직하고 유용한 피드백을 받기 위해 온라인상에서 익명의 낯선 사람에게 의존하는지(그 결과로 그들은 사이버 문제에 취약해진다)에 관련된 연구들을 공유하고자 한다. 이러한 쟁점들은 사이버 괴롭힘의 이유라기보다는 위험 요소들이다 — 사이버 괴롭힘이 발생할 가능성을 높이기는 하지만 사이버 괴롭힘이 발생하도록 하는 확실한 단일 요인은 아니다.

 1 섹스팅

섹스팅은 "나체 상태의 사진을 전자 기기로 발송하는 것"이나, "반나체의 사진을 보내는 것" 또는 "성적인 사진이나 글을 보내거나 포스팅하

기" 등으로 다양하게 정의될 수 있다. 대학교 신입생을 대상으로 한 연구에서는 "자신의 나체 사진을 보내는 것"으로 정의되었다. 당신이 섹스팅을 어떻게 정의하든지 간에 만약 이 쟁점을 단지 신문의 헤드라인 정도로만 인식한다면, 당신은 섹스팅이 만연해 있다고 잘못 판단할 수도 있을 것이다. 신문에 실린 이야기들을 보면 모든 사람들 — 스포츠 스타, 청소년, 퇴직자 그리고 심지어는 국회의원까지 — 이 섹스팅을 하는 것처럼 보일 수 있기 때문이다.[6]

1) 섹스팅이 실제로 얼마나 자주 일어날까?

전통적 괴롭힘 및 사이버 괴롭힘의 경우와 마찬가지로 섹스팅 빈도에 관한 설문조사에 의하면 그 수치는 다양하다. 대학생을 대상으로 한 조사에서는 30%가 고등학교 기간 중에 나체 사진을 보내 본 적이 있었고, 45%는 나체 사진을 자신의 휴대폰으로 받은 적이 있다고 보고했다.[7] 대학생을 대상으로 한 다른 설문조사에도 비슷한 결과가 나왔다.[8] 하지만 Mitchell과 그의 동료들이 진행한 1,560명을 대상으로 한 국가적 수준의 설문에서는 매우 다른 결과가 나왔다. 이 설문에 의하면 — 국가적 표본을 대상으로 실시된 첫 번째 설문이기 때문에 매우 중요하다 — 오직 2.5%만이 나체 사진을 전송했다고 보고했고, 오직 7.1%만이 작년에 나체 사진을 받았다고 보고했다.[9]

이러한 수치들이 매우 다른 것처럼 보이지만, 더 자세히 살펴본 결과 중요한 유사점들이 있음을 발견했다. 섹스팅의 서로 다른 빈도를 나타낸 두 연구의 주된 차이는 연구 대상자들의 나이였다. Mitchell과 그의 동료들의 설문은 보다 다양한 범위의 연령(10~17세)을 대상으로 실시되었지만, 보다 나이가 많은 청소년들(16~17세)을 대상으로 한 설문에서는 각각 31%와 41%의 비율이 나왔다. Dake와 그의 동료들이 2012년에 11세~18세 청소년을 대상으로 진행한 두 번째 연구에서도 비슷한 비율이 나왔다. 다시 말해, 모든 연령으로 범위를 확장하면 "오직" 17%만이 섹스팅에 관련된 반면, 18세 청소년의 경우로 한정하면 32%가 관련되었다.[10] 그러므로 나이가 많은 청소년들의 경우에는 서로 다른 연구들에서도 모두 유사한 비율(약 30~40%)을 나타냈다고 볼 수 있다. Mitchell과 그의 동료들의 연구에서 섹스팅 비율이 낮게 나온 것처럼 보였지만, 동일한 연령의 청소년을 비교했을 때는 비슷한 결과가 나왔다.

모든 것을 종합해 보면, 보다 나이가 많은 청소년들이 어린 청소년들보다 섹스팅을 보고할 경향이 훨씬 높았다. 그리고 긴 시간(대학교 신입생 연구에서와 같이 1년 이상)에 걸친 연구에서의 비율은 더 높아질 수 있다. 모든 연구가 익명으로 실시되었지만, 나이가 많은 피험자들의 경우와 익숙한 단체에서 연락을 받은 경우(모르는 사람으로부터 전화 연락을 받는 경우와 비교하여)가 섹스팅에 대해 보고할 가능성이 높아 보였다.

결론적으로 섹스팅은 대중 매체 보도가 나타내는 것처럼 만연하지는 않지만, 무시할 수 없는 소수의 청소년들은 섹스팅 형태의 온라인 행동을 한다는 섬은 분명하나. 따라서 섹스딩의 빈도에 초점을 두어 조사를 하는 것은 축소나 과장이 있을 수 있기 때문에 오히려 사회적, 정서적 영향을 현실적으로 바라보는 것이 보다 생산적일 것이다. 비록 대중 매체의 사례들에서는 반대인 것처럼 보이기는 하지만, 우리는 섹스팅이 심각한 어려움이나 결과와 관련되어 있다고 단순하게 추정해서는 안 된다. 대학교 신입생을 대상으로 한 연구에서의 하나의 중요한 발견은 비록 특정 종류의 섹스팅이 다른 종류들보다 더 문제이기는 하지만, 섹스팅으로 인해 반드시 심각한 곤경에 처하게 되는 것은 아니라는 것이다. 보다 중요한 것은 청소년들이 왜 섹스팅을 하는지에 대한 것이다.

2) 섹스팅의 동기는 무엇인가?

반박의 여지가 없이, 대학교 신입생을 대상으로 한 연구에서 (그 외 다른 연구들도 포함) 찾은 섹스팅의 가장 중요한 동기는 "압박 또는 강요"였다. 몇 년 전만 해도 섹스팅을 요구하는 압박과 강요를 받는 것은 드문 경우일 것이라고 추정했었다. 하지만 대학교 신입생을 대상으로 한 연구에서 전반적으로 절반 정도의 섹스터가 섹스팅의 압박 또는 강요를 받거나 협박, 갈취나 괴롭힘을 당했다고 보고했다.[11] 이러한 비율은 18세 청소년을 대상으로 한 2011년과 2012년의 연구 결과들과 일치했다.[12] 이러한 동향을 파악한 연구자는 나 혼자만은 아니다: 같은 해에 더 이른 시기에 영국에서 발표된 질적 연구에서도 강압적인 섹스팅을 주요 관심사로 삼았다.[13]

대학교 신입생을 대상으로 한 연구에서, 남학생들보다 여학생들이 섹스팅을 했다고 보고하는 경향이 더욱 많았다. 하지만 이러한 차이는 더 많은 여학생들이 섹스팅의 강요나 강압, 협박을 받았다고 보고했기 때문이었다. 자의적인 섹스팅 발생 빈도의 경우, 성별에 따른 차이는 없었다. 나체 사진 전송이 얼마나 속상했는지를 1점에서 10점 사이의 점수로 매겼을 때, 자의적으로 섹스팅을 한 학생들은 그다지 속상하지 않았다고 보고했다. 자의적 섹스터의 대부분은(79%) "거의 속상하지 않음"을 선택했다(10점 만점에 1점 또는 2점). 하지만 섹스팅의 압박 또는 강요를 받은 대상자들에게 그 경험은 매우 속상한 것이었다. 자의적 섹스터들과 대조적으로, 강압을 받은 섹스터들의 17%만이 "거의 속상하지 않음"을 선택했다.

자의적 섹스터(willing sexter)와 강요받은 섹스터(pressured sexter)는 섹스팅에 대해 화를 내는 정도에서 차이를 보일 뿐만 아니라 섹스팅을 하는 동기에서도 차이를 보인다. 두 타입 모두 남자친구나 여자친구가 그 사진을 원해서 보낸 것이라고 말할 가능성이 높다. 거의 학교나 온라인에서 만난 누군가가 사진을 보내라고 해서 보낸 것이라고 말할 가능성은 적다. 그러나 강요받은 섹스터의 경우 앞으로 사귀려고 하는 대상(아직 본격적으로 사귀지는 않았지만, 앞으로 사귀려는)이 사진을 원해서 보냈다고 응답한 비율이 자의적 섹스터에 비해서 3배 정도 많았다(55% vs. 18%). 이들은 사진을 보내는 것이 그리 편하지는 않았지만 끝내는 "그렇게 별일도 아니예요"라고 생각하는 듯했다. 섹스팅으로 수반되는 부정적인 결과에 대해 강요받은 섹스터의 1/3인 32% 정도가 또래 및 성인들과 문제가 생겼다고 보고했다. 그러나 자의적 섹스터의 경우 오직 8%만이 이러한 문제를 경험했다.

모든 것을 고려해 볼 때 이러한 데이터들이 의미하는 것은 타의에 의해 강압적으로 섹스팅을 하는 경우 발생하는 문제의 심각성이다. 이러한 섹스팅은 남학생보다 여학생에게서 2배 더 많이 일어난다. 두 성별 모두에게 이런 섹스팅은 성희롱의 성격을 지닌다. 강요받은 섹스터들은 섹스팅을 한 것으로 기분이 더욱 상했고, 이들은 섹스팅 이후에 나타나는 부정적인 결과들(주로 또래들과 나타나는 문제)을 더 많이 경험했다. 그러나 모든 섹스팅이 항상 부정적인 결과만 초래하는 것도 아니었다. 이미 사귀고 있는 남자친구나 여자친구에게 자의적으로 섹스팅을 하는 청소년들은 부정적인 결과를 거의 경험하지 않았고 섹스팅에 대해서도 겉으로는 기분 나쁘다고 생각하지 않았다. 그러나 이 연구 결과는 섹스팅의 장기적인 영향을 추적한 것이 아니라는 점을 반드시 명심해야 한다. 왜냐하면 문제들은 몇 년 후, 몇십 년 후 또는 그 이후에도 여전히 나타날 수 있기 때문이다. 소수의 개인들을 통해 크게 알려진 결과들을 고려해 볼 때, 장기적인 면에서 심각한 대가를 초래할 수 있다는 가능성도 우리는 상상할 수 있다. 도대체 청소년은 무슨 생각을 하고 섹스팅을 했던 것일까?

청소년들이 또래와 섹스팅을 할 때 그들이 생각하는 것은 또래들과의 관계에 초점을 두는 것으로 보인다. 물론 어른들이 걱정하는 것은 온라인상에서 탐욕스러운 성인들이 청소년에게 섹스팅을 요구하는 것이지만, 나체 사진을 받은 경험이 있는 대학교 신입생 학생을 대상으로 한 설문조사에서 거의 모든 학생들(96%)은 그 사진이 누구인지 알아볼 수 있었다고 응답했다. 더욱이 이론적으로 그들에게 왜 섹스팅이 일어나는지 물었을 때, 가장 흔한 이유는 남자친구나 여자친구가 그 사진을 원하기 때문이거나 사진을 통해 관심이 있는 사람을 유혹할 수 있기 때문이었고, 그러한 것은 서로에 대한 신뢰를 나타낸다고 보았다. 이처럼 섹스팅은 "요즘 유행이야", "그냥 재미있잖아", "그냥 장난이야"라고 흔히 말할 수 있는 이유로 이루어지고 있는 것은 아니었다. 대체로 대상자들의 경우에 성인들과 연관된 문제를 지닌 경우는 거의 없었다. 성인들과 연관된 나체 사진 문제들은 또래들에 의한 섹스팅 문제들과 비교하여 매우 드물었다.

대상자들이 나체 사진을 받았을 때, 이들이 취했던 가장 흔한 행동은 그 사진을 그냥 지우는 것이었다. 예상대로, 어떤 학생도 사진을 처음 받았을 때 그 사진을 성인에게 보여 주지 않았고, 말하지도 않았다고 보고했다.

3) 비섹스터와 섹스터의 특징

일반적으로 섹스터와 비섹스터 사이에는 몇 가지 다른 특징들이 있다. 섹스팅을 해 본 경험이 있는 대상자의 경우 비섹스터와 비교해서 고등학생 시절 활발하게 성적인 행동을 훨씬 많이 한 것으로 보고했다. 비섹스터의 약 57%가 성적인 행동을 하였다고 응답하였던 것과 비교해서 섹스터의 경우 약 86%가 성적인 행동을 하였다고 응답했다. 강요받은 섹스터와 자의적 섹스터 역시 각각 85%와 86%가 성적인 행동을 하였다고 응답했다. 성적인 행동을 하는 것과 섹스팅 사이에는 일반적으로 상관이 있었다. 섹스팅을 하는 대상자들은 나체 사진을 더 자주 받을 가능성이 높았다. 대부분의 비섹스터는(71%) 그런 사진을 받은 적이 없었다고 보고한 반면, 강요받거나 받지 않은 섹스터들 모두 그런 사진을 받았다.

한 번도 섹스팅을 하지 않은 청소년들(35%)과 비교해서, 모든 형태의 섹스터들은 불안 문제를 더 많이 경험하였고(35% vs. 55%), 친구를 사귀는 데도 더 많은 문제를 경험한다고 답했다(22% vs. 33%). 이들은 성장하면서 가정 폭력을 조금 더 많이 경험한 것으로 나타났다(13.5% vs. 20%). 마지막으로, 섹스터들은 비섹스터보다 다음에 자세히 다룰 자기-사이버 괴롭힘(self-cyberbullying)을 더 많이 한 것으로 나타났다.[14] 비섹스터의 오직 8%만이 자기-사이버 괴롭힘을 한 반면, 섹스터의 18%가 이 행동을 했다고 인정했다.

그러나 섹스터 집단은 비섹스터 집단과 비교하여 몇 가지 차별적인 특징이 있었지만, 섹스터 집단 자체는 동질 집단이 아니었다.

4) 강요받은 섹스터와 자의적 섹스터의 독특한 특징

몇몇 위험 요인들은 모든 섹스터들에게서 증가하지만, 강요된 또는 자의적 섹스터, 어느 한쪽에서만 특징적으로 증가하기도 한다. 강요받은 섹스터와 비섹스터에 비해 자의적 섹스터는 일반적으로 심리적 어려움과 연관된 요인에서 높은 비율을 보였다(나는 사실 강요받은 섹스터가 이러한 요인에서 더 높은 비율을 보일 것으로 생각했는데 반대의 결과가 나왔다). 우울증 수치 보고에서는 자의적 섹스터가 가장 높았고(67%), 강요받은 섹스터는 중간이었고(50%), 비섹스터는 가장 낮았다(40%). 알코올과 약물 남용의 경우는 각각 21%, 11%, 8%였고, 기분 조절 문제에서는 36%, 29%, 20%, 친구를 사귀고 유지하는 문제에서는 39%, 29%, 22%였다. 여기서 주목할 점은 이러한 요인들 중 대부분에서 강요받은 섹스터는 여전히 비섹스터에 비해 다소 높은 비율을 보이고 있다는 점이다.

비록 자의적 섹스터가 이러한 문제들에서 높은 비율로 보고되고 있지만, 강요받은 섹스터는 데이트 관계에서 더 많이 문제를 겪는 것으로 보인다. 예를 들어, 이전의 데이트 폭력 경험은 강요받은 섹스터 집단이 가장 높게 보고하는 명백한 위험 요인이다. 강요받은 섹스터의 거의 절반(48%), 자의적 섹스터의 1/3, 비섹스터에서는 1/4만이 이전의 데이트 폭력 경험을 보고하였다. 하지만 모든 이전의 폭력 경험이 이러한 패턴을 보이는 것은 아니었다. 모든 섹스터들은 가정 폭력을 경험하였는데 그 정도는 비슷했다. 강요받은 섹스터들에게 작용하는 이전의 폭력 경험은 이전의 데이트 폭력 경험 요인으로 한정되어야 할 것으로 보인다.

종합적으로 보면 모든 섹스터들 — 자발적으로 하는 사람들조차 — 은 일반적인 심리적 위험 요인을 더 많이 갖고 있는 것으로 보인다. 하지만 강요받은 섹스터들은 데이트 관계에서의 문제에서 더 두드러진다. 이러한 심리적 어려움들은 일부 청소년들이 자신과 신뢰관계가 없는 사람으로부터 나체 사진을 보내라고 요청받았을 때 더 취약한 반응을 보이는 원인들 중 하나일 것이다.

2 섹스팅과 관련된 위험들

청소년들이 기꺼이 섹스팅을 하려는 것과 섹스팅을 결정하는 것과 관련된 심리적인 문제, 그리고 섹스팅을 했을 때의 감정 이외에도 고려해야 하는 섹스팅의 다른 결과들이 있다. 청소년들은 섹스팅을 자신과 사진을 받는 사람 간의 사적인 일이라고 여길 수 있지만, 다른 사람이 무슨 일이 벌어지고 있는지 알게 되면 불쾌한 결과가 일어날 수 있다. 섹스팅이 또래에 의해 발각되든지, 성인에 의해 발각되든지, 아니면 법에 의해 발견되든지 상관없이 이러한 일은 때때로 발생한다.

1) 형사 기소의 위험

미국의 경우 미성년자의 나체 사진을 보내는 것은 그것이 자기 사진이라 할지라도 범죄이다. 섹스팅이 처음 이슈로 떠올랐을 때 몇몇 청소년들이 아동 음란물 혐의로 기소되어 세간의 이목을 끌었는데, 이에 대해 논의가 있어 왔다. 이러한 사건들은 형사 기소의 가능성이 있는데, 다른 무엇보다 학생이 연관되었는가의 여부에 따라 크게 좌우된다는 것을 보여 주었다.

기소의 위험이 무엇인지가 정말 중요한가? 많은 사람들은 만약 기소 가능성이 1%라도 있다면 학생들에게 그것을 알려 주어야 한다고 주장할 것이다. 나는 확률상의 수치가 중요하다고 본다. 왜냐하면 교육자는 신뢰성을 갖고 학생들을 효과적으로 가르쳐야 하기 때문이다. 성인이 학생들이 보기에 거의 일어나지 않을 것 같은(낮은 확률의) 위험에 대해 강조하면 학생들은 그에 대해 신뢰하지 않게 된다. 청소년들은 성인들이 섹스팅의 성적 본질 때문에 그것을 싫어하고, 또한 그들이 섹스팅의 급증을 막기 위해 잠재적인 위험 요인들(심지어 설득력이 없는)에 대해 이야기하려 한다고 생각한다. 이야기를 들어 줄 청중(청소년들)을 잃는 것보다는 진짜 위험이 무엇인지 알기 어렵더라도 기소당할 수 있다는 것을 합리적인 수준으로 강조하는 것이 더 나을 것이다. 운 좋게도 우리는 미성년자가 그들 자신이나 또래의 나체 사진을 보냈을 때의 기소 가능성을 판단할 수 있게 도와줄 몇몇 연구들이 있다.

섹스팅에 관한 형사 기소는 여전히 일어나고 있지만, 대부분의 사법권은 섹스팅을 한 청소년을 마치 아동 음란물을 유포하는 성인인 것처럼 여겨서 기소하지는 않으려 하는 것으로 보인다.[15] 한 국가 수준의 연구에 따르면 2012년까지 청소년 섹스팅 사건들은 형사 법원으로 거의 기소되지 않았다.[16] 2011년의 법률 집행에 관한 연구에 따르면, 체포에 이른 대다수의 사건들은 심각하게 악화된 상황이었다(예, 성인이 관여되어 있었다). 악화된 상황에 이르지 않은 섹스팅 사건 중 오직 18%만이 체포 수준까지 이르렀다.[17] 누구도 섹스팅이 법적인 위험을 갖고 있지 않다고 말할 수 없고 그렇게 말해서도 안 되지만, 기소가 흔한 일이라는 것 또한 사실은 아니다.

2) 또래나 성인들에게 들킴

어떤 청소년들은 부모나 학교에 있는 성인들과의 문제가 섹스팅의 결과와 관련 있을 것이라고 생각할지도 모르지만, 그러한 결과는 자주 나타나지 않는 것으로 보인다. 대학교 신입생을 대상으로 한 연구에서 전체 섹스터들 중 3/4보다 조금 적은 수(73%)가 자신이 아는 바에 따르면, 자신의 사진은 원래 보여 주기로 한 사람 외에는 절대로 노출된 적이 없다고 보고하였다. 자의적 섹스터는 그 사진이 "돌려졌다"라고 말하는 경향이 더 적었고(15%), 심지어 강요받은 섹스터 중에서도 돌려보기가 압도적으로 흔하지는 않았다고 했다. 그럼에도 불구하고 강요받은 섹스터 중 1/3보다 조금 많은 수(34%)가 나체 사진이 다른 사람들에게 보여졌다고 말했다. 의심할 여지없이, 강요받은 섹스터(안정적이지 않은 관계에서 섹스팅을 하고 있을 확률이 높은 이들)가 또래나 성인들에게 사적인 사진이 보여지는 위협을 더 많이 겪을 것이다.

언론은 대체로 나체 사진이 많은 사람들에게 빠르게 노출되는 경우의 섹스팅 에피소드를 묘사하는 경향이 있다. 그런 일이 일어날 수 있지만 — 예를 들어, 엄청나게 많은 학생들이 사진을 돌려보는 것 — 자료에 따르면 이것이 전형적인 것은 아니다. 전반적으로 섹스터의 19%가 원래 보여 주기로 한 사람 이외에 한두 명 정도에게 사진이 보여졌으며, 오직 8%만이 3명 이상의 사람들에게 사진이 보여졌다고 보고하였다. 게다가 사진이 퍼졌다고 해서 항상 문제로 이어지는 것은 아니었다 — 섹스터의 27%가 다른 사람이 자신의 나체 사진을 봤다고 했지만, 그것이 문제가 되었다고 대답한 사람은 18%에 불과했다. 특히 다른 사람들이 이러한 사진을 보고 또 그것이 문제를 유발한다고 하더라도, 일반적으로 이를 보거나 그들에게 반응하는 것은 성인들이 아닌 것으로 보인다. 자신의 부모가 사진을 보았다고 응답한 섹스터는 3%에서 4% 정도에 불과했고, 그런 사진 때문에 부모와 문제를 겪게 되었다고 보고한 것은 강요된, 자의적 섹스터 모두 매우 낮은 비율(5.4%와 3%)이었다. 학교의 성인들과 문제를 겪게 되었다는 응답은 더욱 낮았다 — 약 1%와 3%.

그에 반해서 자의적, 강요받은 섹스터 모두 또래와의 문제가 가장 흔했다. 강요받은 섹스터의 14%와 자의적 섹스터의 6%가 노출된 사진 때문에 또래 간의 문제를 겪었다고 보고하였다. 연구 대상자들에게 또래 문제의 구체적인 유형을 물어보지는 않았지만, 내 현장 연구에 기초해 보면 이러한 문제들은 가십거리나 소문, 성적인 괴롭힘, 더 심각한 경우에는 사회적 거부 또는 심한 굴욕과 고립이었다. 내가 생각하기에 섹스팅의 사회적 영향은 또래에 의해 극단으로 치닫게 되면 엄청나게 충격적일 수 있다. 그러나 다행스럽게도 그러한 결과는 반드시 일어나는 법칙은 아니고 매우 예외적인 것으로 보인다.

3) 강요된 섹스팅에 대한 경고

섹스팅이 파장으로 이어질 가능성이 높다고 미디어에서 말하고 있지만 실제로는 그 가능성이 낮다는 것을 내 연구를 통해 확인하였다. 그렇다고 해서 학생들이 강압이나 억압에 의해서 섹스팅을 하게 되는 문제를 과소평가해서는 안 된다. 위에서 언급했듯이, 섹스팅을 했던 여학생의 절반과 남학생의 1/3은 적어도 한 번은 다른 사람이 그들에게 나체 사진을 보내라고 협박하거나 강요를 했던 경험이 있다고 응답하였다. 관계적 맥락에서 받은 압박(즉, 현재 여자친구, 남자친구 사이에서 받은 압박)은 항상 문제로 인식되지는 않는다. 오히려 우려해야 할 부분은 부정적인 압박을 경험한 피해자이고, 이런 압박은 대부분 데이트를 하길 원했던 섹스터(대부분 남자친구일 가능성이 높음)로부터 가해졌다. 이와 같은 압박을 받았을 때 은밀한 사진을 보내는 것이 심각한 문제가 될 것이라고는 잘 생각하지 못하는 경향이 있다. 모든 유형의 섹스터 사이에서 나타나는 높은 수준의 우울과 약물 남용에 관하여 무시해서는 안 된다고 생각하지만, 강요받은 섹스터들에 대한 것은 추가적인 문제로 다루어야 한다고 본다. 강요받은 섹스터들은 데이트 폭력을 경험할 가능성이 가장 높고, 궁극적으로 사진으로 인해 대부분 친구들 또는 어른들과 문제가 생겼다고 보고하는 경향이 가장 높다. 따라서 강요받은 섹스터는 가장 취약한 학생일 것이고, 그들은 이전에도 피해를 경험한 적이 있고 지금도 피해를 경험하고 있을 가능성이 높다.

 ③ 자기-사이버 괴롭힘 또는 디지털 자해

2010년 10대와의 통찰력 있는 대화를 이어가고 있던 Danah Boyd는 한 블로그에서 "디지털 자해"에 대해 언급하면서, 10대를 "익명성을 이용해 스스로 짓궂은 질문을 올리고 대중들의 대답을 확인함으로써 자해를 행하는 자들"이라고 묘사하였다.[18] 이런 현상은 폼스프링(Formspring)[1] 웹사이트 관리자들이 사이버 괴롭힘에 대해 조사하다가 자신이 피해자라고

---

1) (역자주) Formspring: 기본적인 질문과 답변을 하는 소셜 네트워킹 서비스로 2013년 서비스를 종료하였고 현재는 Spring.me의 새로운 이름으로 운영되고 있다.

밝힌 사람들이 실제로는 자신에 대한 잔인한 의견을 게시한다는 점을 발견하면서 처음 밝혀졌다. 나는 이러한 현상을 임시적으로 디지털 뮌하우젠(digital Munchausen)이라고 불렀다. 왜냐하면 이 현상은 정신 질환으로 잘 알려져 있는 뮌하우젠 증후군(Munchausen syndrome)[2]과 유사하기 때문이다.[19] 이 증후군의 주요 증상은 동정이나 관심을 받기 위해, 또는 자신의 "희생"을 보여 줌으로써 사람들에게 동경의 대상이 되기 위해 환자 스스로 자해를 하면서 고통을 가하는 것이다. 2012년도에 나는 대학교 신입생을 대상으로 이러한 온라인 행동 유형에 대해 연구한 적이 있는데, 그 결과 피험자들의 10%가 거짓으로 자신의 계정에 짓궂은 말을 게시한 적이 있거나 고등학교 때 자신에게 사이버로 괴롭힘을 가한 적이 있다는 것을 알 수 있었다.[20] 또한 이 결과에서 남학생(17%)의 비율이 여학생(8%)의 비율보다 높게 나타난 것은 흥미로웠다. 이런 디지털 자해를 해 본 경험이 있는 학생들 중 절반은 오직 한 번 또는 매우 드물게 하는 것으로 확인되었고, 나머지 절반의 학생들은 정기적으로 또는 최근 몇 달 전부터 지속적으로 자신에게 사이버 괴롭힘을 가하고 있는 것으로 확인되었다.

1) 디지털 자해의 동기와 성공

10대들은 왜 이런 특이한 형태의 자해를 하는 걸까? Boyd는 학생들이 이런 디지털 자해를 하는 이유를 3가지로 추측해 보았다. 첫 번째는 자해하는 학생들은 "자신을 도와 달라고 소리치고 있는 것"일 수 있고 또는 스스로 "멋져" 보이길 원하거나 "칭찬을 받기 위해" 이런 행동을 할 수 있다고 예상하였다. 나의 연구에서는 남학생과 여학생 피험자 모두 이런 자해 행동을 하는 이유가 "친구들의 관심을 받기 위해서"라고 응답한 비율이 가장 높았고, 농담 삼아 자해를 했다고 말한 비율이 가장 낮았다. 남학생들보다 여학생들은 자신의 자해 동기에 대해 고통을 견딜 수 있다

---

2) (역자주) 주로 신체적인 징후나 증상을 의도적으로 만들어 내서 자신에게 관심과 동정을 이끌어 내는 정신과적 질환이다.

는 것을 증명하기 위해서 또는 "다른 사람이 자신을 걱정하게 하기 위해서", "어른들의 관심을 받고 싶어서"라고 말한 비율이 높았다. 남학생들은 화나서 싸움을 시작하는 방법으로 자해를 하게 되었다고 응답한 비율이 높았다(짐작컨대, 그들은 자신을 화나게 한 사람을 잘못된 이유로 비난할 가능성이 높다).

전반적으로 자기–사이버 괴롭힘은 성공적인 전략은 아니었다. 디지털 자해 학생들의 절반 이상(57%)이 자신들이 의도한 대로 전략이 실행되지 않았다고 하였다. 그중 많은 학생들(62%)이 전략이 성공적이지 않았을 뿐만 아니라 그 후 자신의 기분이 더 상했다고 응답하였다. 나머지 38%의 학생들은 자기–사이버 괴롭힘이 잘 시행되지 않았지만, 기분은 "괜찮았다"라고 응답했다.

자기–사이버 괴롭힘을 하는 절반이 조금 안 되는 학생들(43%)은 "내가 원하는 것을 성취했다"라고 생각했기 때문에 이 전략이 성공적이라고 느꼈다. 하지만 디지털 자해 학생들의 성공 여부는 목표를 어디에 두냐에 따라 달랐다. 학생이 디지털 자해를 하는 목표가 또래의 관심을 끌거나 강하게 보이고 싶은 것이었다면 그 목표가 싸움을 유발하려고 했거나 농담을 하려고 했던 학생들보다는 좀 더 성공적이었다. 그러나 전체적으로 전략이 효과가 있다고 생각한 학생들도 완전히 긍정적인 것을 경험하지는 못했다. 자기–사이버 괴롭힘을 성공한 2/3 이상의 학생들(72%)은 그 후 기분이 좋지 않았다고 응답했다. 자기–사이버 괴롭힘을 했다고 응답한 학생들 중 오직 16%만이 그러한 전략이 그들에게 성공적이었고 그 후에 기분이 나아졌다고 응답하였다.

만약 학생들이 도와 달라는 의미에서 디지털상에서 자해 행동을 하는 것이라면, 우리는 그들이 다른 정신 질환과 관련된 문제를 갖고 있을 가능성에 대해 생각해 봐야 한다. 왜냐하면 몇 가지 증거들이 있기 때문이다. 자해를 하는 학생들과 그렇지 않은 학생들 사이에는 우울과 불안 수준의 차이는 없다. 그러나 디지털에서 자해 행동을 하는 학생들은 고등학교 시절 세 가지 이상의 정신 질환 문제를 겪었을 가능성이 더 높고,

약물과 술을 더 많이 복용했을 가능성이 높다.

이런 현상을 디지털상의 자해 행동이라고 부르건 디지털 뮌하우젠이라고 부르건 간에 교사들은 스스로 사이버 괴롭힘을 하는 학생들은 문제가 있다는 것을 반드시 인식하고 있어야 한다. 대부분의 어른들은 인쇄된 전사기록(printed transcripts)을 사이버 괴롭힘의 명백한 증거로 받아들이고 있지만, 이처럼 스스로 괴롭히는 학생들의 존재에 대해서는 우리가 너무 무지하다는 것을 나는 현장에서 깨달았다. 자백을 하거나 사이버 범죄 과학수사를 하지 않는 이상(학교와 부모들의 역량 또는 욕구를 뛰어넘는) 사이버 괴롭힘 사건이 "실제"로 존재했던 것인지를 알아차리는 것은 쉽지 않은 일일 것이다. 그러나 이러한 문제에도 희망은 보인다. 사이버 괴롭힘에 대한 학교의 관할권이 무제한이 아니기 때문에 이러한 현상은 실제로 피해학생에게 초점을 맞출 필요성을 더욱 강조하게 되었다. 학생들이 자신이 사이버 폭력의 피해자라고 주장할 때 그들은 우리의 지지와 관심을 필요로 한다. 이러한 요구는 사이버 괴롭힘이 진짜인지 조작된 것인지와 상관없이 가장 먼저 고려되어야 하고 중요하게 다루어져야 한다. 실제로 자신이 사이버 괴롭힘을 당한 것처럼 조작하는 학생들은 무엇보다도 우리의 관심을 가장 필요로 할 것이기 때문이다.

④ 초등학교와 중·고등학교에서의 디지털 기기의 위험

어른들은 대부분 중학교와 고등학교 학생들의 사이버상의 문제들에 관심을 갖고 있지만, 어떤 문제들은 초등학교에서도 일어난다. 11,000명이 넘는 초등학교 학생들을 대상으로 한 나의 연구는 사이버 괴롭힘과 사이버에서 나타나는 행동들이 어떻게 사춘기 이전에 나타나는지에 대한 설명을 제공했다.

1) 초등학생의 사이버상 위험

내가 매사추세츠(Massachusetts)에서 학령기 아동들에 대한 연구를 할 때, 나는 두 가지 이유로 초등학교 3학년을 대상으로 연구하였다.[21] 첫 번째 이유는 그 당시에 설문지를 이용한 연구를 하고 있었는데, 3학년이 되어서야 글을 읽고 쓰는 데 문제가 없었기 때문이다. 또한 디지털 기기의 사용 여부에 대한 측정을 시작하기에 3학년이 가장 적합한 시기라고 여겨졌기 때문이다. 내가 만났던 많은 초등학교 선생님들은 그들의 학생들이 온라인상에서 다른 사람과 교류를 한다는 것을 생각조차 못하고 있었음에도 불구하고, 나는 그러한 생각이 틀렸다는 것을 이미 알고 있었다.[22] 역시 연구 결과 디지털 기기 사용의 시작이 8세라는 것이 밝혀지면서, 나 또한 온라인을 통한 상호작용에 대해 놓친 부분이 있다는 것을 알게 되었다. 인터넷을 사용하기 시작하는 나이를 보면 8세도 꽤 "늦은 편"에 속한다. 즉, 3학년 학생들 중 90%가 넘는 학생들이 이미 다른 친구들과 온라인을 통해서 상호작용하고 있었다.

(1) 어린 나이에 시작하는 온라인 활동

부모들의 보고에 의하면, 초등학교 학생들이 주로 많이 하는 활동은 온라인 게임이고, 두 번째로 많이 하는 활동은 숙제라고 하였다. 아이들이 정확히 언제 온라인 활동을 시작하는지는 이 데이터를 통해서 분명하게 알 수는 없다. 경험상, 미국의 중산층 아이들 중 많은 아이들이 유치원이나 초등학교 1학년 때부터 온라인 게임을 해 온 것으로 여겨진다. 그러나 온라인 게임뿐만 아니라 과제나 사회적 네트워크를 위해 인터넷을 사용하는 것도 꾸준히 증가하고 있다.

중요한 점은 8세의 학생들은 이미 디지털 기기에 푹 빠져 있다는 것이다. 이것은 그저 중학교와 고등학교 학생들만의 문제가 아니다. 어린 학생들이 하는 게임들도 중요하다. 왜냐하면 그러한 게임에는 아이들이 온라인으로 채팅을 하거나 정보를 공유하고 상호작용을 하는 등의 사회적 네트워크의 요소들이 많이 포함되어 있고, 그곳에서 나눴던 대화가 그

다음 날 학교에 퍼져 있을 수 있기 때문이다. 실제로 초등학교 저학년들은 남녀 학생들 모두 같은 종류의 게임을 함께 하지만, 4학년이 되면 남자 아이들은 액션과 어드벤처와 같은 장르의 게임에 빠지게 된다.

(2) 초등학생의 휴대폰 소유

휴대폰 사용에 관한 통계치는 상당히 놀라웠다. 초등학교 3학년들을 대상으로 휴대폰 소유자를 조사했을 때, 2011년에는 20%였고 2012년에는 22%였다. 5학년의 경우는 그 수치의 두 배가 넘는 52%가 휴대폰을 소지하고 있었다. 휴대폰을 갖고 있는 3학년 학생들 중 절반은 (아마도) 스마트폰을 갖고 있는 것으로 보였다(즉, 문자 메시지를 전송하고 인터넷도 접속할 수 있는 휴대폰을 갖고 있다는 것을 나타낸다). 학년이 올라가면서, 일반 휴대폰(basic cell phone)을 소유하는 비율은 유지되고 있으나(각 학년의 대략 10%), 스마트폰을 소유하고 있는 비율은 급속하게 늘었으며, 그 비율은 휴대폰 소유가 증가한 만큼 증가하는 것으로 보인다. 2010년과 2012년 사이에 초등학생들의 스마트폰 소유는 늘었고, 일반 휴대폰(basic cell phone) 소유는 약간 줄었다.[3]

인터넷에 접속할 때 전통적인 컴퓨터(데스크탑 컴퓨터나 노트북)를 사용하는 것이 여전히 가장 흔하고, 사이버 괴롭힘의 경우도 큰 스크린(데스크탑 컴퓨터)에서 게임을 하는 3학년과 5학년 사이의 아이들에게 발생하는 것이 대부분이었다. 그러나 나는 가해자와 피해자 모두 휴대폰을 소유하는 것이 사이버 괴롭힘과 연관이 있다는 것 또한 발견할 수 있었다. 예를 들어, 12.6%의 3학년 학생들과 18.9%의 5학년 학생들이 사이버 폭력의 피해자라고 보고했을 때, 휴대폰 소유자 중 어린 연령의 학생들의 피해 비율이 더 높다는 것을 알 수 있었다. 2011년, 3학년 학생들 중 휴대폰

---

3) (역자주) 2018년 정보통신정책연구원이 실시한 어린이와 청소년의 휴대폰 보유 및 이용 행태 분석에 따르면 초등 저학년은 52.4%(37.2%), 초등 고학년은 82.6% (74.2%), 중고등학생은 90%(중=92.0%, 고=93.5%) 이상이 휴대폰을 보유하고 있는 것으로 확인되었다(괄호는 스마트폰 휴대 비율).

무소유자들의 "오직" 10%만이 사이버 괴롭힘의 피해자라고 보고한 반면, 휴대폰 소유자들의 21%가 사이버 괴롭힘의 피해자라고 보고했다. 그리고 더욱 놀라운 것은 스마트폰 소유자들의 39%가 사이버 괴롭힘을 당했다고 보고했다. 이러한 패턴은 4학년과 5학년 학생들 사이에서도 매우 비슷하게 나타났다. 흥미롭게도, (학교에서의) 전통적 괴롭힘의 경우 휴대폰을 소유한 학생들과 휴대폰이 없는 학생들 사이에 별다른 차이가 없었고, 중학교에서도 사이버 괴롭힘 피해의 차이는 줄어들기 시작했다. 그러나 스마트폰 소유자는 사이버 괴롭힘의 가해자라고 보고할 가능성이 더 높았다. 휴대폰을 소유하지 않은 5학년들 중 12%는 사이버 괴롭힘의 가해자라고 보고했는데, 그에 반해 일반 휴대폰 소유자는 13%였고, 스마트폰 소유자는 18%였다. 이러한 패턴은 3학년과 4학년에서도 관찰되었다.

요약하면, 부모들은 종종 일반 휴대폰과 스마트폰을 안전한 기기라고 보고 있고, 일정 부분 그렇기도 하지만, 이러한 종류의 휴대폰을 소유하든지─특히 스마트폰의 경우는─초등학생들 사이에서 사이버 괴롭힘이 일어날 때 가해자와 피해자가 될 위험을 증가시키는 것은 사실이다.

2) 중·고등학생의 디지털상의 위험한 행동들

내 생각에 우리들은 흔히 아이들이 학교에서 잘못된 방법으로 휴대폰을 사용하고 있다는 인식이 있는 것 같다. 그러나 이러한 행동 유형과 관련된 연구들은 다소 상반된 결과를 나타낸다. 전자 기기와 교육은 학교 장면에서 어떻게 충돌될까? 그리고 전통적 괴롭힘과 사이버 괴롭힘은 디지털 기기의 잘못된 사용의 유형과 어떤 관련이 있을까?

(1) 잘못된 휴대폰 사용

신입생 연구에서, 83%의 연구 대상자는 중학교 또는 고등학교에서 수업 시간 도중에 문자 메시지를 보낸 적이 있다고 응답했으며, 그중 29%만이 지적당한 적이 있었다고 보고했다. 83%는 매우 높은 수치이지만, 그중에서 수업 끝 또는 시작 부분에서 빠르게 보내는 문자 메시지는 비교적 가벼운 잘못에 속할 수도 있다(정확한 문자 메시지 전송 시간을 답변으로 받지는 않았다). 분명히 학교에서 휴대폰를 사용하는 것은 금지하고 있지만, 이것은 수업 시간에 껌 씹는 것보다 조금 더 심한 정도의 행동으로 받아들여지는 듯하다. 금지되기는 했으나, 강제적이지 않은 수준인 것이다.

물론 더욱 심한 디지털 범법 행위도 존재한다. 휴대폰 대화가 문제로 떠오르면서 다행스럽게도 대학교 신입생 중에서는 단지 17%만이 수업시간 중 휴대폰를 사용한다고 응답했다(그러나 그중 1%만이 지적을 당한 적이 있었다). 하지만 더 충격적인 발견은 20%의 연구 대상자들이 교사를 몰래 사진으로 찍거나 동영상으로 촬영한 적이 있었다고 응답했으며, 6%는 이것을 인터넷에 올리기까지 했다는 것이었다. 더 좋지 않은 의도를 가지고 있는 경우에는 사생활 침해로 이어졌다. 교사를 "낚는"(cyberbait) 경우에는 심각성은 더 커졌는데, 일부러 교사의 화를 돋운 다음 (화내는 장면을) 휴대폰으로 찍어서 퍼뜨리는 경우가 이에 해당한다.[23] 9만 명을 대상으로 한 국제연구에서는 20%의 교사가 이러한 일이 일어난 적이 있었다고 답했다.[24]

잘못된 휴대폰 사용은 단지 하나의 문제로 존재하지 않는다. 이것은 사이버 괴롭힘과도 연관되어 있으며, 학교 내 전통적 괴롭힘과도 관련되어 있다. 부적절한 휴대폰 사용을 하는 이들은 사이버 괴롭힘을 할 가능성이 보통의 또래보다 더 높으며(일반 학생 15%, 이들은 35%) 전통적 괴롭힘을 할 가능성 또한 보통의 또래보다 높다(일반 학생 18%, 이들은 30%). 전조행동과 비슷하게 좋지 않은 의도를 가지고 사진을 찍거나 채팅을 하는 것은 그리 심각하지 않은 행동으로 보일 수도 있다. 아마도 흘겨보기나 비웃기와 같은 전조행동을 대수롭게 생각하지 않는 이들은 부적절한 디지털 기기 사용 또한 합리화하기 쉬울 것이다.

(2) 교사나 관리자에 대한 사이버 괴롭힘

나는 꽤 많은 아이들이(39%) 별로 좋아하지 않는 교사에 관해 온라인에서 이야기한다는 것을 발견했는데, 이것이 단지 버릇없는 행동인지 아니면 "괴롭힘(bullying)"인지는 여전히 의문이다. 온라인상에서 선생님에 대해 불평하는 것은 그다지 자각 없이 이루어지는 투덜거림에 불과하지만, 학교 복도에서 선생님에 대해 불평하는 것은 어찌됐든 본질적으로 공적인 부분이기도 하다. 이러한 불평의 상대적 심각성은 장소보다는 구체적인 내용에 더 의존한다. 학교 관리자(교장 선생님 등)가 알코올 중독이라거나 아동 학대자라는 명예 훼손적 게시물은 매우 심각하지만, 다른 게시물들은 그저 숙제가 너무 많다는 정도의 일상적 이슈에 대한 불평일 뿐이다. 17% 정도의 학생은 온라인에서 선생님을 웃음거리로 만든 적이 있었으며, 16%는 경멸적으로 이야기한 적이 있었다(헤어스타일이나 목소리 같은 특정한 것을 가지고). 흥미로운 것은 휴대폰 사용을 엄격하게 제한하는 학교일수록 선생님 또는 학교 관리자에 관해 나쁘게 이야기하는 비중도 낮아졌다는 것이다. 휴대폰 사용을 완전히 금지한 경우 15% 정도의 학생들이 그러한 행동을 했고, 부분직 사용을 허용한 경우(점심 시간 등)는 25%로 늘어났다.

이것을 "사이버 괴롭힘"이라고 말할 수 있는가에 관해서는 논란의 여지가 있으나, 일반적으로 괴롭힘 행동과 연관되어 있다고 보인다. 온라인상에서 선생님이나 학교 관리자를 웃음거리로 만들었던 학생들은 역시 또래 가운데서도 사이버 괴롭힘의 가해자가 될 가능성이 높았다(39% vs. 17%). 불특정 다수에 대해 사이버 괴롭힘을 할 가능성 또한 높았다(38% vs. 19%). 어릴 때부터 휴대폰을 사용하는 것, 학교 내 잘못된 휴대폰 사용, 온라인상에서 교사에 대해 나쁘게 말하는 것 등은 결국 또래에 대한 사이버 괴롭힘 및 교내 전통적 괴롭힘과 관련되어 있다.

(3) 더 많은 "온라인" 친구

아마 놀랍겠지만 많은 페이스북 친구를 가지는 것 역시 위험 요소가 될 수 있다. 더 많은 페이스북 친구를 가졌다는 것은 더 많은 사람들에게 정보가 노출되어 있다는 것과 같다. 많은 온라인 친구를 가졌다는 것은 다시 말해 더 많은 눈들이 개인정보를 보고 있다는 것이며, 잠재적으로는 누군가 개인정보를 도용하거나 퍼뜨릴 수도 있다는 가능성을 내포한다. 10대들 사이에서는 온라인 친구가 많다는 것이 위험 요소라기보다는 인기의 반영으로 여겨지기도 하는데, 온라인 친구가 많다고 해서 일반적으로 현실에서 인기가 많은 것은 아니다. 또한 온라인 친구의 수와 디지털 위험 행동 사이에는 어떠한 관계가 있는 것으로 보인다.

대학교 신입생 연구 대상자의 22%는 500명 이상의 온라인 SNS 친구가 있다고 했으며(연구상에서 '많은' 숫자의 온라인 친구), 28%는 200명에서 500명('중간' 정도 숫자의 온라인 친구) 정도를 보고했다. '높은' 숫자의 온라인 친구를 가지고 있다고 응답한 경우 온라인 활동에서 더 위험하다는 특징이 있었다. 예를 들면, '높은' 숫자의 온라인 친구를 가진 경우 50%가 교실에서 휴대폰을 부적절하게 사용한 적이 있었는데, '중간' 정도의 온라인 친구를 가진 경우 23%가 교실에서 휴대폰을 부적절하게 사용한 적이 있다고 대답했다(200명 정도 더 적은 수치이다). '높은' 숫자의 온라인 친구를 가진 경우 역시 사이버 괴롭힘 가해를 할 가능성이 더 높았으며, 사이버 괴롭힘의 피해자가 될 가능성도 약간 더 높았다.

(4) 왜 위험성이 높은 디지털 활동은 전통적 괴롭힘과 사이버 괴롭힘과 연관되어 있는 것일까?

대체로 위험성이 높은 디지털 활동과 사이버 괴롭힘에 가담하는 것은 서로 관계가 있는 것처럼 보이고, 전통적 괴롭힘에 가담하는 것과는 다소 약한 관계가 있는 것처럼 보인다. 미심쩍은 방법들로 디지털 기기를 이용하는 것(예를 들어 온라인에서 선생님을 비난하는 것)에 익숙해지는 것이 더 많은 괴롭힘이나 반사회적인 행동들을 야기한다는 주장은 가능성이 있다. 이러한 주장은 특히 초등학생 시기에 실제로 일어날지도 모른다. 내가 아는 바로는, 미심쩍은 방법을 사용하여 디지털 기기를 이용하는 것이 또 다른 반사회적인 행동들로 연결된다는 주장을 확인할 수 있는 오랜 기간에 걸친 데이터 또는 유용한 자료는 없다. 그러나 Tyler Clementi의 사건은 이와 관련하여 주목받았던 암시적 사건 중 하나라고 볼 수 있다[4] —

Rutgers 대학의 신입생이었던 그는 룸메이트인 Ravi의 웹캠을 몰래 본 다음 날 자살했다. Ian Parker는 그의 논문에서 Ravi가 모르는 사람들을 녹화한 웹캠을 사용하려고 했던 과거 이력에 대한 이야기를 적은 바 있다.[25]

이것이 시사하는 바는 무엇일까? 간단하지만 직접적으로 우리에게 말하고 있다: 첫 번째로, 디지털 리터러시(digital literacy)와 인터넷 안전 교육을 중학교까지 연기시키는 것은 정말로 말도 안 되는 일이다. 지난 5년간 온라인에 접속했던 경험이 있는 11세 아이들에게 그때 가서 디지털 사용 능력에 대해 교육하려고 하는 것은, 아마도 많은 어른들이 얼마나 현실에 뒤쳐져 있는지를 강조하는 것밖에는 되지 않을 것이다. 어린 유년기에 온라인을 사용할 때 나타나는 위험 요소 같은 디지털 문제들에 대해 빨리 논의하지 못하게 됨으로써 우리는 중요한 기회를 놓치고 있다. 온라인상에서의 위험한 행동들과 사이버 괴롭힘 간에 연관성이 존재하기 때문에, 더 넓은 분야의 온라인상의 위험 요소(불법적으로 휴대폰을 사용하거나 온라인상의 사람들을 험담하는 것 같은 주제를 포함하는)들에 대한 논의는 일찍 할수록 더 좋고, 이러한 것들은 학생들을 좋은 방향으로 이끄는 중요한 방법이 될 수도 있을 것이다.

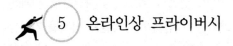

5 온라인상 프라이버시

프라이버시를 디지털 미디어에 적용할 때는 이를 두 가지 주제로 나누어 바라봐야 한다. 첫 번째로, 어린이들이 디지털 세대에서 사적인 상

---

4) (역자주) Tyler Clementi의 자살 사건은 사이버 괴롭힘과 동성애 문제에 관한 사회적 관심을 불러 일으켰다. 당시 룸메이트였던 Ravi는 다른 남자와 키스하는 Tyler의 모습을 촬영하였고 이러한 사실을 트위터에 올렸다. Tyler는 이러한 사실을 알고 2010년 9월 투신자살하였다.

태를 유지하는 방법에 대해 얼마나 잘 이해하고 있는가에 대한 것이고, 두 번째로는, 이것이 왜 바람직한 목표인지에 대한 그들의 이해에 관한 것이다. 많은 연구 대상자들은, 적어도 어느 정도까지는, 사생활을 보호하는 방법에 대해 이해하는 것처럼 보였다. 전반적으로, 대학교 신입생 연구 대상자들 중 54%는 부모와 인터넷에서의 프라이버시와 왜 그것이 문제가 되는지에 대해서 이야기를 나눠 왔다고 대답했다. 또한, 이 연구 대상자들은 그들의 페이스북 프로필을 나만 보기(private)로 설정하는 경향이 있었다(다른 연구 대상자들은 69%였으나 이들은 86%의 비율이었다)(온라인상의 친구 중 누군가가 개인적인 정보 중에 어떤 정보이든 공개적으로 퍼뜨릴 수 있기 때문에, SNS에서의 프로필을 "나만 보기"로 한다고 해서 얼마만큼이나 보호될지는 의문이다. 그러나 이런 시도를 한다는 것은 적어도 그 위험성에 대해서 충분히 인지하고 있다는 것을 나타낸다).

내가 연구 대상자들에게 온라인상의 프라이버시에 대한 일반적인 질문들을 했을 때, 그들은 사진을 복사하여 재배포하는 것이 얼마나 쉬운지에 대해서, 또는 게시물이 페이스북에 의도치 않은 상대방에게 공개될 수도 있다는 것에 대해서 정확하게 대답했다. 사생활과 관련된 지식의 부족함은 특정 집단에 결집되어 있었는데, 이 집단은 견고한 소수 집단이며, 약 33%에 해당했다. 예를 들어, 연구 대상자의 1/3가량은 사진들을 다시 배포하는 것이 얼마나 간단한 일인지 잘 모르는 것처럼 보였다. 또 다른 1/3은 페이스북에서 우연히 게시된 사진을 볼 가능성은 거의 없거나 있어도 높지 않을 것이라고 했다. 또한, 비슷한 비율(32%)의 연구 대상자들은 그들의 비밀번호 또는 로그인 정보를 타인에게 공개한 적이 있다고 대답했다. 남학생(23%)과 비교했을 때 여학생(35%)들이 비밀번호를 더 많이 공유하는 경향이 있었다.[26]

또한 온라인상의 프라이버시가 얼마나 중요한지 그 중요성에 대해서 상당히 모르는 소수 집단도 있었다. 약 30%의 연구 대상자들은 그들이 "걱정할 만한 개인정보를 갖고 있지 않다"라고 느꼈다(청소년기에 흔히 보이는 "나한테는 일어나지 않아"라는 인식[5]의 일부분일 것이다). 오직 29%의 연구 대상자들만이 마케팅 회사들이 어떻게 자신의 정보를 파악하고 축적하고 있는지에 대해서 걱정된다고 했다. 또한 연구 대상자 중 37%는 그들의 개인정보가 미래에 주어질 기회를 위태롭게 할 수도 있을 것이라고 생각했다(이 세대가 성인기로 성장하면서, 어떤 것이 정말로 위태로울지를 지켜보는 것은 흥미로울 것이다). 마지막으로, 이 대학교 신입생 연구의 약 10%의 대상자들은 이 조사 이전에 이러한 주제들에 대해서 생각해 본 적이 전혀 없다고 했다.

1) 사이버 괴롭힘, 프라이버시에 대한 둔감성 그리고 남학생들

프라이버시에 대한 무지가 사이버 괴롭힘을 초래할 수도 있다고 말하는 것은 어쩌면 과장일지 모른다. 전반적으로, 부모와 온라인 프라이버시에 대해 대화했던 연구 대상자들과 그런 대화를 한 적이 없는 연구 대상자들은 사이버 괴롭힘의 가해자가 될 가능성은 같았다. 온라인에서 사신의 프로필을 나만 보기로 설정했던 연구 대상자들은 사이버 괴롭힘의 가해자 또는 피해자가 될 가능성이 그렇지 않은 학생들과 비교했을 때도 동일했다. 그러나 성별에 대한 차이점은 몇 가지 존재했다. 남학생들 사이에서는, 사이버 괴롭힘의 가·피해자들은 그들의 프로필을 나만 보기로 바꾸는 경향이 더 적었고, 디지털 사진이 퍼질 확률은 매우 적다고 믿는 경향이 더 컸다(여학생 9%, 남학생 33%의 피해자들이 대답했다). 여학생들에게서는 같은 결과가 나타나지 않았다. 그러므로 만약 사이버 괴롭힘과 사생활에 대한 무관심이 관련이 있다면, 이것은 여학생들보다 남학생들에게 더 적합한 설명일 것이다.

---

5) (역자주) David Elkind는 위험 행동을 하면서도 그 행동의 치명적 결과가 자신에게는 일어나지 않을 것이라는 청소년의 비현실적인 특성을 "청소년의 자기중심성"이란 용어로 개념화하였다. 이러한 사고는 자신이 경험하는 세계는 다른 사람과 근본적으로 다르다고 믿는 다소 비현실적이고 자기 중심적인 사고의 특징 때문에 발생한다. 이러한 자기중심적 사고로 인해 청소년의 위험 행동은 증가하는 경향이 있다.

2) 친구들 대신에 유튜브(YouTube) 또는 폼스프링(Formspring)에 털어놓는 것

디지털상에서 발생하는 위험을 야기하는 마지막 유형은 개인이 스스로를 불필요하게 비판이나 욕설에 노출시킬 때 발생한다. 이것은 인터넷 이용자(internet audience)들이 친구들 또는 가족의 역할을 대신할 때 일어나는 것으로 보인다. 친구 관계와 가족 관계는 우리의 삶에서 특별한 부분이다. 이들은 우리가 정서적으로 최적의 상태를 위해 필요로 하는 지지, 애정, 친밀감을 준다. 이러한 관계는 당신이 진실을 들을 필요가 있을 때 진실을 말할 수 있는 사람이 있다는 점에서 중요하다. 이 사람은 당신에게 정직하고, 당신의 감정을 다치게 하거나 그들 자신 또는 다른 사람에게 단지 즐거움만을 주려고 하는 일은 없을 것이다. 당신이 신뢰하는 사람에게 취약함을 드러냈을 때 상대방이 그에 대해 지지를 하는 과정은 인간과 인간의 상호작용을 발달시키는 데 도움을 줄 수 있다.

그러나 당신에게 가장 중요한 사람들로부터 진솔한 피드백을 요구하는 것에는 문제점이 있을 수도 있다. 무엇보다 일단 약점이 노출되면, 절친한 친구도 믿어 왔던 친구를 공격할 수 있다. 또한 우리는 사람들이 우리 자신을 좋게 생각해 주기를 바라기 때문에, 우리 자신의 결점이 지적당하는 것을 두려워할 수 있다. 어쩌면 예상대로, 이로 인해 10대 초반 및 10대 학생들이 가족이나 친구가 아닌 낯선 사람들에게 온라인에서 민감한 질문을 물어보는 상황이 발생할 수도 있다. 예를 들어, 10대 초반의 여학생이 유튜브에 "나 예쁜가요?"라고 물어볼 수도 있다. 2011년과 2012년, 몇몇의 언론 매체에서는 어린 소녀들이 자신의 모습을 담은 영상을 게재하여 자기가 정말 예쁜지 또는 못생겼는지 이용자들에게 하소연하듯 묻는 상황이 빈번하다는 점을 보도했다.[27] 그러한 비디오 중 적어도 한 개의 영상은 가짜/장난임(hoax)이 드러났었고, 합법적인 게시물에 대해 남긴 많은 댓글들은 영상 속 인물을 지지하거나 솔직한 의견을 반영하는 적어도 수긍할 만한 내용들이 많았다. 그럼에도 불구하고, 그런 민감한 질문들을 공개적으로 한다는 것은 꽤 많은 수의 모욕적인 댓글들을 수반하게 된다. 전형적인 영상들에 대한 반응들의 예는 다음과 같다(괄호 안의 해석을 참고해라).

- 진지하게...자신에게 만족하는 게 명백한데 왜 당신이 예쁜지 아닌지 말해 줄 사람이 필요한 건지 모르겠네요. 자만하는 건 그만하고 나잇값을 하시길. (: 어쨌든... 예뻐요.
- ㅇㅣ쁘ㄴㅔ. 그런데 ㄴㅓ 관sim 받고 싶은 ㄱㅓㅈㅣ?(예쁘게 생겼어요. 하지만 당신 칭찬받고 싶어서 이거 올린 것이죠?)
- 못생긴 계집애.
- 관심병 걸린 애야, 엄청/겁나 못생겼네.
- 뭐래/저기요???? 내가 생각하기엔 저 여자 못생긴 거 같아. 그러니 꺼지길.
- 예쁘다는 거 *알고* 있잖아요. 칭찬받고 싶어서 이 영상 올린 것이군요...
- 다른 사람들 말은 듣지 마세요. 질투하는 거예요. 그런데 왜 이런 영상 올리는 건가요? 남들이 어떻게 생각하는지가 중요한 게 아니잖아요.
- 이 영상의 제목을 "도대체 몇 번 얘기해야 해. 그게 나라니까!"로 해야 할 듯.
- 악플러들은 무시하세요!
- 정말 예쁘세요. 저 사람들은 당신을 질투하네요.

언뜻 보기에, 인터넷에서 낯선 사람들에게 자신의 취약성을 드러내는 것이 이상하게 보이지만, 이런 글의 작성자들은 피드백의 질을 고려하기보다는 (아마도) 익명성에 기반한 댓글들이 보다 객관적일 수 있다고 생각하여 이런 의견들을 더욱 중요하게 생각하는 경향이 있는 것으로 보인다. 결국에는 친구들(또는 가족들)보다는 온라인에서 비밀을 털어놓기로 선택하는 행동은 신뢰를 쌓는 상호작용이 그 안에는 부재하기 때문에 이론적으로 개인적인 관계를 약화시킬 수 있다. 내가 이론적이라고 표현한 이유는 지금까지 이 주제에 대해서 실행된 연구를 아는 바가 없기 때문이다.

이런 경향은 폼스프링에서도 찾아볼 수 있다. 이 소셜 네트워크 사이트에서는 모든 사용자들이 익명으로 다른 사람들에게 질문 또는 글을 올릴 수 있다. 대학교 신입생을 대상으로 한 연구에서 1/3(33%)가량이 폼스프링의 계정이 있다고 밝혔고, 사용자들의 66%는 폼스프링을 이용하는 것을 좋아한다고 밝혔으며, "폼스프링이 없으면 허전해요"라고 대답했다. 그러나 계정을 갖고 있는 사람들 중에서 2/3는 모욕적인 글을 받아 본 적이 있다고 보고했다. 이런 메시지를 받아 봤다고 응답한 대상자들 중에서 54%는 그 사이트의 익명성에도 불구하고 누가 그런 글을 올렸는지 안다고(또는 그들이 알고 있다고 믿는다) 말했다. 또한 사용자의 48%가 "익명이 보장되고 내가 원하는 것을 무엇이든지 말할 수 있어서" 폼스프링을 좋아한다고 응답하였다.

왜 10대들은 개인적인 질문을 유튜브나 폼스프링 등에 올려 모욕적인 상황에 스스로를 노출시키는 것일까? 자신에 대한 질문을 다른 사람에게 드러내는 위험을 피하기 위해 그럴 수 있지만, 그 이외에도 이것은 기회와 관련된 문제라고 생각한다. 내가 추측하는 바로는 어느 세대이건 어린 소녀들에게 기회가 주어졌다면, 그들은 이런 질문들을 인터넷에 공공연히 물어봤을 것이다. 이는 그들의 불안을 친구들과 의논함으로써 스스로를 취약하게 만드는 것보다 더 끌리는 일일 수 있다. 만약 우리가 학생들에게 이런 이슈들에 대해 고민하고 토론해 볼 것을 요구한다면, 이들은 더 큰 경각심을 가짐에 따라 가족과 친지 대신 낯선 이들에게 예민한 질문을 하였을 때 유발되는 단점에 대해 더욱 잘 인지하게 될 것이다.

이 장을 토대로 나는 모든 10대들을 사이버상의 괴물들로 묘사했다는 비판을 받을 수도 있을 것이다. 비록 미디어가 전달하는 이야기 중 다수는 아동들이 온라인에서 심각하게 위험한 행동들을 벌이고 있다는 내용들이지만 이런 문제들에도 불구하고, 내 연구 대상자였던 학생들의 대부분은 이 장에 소개되었던 큰 위험이 따르는 디지털상의 행동에 관여하지 않았다. 하지만 아동·청소년이 섹스팅, 자기-사이버 괴롭힘 또는 휴대폰의 불법적 사용에 관여하고, 온라인 프라이버시에 관한 지식이 부족할 때 위험하다는 것은 의심의 여지가 없을 것이다. 이런 행동들이 얼마나 흔한 일인지, 그리고 얼마나 빈번하게 사람들에게 피해를 주는지를 파악하는 것은 미래에 진행될 연구에 달려 있을 것이다. 전통적 괴롭힘과 사이버 괴롭힘을 논하면서 왜 내가 위험을 야기하는 행동, 그 자체는 괴롭힘의 원인이 아님에도 불구하고 이에 대해 언급했는지에 대해 의아하게 생각하는 사람이 있을지도 모르겠다. 그러나 온라인상의 위험을 수반하는 행동을 했던 사람들을 보면 한 가지 패턴이 드러난다. 내 연구 결과 이러한 행동은 사이버 괴롭힘(가해자와 피해자 모두)과 관련이 있다는 점이다. 디지털상의 위험을 수반하는 행동들은 일반적으로 괴롭힘과 연관이 있었다. 이런 행동들은, 더 연구가 진행된다면, 전조행동으로 나타날 수도 있기 때문에 중요하다. 아마도 우리는 최종적으로는 위험한 사이버 행동들이 사이버 괴롭힘이 일어나는 수단으로서 작용할 수 있다는 점을 인지하게 될 것이다. 지금으로서는, 이것들이 잠재적으로 위험한 행동들이고 성인들이 디지털 기술을 사용하는 학생에게 조금 더 주의를 기울여야 한다는 점을 우리에게 시사하고 있다는 정도로 인식할 수 있을 것이다.

지금까지 살펴본 것들은 우리를 다음의 질문으로 이끌 수 있다. 전통적 괴롭힘과 사이버 괴롭힘의 뚜렷한 유형에 대해서 우리는 어떻게 주의를 기울여야 하며, 또 어떻게 반응해야 하는 것일까? 바로 다음 장에서 우리는 전통적 괴롭힘과 사이버 괴롭힘 예방—무엇을 해야 하는지—과 관련된 구체적인 측면을 탐색해 보기 시작할 것이다. 채널 고정!

괴롭힘에 효과적으로 대응하기

"9초 대응" 그리고
그 밖의 비공식적, 공식적인 전략들

제6장

괴롭힘에 효과적으로 대응하기

"9초 대응" 그리고
그 밖의 비공식적, 공식적인 전략들

1980년대에는(1990년대 초반에도) 미국의 주요 도시에서 폭력 범죄와 재산 범죄가 꾸준히 증가했다(실제로, 나는 이러한 범죄의 증가 때문에 대학원에서 폭력과 학대를 공부하기 시작했다). 하지만 이렇게 범죄가 증가하는 동안 뉴욕시는 지속적인 폭력과 정신 질환에 대해 적절치 못한 대처를 하고 있어서 치안이 좋지 않다는 악명이 높았다. 그래서 뉴욕시는 새로운 전략을 도입했는데, 이 전략은 이례적으로 성공적이었다. 이 전략은 "깨진 유리창(broken windows)" 이론이라 불리는 사회학 이론에 근거하고 있는데 이 이론에 따라 뉴욕의 경찰관들은 가장 심각한 범죄에만 자원을 투입하던 방식(충분히 이해할 수 있는 전략이다)을 멈추었다. 대신에 자원의 일부를 **훨씬 덜** 심각한(하지만 분명히 가시적인) 범죄 ─ 범죄의 전조행동 ─ 와 지역 사회의 안녕에 활용하기 시작했다.[1] 경찰들은 벽의 낙서(graffiti writing)와 깨진 창문을 개선하였다. 도로를 순찰하며 지역 경비를 재정비하였으며, 시민들과 소통하면서 지역 사회가 평화로워질 것이라는 경찰의 기대를 시민들에게 전달하였다. 이후 몇 년 동안 미국 전반에 걸쳐서 범죄가 감소하기는 했지만, 뉴욕시의 ("깨진 유리창 이론"을 적용한 다른 도시에서도)

범죄의 감소는 매우 인상적인 수준이었다. 전략은 성공적이었다. 이처럼 반사회적 행동을 감소시키고 싶다면 지역 사회 구성원들과 긴밀한 관계를 맺고 소통해야 한다. 일관성 있는 방식으로 그들에게 기대하는 바를 효과적으로 전달해야 하며 더 심각한 문제가 발생하기 이전에 경미한 사건들을 미리 다루어야 한다.

미국의 여러 도시들은 범죄율을 감소시키기 위해 지역 경비와 범죄 감소에 대한 기대들을 사용하여 합리적인 안전 수준에까지 도달할 수 있었지만, 현재 학교는 이러한 수준에 도달하지 못하고 있다. 하지만 깨진 유리창 이론은 괴롭힘의 분야에도 적용될 수 있을 것이다. 신체적이고 물리적인 폭력의 경우는 학교가 기대하는 바가 학생에게 잘 전달되었지만, 내가 관여했던 상당수의 학교에서는 심리적 괴롭힘의 경우 이러한 기대가 잘 전달되지 못했다. 신체적 폭력이 절대로 허용되지 않는다는 메시지를 강조하는 것은 좋지만, 우리가 살펴보았듯이 대부분의 괴롭힘은 더이상 신체적인 괴롭힘만이 아니다. 따라서 우리가 괴롭힘 문제에 대응할 때 제일 먼저 다뤄야 하는 것은 전조행동과 온라인 행동을 통해 발생하는 괴롭힘이다.

 ## 1 전조행동에 반응하기

1장에서 언급했듯이, 전조행동이란 상대에게 모욕감을 주고 지배하기 위한 행동으로 사회적으로 부적절한 행동들을 말한다 — 특정 사람 앞에서 그에 대한 욕하기, 대놓고 비웃기, 눈을 흘기기, 무시하기, 놀리기, 절교하라고 부추기는 행동 등이 여기에 해당한다. 요즘의 아동들은 다른 아동을 괴롭힐 때 신체적 폭력이 아니라 이러한 전조행동을 사용한다.[2] 이러한 행동들은 학교에서 정해 놓은 규칙을 어기는 것도 아니고 성인들이 있는 경우에도 허용되기 때문에 괴롭힘의 측면에서 장점을 지닌 행동이다. 이러한 전조행동은 매우 파악하기 어려운 측면이 있다: 전조행동은 단순히 놀리기 위해 사용되기도 하고, 딱 한 번만 짓궂은 행동을 하기 위해 사용되기도 하며, 상대를 괴롭히기 위해 사용되기도 한다. 당신이 이러한 행동을 알아차릴 수 있는 전문가라 할지라도, 이러한 행동이 **왜** 사용되는지를 파악하는 것은 힘들 것이다. 두 남학생이 제3자를 비웃고 있을 때 처음으로 비웃은 것인지, 아니면 수차례 반복된 행동인지 분별할 수 있는 확실한 방법은 없다. 이처럼 당신이 목격하는 행동이 무엇인지 명확하지 않다면 우리는 어떻게 대응해야 하는가?

현장에서 이러한 전조행동을 목격하는 어른들은 잠시 멈칫하고 어찌된 상황인지를 파악하려고 할 수 있다: "어쩌면 그 아이가 그냥 장난치는 것일 수 있어, 아니면 그냥 지나가면서 하는 행동일 수도 있고, 어찌되었든 사소한 짓궂음이겠지." 만약에 그들이 목격하는 것이 명확하게 괴롭힘이라면 — 예를 들어 분명한 협박이라면 — 어른들은 자신이 대응해야만 한다는 것을 알 수 있다. 하지만 만약 어른이 부적절한 행동을 봤는데, 그 행동이 괴롭힘인지 아닌지를 분별할 수 없다면 개입했을 때 오히려 상황이 안 좋아질 수도 있다고 생각할 수 있다. 이러한 상황은 흔히 볼 수 있다. 2011년에 대학교 신입생들을 대상으로 한 나의 연구에서, 응답자들은 전조행동을 통해 이루어지는 괴롭힘의 경우 어른들은 보다 명백한 행동(예를 들어, 신체적 싸움)을 통한 괴롭힘에 비해 절반 정도만 대응한다고 응답했다.[3] 하지만 실망할 필요는 없다. 당신이 목격한 것에 대해 정확하게 판단하기 어렵더라도 대응할 수 있는 방법들은 존재한다.

1) 당신의 목표

당신이 목격한 행동이 단순히 놀리기 위한 것인지, 괴롭히기 위한 것인지 또는 한 번만 짓궂은 행동을 하는 것인지에 상관없이, 전조행동에 반응하는 당신의 목표는 단순하다. 학생들로 하여금 그들이 항상 합리적이고 바르며 서로를 배려하는 행동을 하기를 기대한다는 메시지를 이해시키는 것이다. 물론 이런 행동은 그들이 화가 났을 때, 감정이 상했을 때 또는 심지어 어떤 사람이 정떨어지는 행동을 하거나, 짜증나게 할 때도 기대된다. 상대가 지긋지긋하거나 짜증이 난다고 해서 자신이 원하는 대로 행동할 수 있는 것은 아니기 때문이다.

만약에 전조행동(모욕감을 주는 무례한 사회적 행동)을 목격했을 때 가해학생의 동기를 반드시 파악해야 되는 것은 아니다(예, 놀리는 것인지 아니면 괴롭힘인지 파악하기). 여러분이 파악해야 하는 것은 부적절한 사회적 행동이 발생했는지의 여부이다. 그 순간에는 당신의 민감한 측면을 잠시 접어두고, 가해학생의 동기도 무시해라. 만약 필요하다면 가해학생의 동기는 나중에 파악해도 된다.

2) 대응은 하지만, 반드시 보고할 필요는 없다.

전조행동에 대응할 때, 항상 공식적인 규율을 따르지는 않아도 된다는 것을 인식하는 것은 중요하다. 공식적인 규율은 명백한 괴롭힘을 다루는 데는 매우 효과적이다. 하지만 전조행동처럼 규칙 위반이 아니면서 괴롭힘일 수도 아닐 수도 있는 행동에 공식적인 규율을 적용하는 것은 한계가 있다.[4] 그뿐만 아니라 놀림이나 모든 사소한 짓궂은 말에 공식적인 규율을 적용하는 것은 지나칠 뿐 아니라 가능하지도 않다. 당신에게 필요한 것은 공식적 규율을 적용해야 하는 상황까지 가기 전에 사용할 수 있는 대응이다. 또한 이 대응 방식은 상대를 지나치게 놀리거나 가끔 악의적으로 던지는 짓궂은 말과 행동에도 적합해야 한다.

오늘날 괴롭힘 가해자들이 사용하는 대부분의 행동에 대해 공식적인 규율로 대처하는 것은 부적절하다. 하지만 한 아동이 반복적으로 짓궂은 행동을 하는 것을 본다면, 특히 동일한 대상에게 그런다면, 당신은 계속해서 대응해야 하며 다음 단계로 진입해야 한다. 다음 두 가지의 경우는 반드시 공식적으로 보고해야 한다: (a) 괴롭힘이 의심되고 — 이런 행동이 일회적인 사건이 아닌 경우 그리고 (b) 학생에게 무례한 행동을 그만하라고 했는데도 불구하고 그 학생이 당신을 무시하고 계속하는 경우이다. 이러한 두 가지 경우는 모두 공식적 규율을 적용해야 한다.

2 9초 대응법

만약 당신이 전조행동을 학교의 심리적 분위기상 "쓰레기" 같은 것이라고 생각한다면 그에 대한 대응은 다른 종류의 버려진 쓰레기들에 대한 대응과 같을 것이다. 쓰레기에 대처하는 유일한 방법은 버려진 쓰레기를 보면 학교에 있는 모두가 불쾌할 수 있기 때문에 바닥에 쓰레기를 버리는 것은 옳지 않다는 것을 모두가 확실히 아는 것이다. 각각은 작은 문제에 불과하지만 그것들이 축적되면 학교의 심리적 풍토를 완전히 바꿀 수 있다는 점에서 전조행동은 쓰레기와 비슷하다. 종이 쓰레기같이 전조행동을 다루는 방법은 모두가 학교의 풍토와 관련된 역할과 몫이 있으므로 심리적 쓰레기가 학교에 나뒹구는 것이 좋지 않다는 점에 대해 함께 논의해 보는 것이다. 만약 어떤 학생이 종이를 뭉쳐서 바닥에 버리는 것을 보았다면 당신은 그가 그것을 의도적으로 했는지 아니면 이번 한 번만 그런 것인지에 대해 계속 생각하기보다는 종이를 당장 주우라고 말할 것이다. 당신은 같은 공간을 함께 공유하고 살아가야 하는 다른 사람들과 자기 자신 모두를 위한 사회적 공익을 강조하는 것이다.

이러한 접근에 근거하여 나는 몇 가지 장점이 있는 전조행동의 대응 모형을 개발했다. 이것은 빠르고, 실행하기 쉬우며, 모두가 이해할 수 있고, 괴롭힘을 피해 대상만의 책임이 아니라 전체 공동체의 책임으로 여길 수 있게 하는 방법이다. 그리고 이 방법은 반박과 말다툼의 여지도 없다. 이 방법으로 '내가 그랬다고 증명할 수 있어요?'라고 배짱을 부리는 상황에 맞닥뜨리는 것을 피할 수 있고(때때로 학생이나 부모님에 의해 제기됨), 우연히 쓰레기를 버린 사람에게 평생 따라다닐 낙인을 찍지 않고도 괴롭힘 행동을 다룰 수 있다. 가장 중요한 것은 이 대응법은 당신의 대응을 접한 모든 학생에게 당신이 기대하는 바가 무엇인지 정확하게 전달할 것이라는 점이다.

1) 1단계: 전조행동에 지속적으로 주의를 기울인다.

대응할 때 가장 어려운 부분이 바로 이 부분인데, 모든 킥킥거림이나 눈흘김에 대응해야 한다는 생각은 사실 좋게 말하자면 아주 힘들고 최악의 경우에는 불가능하기 때문이다. 하지만 이러한 기대치를 설정한 것의 목적은 당신이 위반 행위를 계속 지적하게 하려는 것이 아니라 학생들의 행동을 바꿔서 그러한 위반 행위가 더 이상 일어나지 않도록 하기 위한 것임을 기억하라. 당신이 아이들의 행동에 대해 기대하는 바를 아이들이 명확하게 이해했을 때 대부분의 아이들은 그것(너무 많은 문제를 갖고 있는 아이들은 제외하고)을 따를 것이다. 다시 말하자면, 계속해서 주의하고 대응한다면 오랜 시간이 걸리지 않을 것이다. 내가 가까이에서 함께 일해 본 한 고등학교 교사는 매년 새 학년이 시작되는 9월 한 달 동안은 그 일을 끈기 있게 잘 처리해야 하지만 그 뒤부터는 아이들이 사정을 알고 대부분 그런 행동을 그만둔다는 점에 대해 이야기 한 적이 있다(적어도 교사가 있는 동안은— 이에 대해서는 나중에 더 이야기할 것이다).

청소년 집단과 이야기를 나누었을 때 그들은 나에게 어떤 어른은 그러한 일에 항상 주의를 기울이며 대응을 하고, 어떤 어른은 그렇지 않은지를 언제나 알고 있다고 말했고, 그에 따라 그들도 자신들의 행동을 적절하게 조정한다고 말했다. 다행인 것은 자주 피해 대상이 되었던 한 여학생은 교사가 전조행동에 대한 대응에 실패한 적이 없었던 학급이 얼마나 좋았는지에 대해 나에게 말해 주었다. 그 학생은 그 학급에서 자신의 주의를 25%나 끌었던 다른 학생들의 공격에 신경을 쓸 필요가 없었다며 자신이 그러한 환경에서 얼마나 안전감을 느꼈는지에 대해 이야기해 주었다.

2) 2단계: 그 영향을 인정하면서 대응한다.

이제 쉬운 부분인데, 당신이 한 번 인지하고 나면 대응은 단순하고 쉽다. 당신이 다른 아이에게 경멸적이거나 무례하게 행동하고 있는 아이를 보았을 때, 그저 문제가 되는 행동을 하는 아이에게 당신이 — 당하고 있는 아이가 아니라 — 그 행동 때문에 불쾌하고 신경 쓰이기 때문에 그만하라고 말하면 된다. 그것이 전부이다! 내가 이것을 9초 대응법이라고 칭했지만 시간을 재 보면 5초 정도밖에 안 걸리는데, 이는 이렇게 대응하는 데 익숙하지 않을 경우 마음을 먹는 데 4초 정도 더 걸릴 수 있기 때문이다. 이렇게 하는 데 익숙한 교사들은 그들이 3~4초 안에 대응할 수 있었다고 내게 말했다.

여기서 결정적인 부분은 대상이 받은 피해("그것 때문에 크리스틴이 어떻게 느꼈을 것 같니?")에 대해서 강조하지 않는 것이다. 그들은 아마도 크리스틴이 그로 인해 어떤 느낌을 받았을지 정확하게 알고 있을 것이다. 피해학생이 느낀 감정에 대해 이야기함으로써 책임을 떠넘기는 것은 또한 피해학생을 매우 불편하게 만들 수 있고 차후에 가해학생이 피해학생에게 앙갚음을 할 가능성을 높일 수도 있다. 이러한 반응 대신에 당신은 당신 자신과 전체 학교 공동체의 피해를 강조하면 된다. 만약 잔혹한 발언이나 행동을 당한 피해학생이 아직 옆에 있다면, 당신은 정말로 피해학생이 문제가 아님을 암시하기 위해서 그 아이에게 비켜 있으라고 요청할 수도 있다. 필요하다면 당신은 언제든지 나중에 피해 대상과 이야기를 나눌 수도 있다. 하지만 그 순간 당신은 사회적으로 잔혹한 행동들이 학교 분위기를 망쳐서 전체 학교에 영향을 끼친다는 메시지를 그들에게 납득시켜야 한다. 그리고 상처에 대한 책임을 짊어지는 것은 피해자의 과제가 아니라는 점을 분명히 해야 한다.

몇몇 교육자들은 공동체의 규범(예, "우리는 여기서 그런 것을 하지 않는다!")을 강조하는 것을 선호하지만, 나는 그러한 넓고 개념적인 주장은 가해학생에게 개인적으로 당신이 그들의 행동 때문에 해를 입었다고 말하는 것보다 덜 효과적이라고 생각한다. 당신이 직접적으로 영향을 입었다는 (불쾌하다, 신경 쓰인다) 사실은 전조행동이 단순히 추상적으로 사람들에게 해를 입히는 것이 아니라는 메시지를 강조한다. 전조행동을 하는 사람들은 학교 공동체에 정말로 유해하며, 그러한 행동을 금지할 사회적 규칙은 매우 타당한 이유가 될 수 있다. 이러한 행동에 관여한 대부분의 아이들은 피해학생에게 상처를 입히는 것에만 집중하였고, 그들이 훨씬 더 부정적인 영향을 미칠 수 있다고는 생각하지 못했다.

몇몇 여학생들이 조금 떨어져서 서 있는 다른 학생에 대해 속닥거리고 킥킥대고 있고, 해당 학생은 개의치 않는 척 애쓰는 상황을 생각해 보라. 이 상황에서 당신의 대응은:

"애들아, 잠깐만. 너희가 무슨 이야기를 하고 있는지는 모르겠지만 면전에서 그 사람에 대해 속닥거리는 것은 옳지 않아. 그건 매우 경솔한 행동이고 나는 그게 너무 신경 쓰여. 지금 바로 그만두렴."

이렇게 말을 할 때, 당신은 단호한 표정을 지으면서 말할 수 있다. 시간적 여유가 된다면 잠시 멈춰 서서 킥킥대던 학생들이 흩어지거나 그만둘 때까지 주의 깊게 지켜보는 것이 가장 좋을 것이다.

3) 9초 대응법과 관련된 잠재적인 문제들

자, 이것이 끝이 아니다. 만약 당신이 어려운 상황을 해결할 효과적인 방법에 대해 생각해 본 적이 있다면 현실은 생각 이상으로 복잡하다는 사실에 동의할 것이다. 9초 대응법의 이론은 단순하면서도, 실제로는 복잡한 사람들의 상호작용에서 유연하게 대응할 수 있도록 설계되었다. 지금부터는 제기될 수 있는 질문이나 문제점들에 대해 짚어 보고 이에 대해 어떻게 대처할 것인지를 살펴볼 것이다.

(1) 학생들이 단순히 "아뇨, 우린 그러지 않았는데요"라고 대응한다면,

이런 대답을 들을 가능성이 꽤 높다. 당신이 해야 할 최선의 대응은 쉽다 — 목적을 다시 생각해 보라: 그들이 사회적 행동에 대한 당신의 기대를 알도록 하는 것이다.

"그렇다면 다행이구나. 다른 사람 앞에서 그 사람에 대해서 이
야기하거나 비웃는 건 정말 불쾌한 일이거든. 너희가 그러지 않았다
면 우리가 이런 이야기를 다시 나눌 일은 없겠구나!"

자, 이것이 요점이다: "너희가 그랬지"/"아뇨, 우린 그러지 않았는데
요" 같은 논쟁이 벌어질 상황에 연루되지 않아야 한다. 만약 그들이 자신
들은 그러지 않았다고 말한다면 그들을 믿어 주되(적어도 믿는 것처럼 보여
주고), 어떻게 해서든지 당신의 의도를 강조하라. 그들이 이에 대해 이의
를 제기하더라도 상관없다. 왜냐하면 당신은 당사자를 포함해 그 말을 들
은 아이들 모두에게 면전에서 어떤 사람에 대해 이야기하거나 비웃는 것
을 무례하고 용납할 수 없는 행동이라고 생각한다는 것을 가르쳐 준 것이
기 때문이다. 계속 그렇게 하다 보면 일반적으로 그들은 당신의 앞에서
이런 행동을 하지 않게 될 것이다.

**(2) 그들이 이렇게 "나는 선생님에 대해 이야기하지 않았는데, 선생님이
무슨 상관이세요?"라고 대응한다면,**

이런 말은 정말 좋은 기회를 의미하는데, 당신은 이렇게 설명해 줄
수 있기 때문이다. 사람들이 경솔하거나 무례하고 짓궂은(당신은 여기서 놀
란 척을 할 수도 있다) 행동을 했을 때, 피해자뿐만 아니라 모든 사람에게
피해를 줄 것이라고 설명할 수 있다. 당신은 그들이 당신에 대해 속닥거
리지 않았음을 알지만, 이것이 중요한 것이 아니라 그 행동은 그 행동을
보는 모든 사람들을 속상하게 한다는 것에 대해 지적하라. 이 점이 바로
우리가 다른 사람 앞에서 속닥거리는 행동을 왜 "무례"하다고 하는지 그
리고 사회적 규칙으로 이 행동을 금하는지에 대한 이유이다.

**(3) 만일 그들이 실제로 어떤 사람을 비난하듯이 웃거나 키득거리지 않았
다면,**

소곤거리거나 키득거리고 웃는 행동은 오해할 소지가 거의 없지만,

정말 드물게 당신이 오해를 했거나 그들이 적절하지 않은 행동을 진짜로 하지 않았던 상황이었다 하더라도 당신에게 피해는 없다. 당신은 단순히 그들이 하지 않았음에도 불구하고 당신이 했다고 생각하는 일에 대한 감정을 표현한 것이다. 당신이 원한다면 당신이 의심한 것에 대해 (간단하게) 사과를 할 수도 있다. 학생들에게는 어떠한 벌도 부과되지 않으며 어느 누구도 위신이 떨어지거나, 신뢰를 잃거나, 묵살당하지 않았다. 당신은 단지 잘못된 행동의 가능성만을 언급했기 때문에, 그것 자체는 아이들에게 전혀 피해를 입히지 않는다. 아이들이 성장하면서 그들이 실제로 하지 않은 행동에 대해 하지 말라는 말을 한 번도 안 들어 본 적은 없었을 것이다.

비록 9초의 대응으로 인해 당신은 "그 행동을 멈춰"라고 근엄한 눈빛으로 말하게 되겠지만, 그러한 말이 너무 긴 논쟁이나 지루한 연설로 이어져서는 안 된다. 만일 그들이 그런 행동을 하지 않았다고 한다면, 당신은 그저 알겠다고 답하면서 그 부분에 대해서 논쟁해서는 안 된다. 이것은 말다툼이 아니다. 비록 당신이 틀렸다고 할지라도 당신은 여전히 좋지 않은 행동들이 발생하지 않도록 최선을 다하고 있는 것이다. 왜냐하면 당신은 여전히 이 상황을 사회적 기대를 가르칠 수 있는 기회로 사용하고 있기 때문이다.

(4) 나는 항상 그러한 행동을 보고 있는데, 그때마다 매번 내가 "불쾌하게 느끼고 있는지" 확실치 않다. 그렇다면 어떻게 해야 할까?

이러한 행동은 익숙해지기 쉽고, 시간이 지나면 충격이 덜해지는 것이 자연스러운 일이다. 하지만 이것은 그러한 무례한 행동들이 단순히 부당한 대우를 받는 대상뿐만 아니라 학교 전체 모든 사람들에게 부정적인 영향을 미친다는 증거이기도 하다. 한 연구에서는 방관자들이 괴롭힘 가해자나 피해자와 마찬가지로 (또는 더욱) 괴롭힘 행동에 대해 부정적인 영향을 받았다고 언급했다.[5] 9초 대응의 목적은 이러한 상황으로부터 발생한 심리적 잔해들을 제거하고 모든 사람에게 이익을 주는 것이다. 나는 이것이 노력이 필요한 일이고 때때로는 거짓으로 연기를 해야 하는 상황이 생길 수 있다는 점도 부인하지는 않는다. 하지만 이런 아이디어는 당신에게 더 많은 일을 하게 하는 것이 아니라 문제를 줄이기 위해서 사전에 노력하는 것임을 기억하라.

또한, 이것에 대해 생각해 보자. 우리의 법률 제도 안에서 만약 당신이 범죄를 저지른다면, 그것은 가해자와 피해자(예를 들어, 괴롭힘 가해자 vs. 괴롭힘의 대상) 사이의 사건이 아니라, 가해자와 국가 전체나 연방정부(예를 들어, 괴롭힘 가해자 vs. 미국) 사이의 사건이 된다. 만일 내가 A라는 사람을 공격했다면, 그것은 오직 그를 공격한 것이 아니다. 나는 그 사회 전체에 대항하여 범죄를 저지른 것이며 그 사회 전체가 범죄의 피해자가 되는 것이다.

(5) 만일 내가 9초 대응을 사용하고 난 뒤에도 그들이 그러한 행동을 계속한다면 어떻게 해야 할까?

먼저, 당신의 행동을 살펴보아라. 당신은 확신에 차서 말을 했는가? 당신이 기분 나쁘다는 것을 학생들에게 말할 때 미소를 띠며 말했는가? 그것이 의도적인 괴롭힘이라고 당신이 확신하지 못했기 때문에 머뭇거리며 말했는가? 당신은 당신이 말한 것을 믿을 필요가 있다. 만일 당신이 그들의 행동의 의도가 아닌 표면상으로 드러난 것에 대해 언급했다는 것을 기억한다면 그들에게 말하기가 더 쉬워질 것이다. 비록 학생들의 전조행동에 중립적인 이유가 있을지라도 그러한 행동은 당신의 학교 공동체에 있어서 문제가 되는 것이다.

또한, 당신이 9초 대응을 얼마나 오랫동안 해 왔는지에 대해 생각해 보라. 당신이 그 대응을 반복해서 할수록 당신 스스로 편안해질 것이다.

(6) 만일 그들이 내 주변을 제외한 다른 곳에서 전조행동을 지속한다면?

어른들이 그들 주변에 없을 때 금지된 행동을 하는 것은 아이들이나 10대들 사이에서는 꽤 평범한 일이다. 이러한 문제는 괴롭힘 행동을 하는 것뿐만 아니라 불량 식품을 먹는 것이나 욕설을 쓰는 것을 포함한다. 사회적 규칙을 내재화하기 위해서는 수년이 걸리며 그동안에 부모가 그 규칙에 대해 알려 주지 않는다면 아이들은 그 규칙에서 어긋나 버린다. 아이들이 어른들의 규칙에 완전히 반하는 행동을 하는 것과 어른들이 신경 쓰지 않는다고 여기는 행동을 하는 것은 서로 매우 다른 것이라고 나는 주장한다. 친구의 파티에서 맥주를 마시는 것을 생각해 보라. 분명하게 술을 마시는 것에 대해 금지를 한 부모를 가진 아이들은 그렇지 않은 부모를 가진 아이들과는 사뭇 다른 느낌을 갖게 될 것이다(아마도 조금의 죄책감이 들 것이다).

　　핵심 내용: 당신 앞에서 일어나지 않은 행동에 대해서는 통제할 수가 없다. 하지만 학생들의 가치에 대한 틀을 만드는 것을 도와줄 수는 있다. 그래서 만일 그들이 잘못된 무언가를 할 때 최소한 그들이 잘못하고 있다는 것을 알게 할 수는 있다. 그것은 규칙을 내재화하고 윤리 의식을 심어 주는 첫 발걸음이 될 수 있다.

(7) 설명을 하지 않은 채 단지 그만하라고 얘기한다면 그들은 무엇을 배울 수 있을까?

　　기억해라. 9초 대응의 목표는 단순히 당신의 기대를 전달하는 것이다. 이는 서로에게 친절하게 대해야 하는 이유가 중요하지 않다는 의미는 아니고, 행동의 변화를 위해 지속적으로 그 이유를 되풀이해서 말할 필요는 없다는 것이다. 일반적으로 학생들은 왜 우리가 서로에게 사회적 시민이어야 하는가를 이해하지만, 그것을 망각하거나 학교를 규칙이 존재하지 않는 장소로서 바라보기도 한다. 9초 대응은 진실로 즉각적인 기술이다 — 규칙은 여전히 존재한다. 자녀를 양육할 때는 즉각적으로 조치를 취하는 경우가 많다(당신이 자녀들에게 각각의 규칙을 단 한 번씩만 이야기해야 한다면 자녀를 양육하는 것이 얼마나 달라질지 상상해 봐라!).

　　당신이 9초 대응을 사용할 때 중요한 것은, 왜 사회에서 규칙이 존재하는지에 대한 사회적 토론은 할 필요가 없다는 것이다. 그리고 그들의 행동이 당신에게 직접적으로 향해 있지 않더라도, 그 행동이 당신이나 또는 지역 사회의 많은 사람들의 기분을 상하게 하거나 언짢게 하는 행동이라는 것을 상기시켜라. 그리고 이후에 가능하다면 그 행동이 전체 사회에 어떠한 문제를 일으킬 수 있는지 그리고 많은 사람들이 왜 학교는 덜 즐겁고 안전하지 않는 장소라고 느끼는지에 대해 그들과 폭넓은 대화를 이어가는 것은 많은 도움이 될 수 있을 것이다.

(8) 전조행동에 대해 다루는 긍정적이고 예방적인 방법들

토론 수업을 하는 것은 전조행동과 그에 따른 결과에 대한 이야기를 나누는 데 도움이 된다. 학생들이 무례하고 배려하지 않는 행동이라고 생각하는 것들이 무엇인지 묻고, 그 의견들을 칠판에 적어서 목록을 만들어 보자. 예를 들어, 놀리기나 흘겨보기와 같은 일반적인 전조행동들을 학생들이 무례한 행동이라고 생각하지 않는다면, 당신은 그 목록에 그와 같은 전조행동들을 포함시킬 수 있다. 그리고 목록을 만든 후에 학생들에게 이렇게 물어볼 수도 있다. "우리는 이러한 행동들에 대한 규칙들을 왜 갖고 있을까? 그 목적이 무엇이지?" 그러한 규칙들이 왜 의미가 있고 임의적인 규칙이 아닌지에 대해 토론한다. 그 규칙들은 다른 사람들의 기분에 대해 고려하는 것을 원칙으로 삼는 지침들이다. 다른 사람들의 기분을 좋게 함으로써 그 규칙들은 사람들이 좀 더 높은 수준으로 행동하게 한다. 토론 수업의 핵심은 학생들에게 사회적 규칙들은 무의미하지 않으며 단지 친절에 관한 것이 아님을 상기시켜 주는 것이다. 마지막으로 당신은 이러한 규칙들이 우연히 깨지게 되거나(도를 넘는 장난과 같은) 의도를 갖고 어기는 경우에 대한 이유와 방법들에 대한 이야기를 하도록 이끌어야 한다.

4) 전조행동에 대해 중립적으로 반응하는 것의 위험성

내가 생각하기에 이런 상황들을 고려하는 데 가장 유용한 방법은 학생들의 입장에 서 보는 것이다. 예를 들어, 세 명의 여학생이 한 여학생에 대해 자기들끼리 귓속말을 하고 키득거리면서 그 학생을 비웃는 듯이 바라보는 상황이 있다. 이를 두 명의 교사가 뒤에서 지켜본다고 하자. 세 명의 학생이 물리적으로 한 명의 상대 학생을 지목하지 않을 수도 있지만, 그들이 속삭이는 것은 확실히 특정 학생과 관련이 있었다. 그날 이와 같은 상황을 네 번 목격한 교사라면 특정 학생을 대상으로 바로 앞에서 그렇게 행동하는 것은 분명하게 잘못된 행동이라는 것을 알 수 있을 것이다. 그러나 세 여학생은 어떤 소란을 피우거나 교칙을 어긴 것이 아니기 때문에 교사들은 별다른 조치를 취할 수는 없다. 교사의 입장에서는 학생들의 행동이 문제를 일으키거나 규칙을 위반해야 그들을 훈육하는 것이 가능하기 때문이다. 교사가 학생들의 전조행동을 무시하는 경우, 교사 스스로는 본질적으로 이러한 자신의 행동에 대해 중립적이라고 생각할 것이다. 왜냐하면 상황을 제지하지는 않았으나 그렇다고 상황을 심화시킨 것도 아니기 때문이다.

교사의 입장에서는 어른으로서 공정한 태도를 보이려는 의도였다 해도, 학생들은 이 행동을 절대 중립적인 것으로 해석하지 않을 수 있다는 점에서 어려움이 존재한다. 속삭이던 학생들(그리고 구경꾼 또는 목격자들)은 성인이 그냥 지나쳐 가는 것을 소극적인 불쾌감의 표현이라기보다 **암묵적인 허락**— 만약 어느 누구도 자신의 행동에 반대하지 않는다면 그것은 어느 누구에게도 피해를 준 것이 아니라는 논리적인 결론을 내린다 — 으로 받아들일 수 있다. 피해학생의 관점에서는, 이렇게 잔인한 행동이 일어났지만 그것에 대해 성인들은 무관심하거나 오히려 동조한 것으로 인식하게 된다. 대학교 신입생 대상 연구에서, 나는 피험자에게 이러한 상황을 제시한 후 왜 교사들이 그냥 지나쳤다고 생각하는지 얘기해 보도록 하였다. 가장 많은 대답(34%)은 "교사가 문제라고 여기지 않았다"라는 대답이었다. 그다음으로는 (각각 25%로 동률) "교사가 가해자들에게 동의하였다"와 "교사가 나를 좋아하지 않는다"였다. 오직 16%의 피험자만 "교사가 무엇을 할지 몰랐을 수도 있다"라고 대답하였다. 이처럼 성인들은 중립적이라고 믿는 행동이 학생에게는 암묵적 허락 그리고 심지어는 **찬성**으로 보인다는 점이 연구를 통해 확인되었다.[6]

그러나 교사들의 행동을 너무 엄격하게 판단하기 이전에 이러한 상황에 대해서 현실적으로 고려해 볼 필요가 있다. 그냥 지나치는 교사의 경우라도 학교에서 아이들에게 무슨 일이 생겼는지 관심이 없는 것은 아닐 것이다. 대부분의 교사들은 아이들과 함께 하길 원하고 아이들의 삶을 향상시키기 위해서 교사라는 직업을 택한다. 그들이 반응하지 않은 이유는 아마도 그 상황 속에서 놀림 또는 나쁜 행동이 일시적인 것이라고 결론 내렸을 가능성이 높다. 놀리는 것, 나쁘게 구는 것 그리고 사소한 괴롭힘은 모두 전조행동에 포함된다. 그리고 이 세 가지 경우를 구분하기 위해서는 가해자의 의도를 알아야 한다. 괴롭힘은 그 사건에 직접적으로 관련이 있는 학생에게는 명백한 것이나 이를 바라보는 사람의 경우에는 항상 그렇게 명백한 것은 아니다. 교사들은 이러한 행동에 대해 개입을 해야 할지 말아야 할지 고민해서는 안 된다. 상대를 존중하지 않고 경멸하는 행동 — 전조행동 — 은 놀리는 것으로 시작되었다 하더라도 절대 허용될 수 없다. 따라서 전조행동이 허용되지 않는다는 것을 학생들에게 알리는 것은 언제나 필요하다. 이때 그러한 행동이 상대를 괴롭히는 것인지 아닌지는 그렇게 중요한 것이 아니다.

5) 교육자들은 전조행동에 대해 왜 이러한 방법으로 대응하지 않았는가?

오늘날 많은 학교에서 교육자들은 학생 행동 강령에 명백히 위배되는 행동에만 반응하거나 훈육하도록 교육받는다. 교사들은 대개 이런 상황에서 자신들을 방어하는 위치에 서게 되는데, 이는 그 어떤 훈육 행동이든 학부모와 학생의 저항이 클 수 있기 때문이다. 그렇기 때문에 괴롭힘에 해당하는 전조행동을 효과적으로 대응할 수 있는 학교의 권한은 의도치 않게 축소되었다. 이처럼 학부모들은 학교가 괴롭힘을 근절시키기를 원하면서도 아이러니하게도 학교의 권위를 약화시켜서 이를 어렵게 만들기도 한다.

이러한 상황들로 인해서 학생들이 공식적이고 명문화된 규칙을 위반

했을 때만 학교가 정식 대응하는 것이 적절하다는 생각이 나오게 되었고, 학교는 이러한 생각을 강화하는 방식으로 대응해 온 경향이 있다. 이런 관점은 교육자들이 다른 사람을 괴롭히기 위해 사용되는 전조행동에 대응하기 어렵게 만든다. 눈을 흘긴다거나, 다른 사람들을 비웃는다거나, 사람들에 대해서 귓속말하고 또는 쳐다보면서 웃는 행위에 대한 구체적인 규칙은 없기 때문이다. 이런 규칙들을 만들어서 적용하기는 어렵다. 무엇이 "잘못된" 웃음인지 어떻게 규정할 수 있겠는가? 하지만 비웃음에 대해 공식적인 규칙이 없다 할지라도, 우리가 진정으로 아이들을 보호하길 원한다면 다른 사람을 괴롭히기 위한 잔인한 웃음에는 반드시 대응해야 한다.

물론 공식적인 규율이 상관없다는 것은 아니다. 대응 상황에서 이와 같은 규율은 중요한 역할을 한다 — 그러나 경찰서에서 가장 지독하고 심각한 범죄에만 모든 자원을 투자하지는 않는 것처럼, 학교 역시 괴롭힘이 가장 명백한 경우에만 대응해서도 안 된다. 이려운 점은 문제가 되는 행동의 다수는 우리가 명백히 개입해야 할 수준이 아니라는 점이다. 이처럼 우리는 이중으로 제한되어 아무것도 할 수 없다. 다시 말해, 우리는 교사들이 사소하게 잘못된 행동에 대응하려는 의지(그리고 아마도 권한까지)를 빼앗았고 동시에 더 심각하게 잘못된 행동들을 다룰 때 학교장이 그 규율을 정하도록 위임함으로써 교사의 권한을 제한해 버린 것이다. 심각한 문제를 학교장에게 위임하는 것은 큰 문제는 아니다. 그러나 사소하지만 반복되는 행동에 반응하는 것을 막는 것은 분명히 중요한 문제이다.

6) 9초 대응에 반대하는 그럴듯한 주장

내가 교육자들과 거의 매일 교류했던 모든 일들은 내가 하는 거의 모든 연구에 상당히 도움이 되었다고 생각한다. 교육자들과 나누었던 대화 중에는 9초 대응 — 어떤 것이 효과적인지, 어떤 것이 효과적이지 않은지, 어떤 질문들이 나오는지 — 에 대한 토론이 많았다. 아래에 제시한 내용은 이러한 논의에서 가장 자주 대두되었던 주제들이다. 여기에 제시된 모든 주제들은 고민해 볼 만한 내용들이라고 생각한다.

(1) 우리는 단순히 그들에게 괴롭힘을 그만두라고 말하는 것 그 이상을 해야 한다.

맞는 말이라고 본다. 기억할 것은 우리가 여기서 이야기하는 것이 만성적인 괴롭힘이나 괴롭힘이 명백한 경우는 아니라는 점이다. 우리가 지금 얘기하는 것은 괴롭힘으로 여겨질 수도 있고 그렇지 않을 수도 있는 행동들이다. 평범하게 보이지만 사회적으로 상대에게 피해를 입힐 수 있는 행동을 이야기하는 것이다. 동일한 가해자의 반복적인 행동은 물론 또 다른 문제이다. 1장에서 제기된 부분을 기억해 보라. 전조행동이 괴롭힘 상황으로 연결되는 것인지 아닌지 헷갈린다면, 피해자라고 추정되는 학생과 대화를 나누고 어떤 일이 벌어지는지에 주목해야 한다고 설명했었다.

또한 이러한 행동에 대해 반응하는 것은 어디까지나 반응이라는 점도 주목할 필요가 있다. 이러한 반응은 정말로 효과적인 예방적 노력의 한 부분일 뿐이다. 효과적인 개입이 되려면 교직원, 학생 그리고 부모 대상의 교육, 인식 개선, 선제적 조치를 위한 행동들뿐만 아니라 지역 사회로부터의 지지와 참여가 포함되어야 한다.

(2) 단지 장난치는 아이에게 그것을 멈추라고 말하는 것은 필요 이상으로 너무 심한 게 아닐까?

아이들이 사회적 규칙에 재제를 받지 않은 채 서로에게 무례하게 행동하는 것을 허용하는 것은 훨씬 더 해로운 것이라고 말하고 싶다. 교육자로서 우리는 아이들이 삶을 위해 준비되도록 돕는 책임을 갖고 있다. 나는 아이들이 하고 싶은 대로 (잔인하게, 생각 없이 또는 그렇지 않더라도) 자유롭게 행동해도 된다고 믿게 하는 것은 성인의 입장에서 아이들을 적절하게 교육시키는 것이 아니라고 본다. 아이들이 못된 행동을 하도록 놔두는 것은 결코 "친절한" 행동이 아니다. 오히려 이러한 무관심은 무책임한 행동이라고 볼 수 있다.

(3) 9초 대응 대신에 사용할 수 있는 중재 방법은 어떠한가?

중재는 학생들의 인생 전반에 걸쳐 도움이 될 수 있는 매우 중요한 기술이다. 최근 유행하고 있는 분명한 동향 중에 하나는 학교에서 발생하는 갈등을 해결할 수 있는 최선의 방법으로 중재를 사용하도록 학생들과 교사를 훈련시키는 것이다.[7] 대부분의 교육자들은 학생 간의 갈등을 해결하기 위해 중재를 사용하는 프로그램에 매우 만족한다.[8] 중재를 사용하는 방식은 학생들의 역량을 강화시킬 수 있고 회복적 정의(restorative justice)를 포함하기 때문에 교육자들에게는 매우 매력적인 선택으로 여겨진다.

중재를 사용하고자 하는 이러한 경향들은 매우 긍정적이기는 하지만, 어떤 경우에는 중재가 부적절할 수도 있다(공식적, 비공식적인 중재 및 성인과 또래 중재 모두에 해당됨). 바로 또래 괴롭힘 상황이 바로 부적절한 경우 중 하나이다. 중재와 타협은 일반적으로 갈등을 일으킨 두 아동에게 동등한 힘이 있음을 가정한다. 하지만 우리가 알다시피, 괴롭힘 상황은 힘의 불균형에 기초한다. Theberge와 Karan은 힘의 불균형 상황에서는 본질적으로 중재를 사용할 수 없다고 주장한다.[9] 다른 연구자들 역시 힘이 강한 가해자와 힘이 약한 피해자 사이를 중재하는 것은 일반적으로 권하지 않는다.[10] 심지어 괴롭힘 상황에서 중재를 추천하는 연구조차도 힘의 불균형이 큰 경우에는 중재를 사용하지 말 것을 권한다[11](그리고 내가 생각하기로는 힘의 불균형이 뚜렷하지 않다면 그 상황은 처음부터 괴롭힘 상황이 아니었을 가능성이 있다고 본다).

힘의 불균형 이외에도 괴롭힘 상황에서 중재를 사용하는 것에는 몇 가지 문제점이 존재한다. 선행 연구에 따르면, 적어도 몇몇의 가해자들은 중재를 하는 동안 능숙하게 중재자를 속이거나 괜찮은 아이처럼 보이도록 했다. 이러한 가해자들은 중재 과정에서 솔직하고 진솔하게 대하기보다는, 오히려 중재 이외의 상황에서 피해자를 지배하려는 목적을 달성하기 위해 더욱 노력할 수도 있다.[12] 중재는 잘못에 강조점을 두기보다는 양쪽의 책임에 중점을 두기 때문에, 피해자들은 자신에게도 괴롭힘을 당한 책임이 있다고 느낄 수 있다. 또한 피해자들은 보복을 두려워하기 때문에 중재에 온전히 참여하지 못할 수도 있다.[13] 실제로 대학교 신입생들을 대상으로 한 연구 결과에 따르면, 어른들이 괴롭힘을 해결하기 위해 노력하는 과정에서 가장 흔하게 발생하는 부작용은 중재 이후에 발생하는 보복이었다. 나는 피험자들에게 어른들이 괴롭힘을 해결하려고 할 때 어떤 방식으로 상황을 더 악화시키는지 묻자, 가장 흔한 대답은 "가해자랑 마주보고 앉아서 괴롭힘 상황에 대해 이야기를 하게 해요. 그때 저는 시간이 지나면 이 상황이 더 나빠질 거라는 걸 알죠"라는 대답(64%)이었다. 이 연구를 통해 중재가 잘못 사용되었을 때 학생들에게 발생하는 두려움을 확인할 수 있었다. 이러한 사실을 아는 이상, 우리는 중재를 사용하는 것을 멈추고 다시 생각해 보아야 한다. 무엇보다 이것은 중재가 필요한 적절한 상황에서조차 중재(갈등 해결을 위해 중요하고 가치 있는 접근)를 기피하게 만들 수도 있기 때문에 신중하게 접근해야 한다.

이론적으로 이러한 중재는 괴롭힘 상황에서 도움이 될 수도 있는데, 주변인들(bystanders)과 피해자를 중재에 참여하도록 하는 것은 유용한 방법이 될 수 있다. 특히 가해자와 친하게 지내고 괴롭힘을 부추기는 주변인이(MARC에서는 이러한 주변인을 **부추기는 사람**(eggers)이라고 부른다) 중재에 참여하면 도움이 될 수 있다. 적어도 초등학교의 이러한 부추기는 학생의 경우에는 규율과 중재에 더 잘 반응할 수도 있다. 이들은 본인이 괴롭힘을 당한 경우가 있다 하더라도 일반적으로 괴롭힘을 부추기는 자신들의 행동이 미치는 파괴력을 과소평가한다.[14] 또한 적어도 이론상으로 중재는 괴롭힘이 보다 동등한 힘을 지닌 싸움으로 변화되는 상황 — 괴롭힘 상황의 약 절반이 온라인으로 가고 있는 것과 같은 — 에서는 도움이 될 수 있다.[15] 하지만 이러한 두 가지 상황에서의 중재가 모두 성공적으로 사용되었다는 연구는 찾을 수 없기 때문에, 나는 이와 같은 상황에서 중재를 사용하는 것을 실제적으로 추천하지는 않는다.

마지막으로 짚고 넘어갈 것은 다음과 같다. 나는 가해자가 진정으로 사과하고 피해자의 관점을 이해할 수 있다면 매우 강력하고 잠재적으로 치료적 효과까지도 있을 것이라는 것을 매우 잘 알고 있다. 하지만 문제는 양자가 모두 변하겠다는 동기가 정말 진심인지 모르는 상황에서는 이러한 중재가 피해자에게 도움이 될지 아니면 피해가 될지 판단하기 매우 어렵다는 것이다. 양쪽의 힘이 동등한 상황인 싸움의 경우에는 일반적으로 양자 모두 상처를 받았기 때문에 변하겠다는 진정한 동기 부여가 가능할 수 있다. 그러나 괴롭힘 상황은 다르다. 가해자는 효과적으로 사회적 게임에서 "이기고 있다." 따라서 상황이 변화되는 것은 가해자에게는 별 이득이 없다. 중재를 성공적으로 이끌기 위한 핵심 요소는 상황이 변화되기를 바라는 마음이다.[16] 어른들은 이러한 위험을 무시하고 중재가 성공적이었고, 가해자가 진심으로 뉘우쳤으며 진심으로 사과를 했다고 스스로 평가할 수 있다. 우리는 가해자의 사과가 진심인지 아닌지를 확실하게 판단할 수 있다고 생각한다. 하지만 우리의 생각이 틀린다면, 그 결과는 피해자에게 매우 치명적일 수 있다. 성신 선상과 안전에 내한 문제 이외에도, 피해자는 어른에게 괴롭힘에 대해 말하는 것이 큰 실수였다는 것을 배울 수도 있다. 중재가 괴롭힘 상황에 효과적이지 않다는 많은 연구들을 종합해 보았을 때, 이러한 위험은 나에게 중재를 이러한 상황에 사용하는 것이 매우 경솔하거나 최악의 경우에는 막심한 피해를 낳게 될 수도 있다는 결론에 도달하게 한다. 다시 한 번 강조하지만 이것은 중재 과정에 대한 비판이 결코 아니다. 나는 또래 중재 프로그램이 모든 학교에 존재해야 한다고 강력히 믿는다. 하지만 상담자와 행정가들이 좋은 의도를 가졌다 할지라도 감정적으로 취약한 피해학생을 대상으로 이와 같은 중재 방법을 사용하는 것에 대해서는 여전히 걱정이 앞서는 것이 사실이다.

그러나 긍정적으로 보자면 (a) 힘의 불균형이 바뀐다면 중재는 언제나 다시 사용할 수 있는 기술이며 실제로도 그렇다는 것이다. 그리고 (b) 피해자가 학교에서 보다 안전하고 편안하게 느끼도록 돕기 위한 다른 방법들은 여전히 많이 존재한다는 것이다.

3 피해자의 안전을 돕기 위해 학교 관계자들이 따라야 할 절차

다음의 절차들은 주로 학교 행정가, 학교 상담자와 스쿨폴리스(SPO
s)[6]를 위한 것이지만, 교사들도 이런 절차를 안다면 도움이 될 것이다.
교사들은 주로 안전 계획을 작성하는 위원회(이런 유형의 정보를 사용할 수
있는)에 소속되어 있다. 따라서 교사가 상담자와 학교 행정가들에게 기대
할 수 있는 것이 무엇인지를 알고 있다면, 교사들은 적절한 상황에서 수
행되어야 할 특정한 절차를 확인하는 과정에 도움을 줄 수 있다.

1) 안전 계획 수립하기

피해자는 안전 계획이 필요하며 이 계획을 통해 도움을 받을 수 있
다. 이 계획은 학교에서 안전을 제공할 수 있는 사람 — 학생들이 좋아하
고 언제든지 찾아갈 수 있는 사람 — 을 포함할 수 있다. 학생은 이러한
안전 요원(safe person)을 선택할 수 있어야 한다. 안전 요원은 하루 종일
다른 학생들을 대하지 않아도 되는 학교 행정가, 상담사, 보건 교사, 교직
원, 교사 및 그 외의 전임 직원이 될 수 있다. 교사들은 어려움이 있는 학
생들은 언제든지 안전 요원에게 갈 수 있음을 이야기해야 한다. 학생이
안전 요원에게 가고 싶다는 것을 굳이 말로 표현하지 않아도 교사가 알
수 있도록 하는 신호도 만들어져야 한다(예, 학생이 휴지를 들기 또는 책을
덮기). 피해자가 학교 수업이 싫어서 안전 요원에게 가는 것에 대한 우려
는 일단 접어 두어라. 대신에 학생이 학교에서 안전하고 편안함을 느끼는
지에 대해 집중하라. 상황이 어느 정도 해결되면, 그때 이러한 상황을 악
용하는 학생들의 문제를 지적해도 늦지 않다.

---

6) (역자주) 이 책의 저자는 school resource officers(SROs)라는 단어를 사용하였으
   나, 우리나라에서는 이와 유사한 역할을 school police officers(SPOs)가 담당하여
   스쿨폴리스로 번역하였다.

2) 구조화된 상호작용 증가시키기

구조화되지 않은 지역들은 더 특정한 관심을 갖고 지켜봐야 한다. 스쿨버스나 구내식당(초등학생의 경우에는 운동장)처럼 덜 구조화된 장소의 경우에는 미리 발생할 수 있는 문제에 대비한 계획을 세워야 한다. 피해학생이 점심을 먹을 수 있는 장소나 집에 가는 스쿨버스에서 스스로 안전하게 자리를 찾아서 갈 것이라 생각하고 그를 혼자 내버려 두어서는 절대 안 된다. 이들이 앉을 자리는 미리 친구들 부근이나 다정한 학생들 주변으로 잡아 두어야 한다.

3) 학생의 도움을 개입시키기

어떤 괴롭힘 예방 계획이나 괴롭힘 감소 계획에서든 학생들은 가장 영향력 있는 요소임에 틀림없다.[17] 우리 연구소에서는 수백 명의 학생들을 MARC 과정을 거쳐 자신의 학교의 반괴롭힘(anti-bullying) 리더들로 훈련시켜 왔다. 이 특별한 과정은 학생들로 하여금 강한 통제력과 실천 프로그램에 대한 책임감을 유지하도록 했다. 나는 심지어 진짜 리더의 자질을 가지고 있는 몇몇의 가해학생들이 반괴롭힘 리더들이 되는 것을 목격했다. 그리고 이러한 프로그램 참여 경험들이 그 아이들을 "변화시켰다"라고 회자되고 있다. 하지만 아쉽게도 이러한 투쟁담을 뒷받침할 만한 구체적인 데이터를 갖고 있지는 못하다.

괴롭힘을 추상적으로 다룰 때는 학생들이 목표를 더 잘 성취할 수 있을지 모르겠지만, 내 현장 연구 경험들을 보면 반괴롭힘 리더들은 자신들이 두드러져 보이는 것에 대한 두려움으로 인해 괴롭힘의 피해학생들을 직접적으로 돕는 것에 대해서 머뭇거리고 있다는 것을 알 수 있었다. 한 가지 좋은 소식은 반괴롭힘의 리더들이 괴롭힘의 피해자들과 점심을 먹으며 새로운 친구 관계를 떠맡아야 한다거나, 괴롭힘의 대상자들과 같이 놀지 않고도 도와줄 수 있는 방법이 있다는 것이다. 1학년을 대상으로 한 연구에서, 대상자들은 한 시나리오를 받았다. 그 시나리오는 한 괴롭힘의 피해자가 어떤 사람에게서 상스러운 말을 듣는데, 그 뒤에 걸어가던 사람이 "그가 하는 말을 신경쓰지 마"라고 말하는 내용이었다. 그 말을 한 사람이 어른이라고 가정했을 때, 38%의 대상자는 그러한 말이 매우 효과적일 수 있다고 느꼈다. 반면 또래들이 그 말을 했다고 가정했을 때는 68%의 피험자가 그 말이 매우 효과적일 수 있다고 느꼈다는 연구 결과가 있다. 심지어 단지 학생이 지나가면서 단순히 건넨 말도 잠재적으로 도움을 줄 것이라고 나타났다. 학생들의 개입은 어른들의 개입보다 훨씬 더 효과적일 수 있다(주변 사람들과 다른 학생들의 관여에 대한 논의는 7장을 참조).

4) 강점과 자원을 격려하기

이번에 다룰 내용은 괴롭힘 피해자의 행동이나 반응을 바꾸는 것에 초점이 맞춰져 있지만, 다시 한 번 강조하고 싶은 것은 괴롭힘에 대한 첫 번째 대응이 피해자를 "고치는" 것이어야 한다고 제안하는 것은 아니라는 사실이다. 관계의 역동성을 바꿀 힘을 학생이 가지고 있다고 하는 것은 피해학생에게 피해의 원인이 있다는 것을 암시할 수도 있기 때문에 이것은 피해자들에게 더 큰 해를 끼칠 수 있다.[18] 괴롭힘에 대해 개입할 때 가해자 및 괴롭힘의 결과에 목표를 두는 것은 확실히 중요하지만 두 가지 어려운 진실이 명백하게 드러난다.

첫째, 훈육에도 불구하고 괴롭힘의 가해자와 피해자 사이의 모든 접촉이 차단되지 않으면 — 즉 눈길이 닿는 곳에 서로가 있게 된다면(이것은 학교 환경에서는 매우 어렵고 불가능하다) — 가해자가 피해자에게 보복하지 않는다고 100% 확신할 수 없다. 오히려 그 대상을 주의 깊게 살펴보며 보복의 기회를 노릴 것이다. 둘째, 서로에 대한 접촉이 차단되더라도, 다른 학생들의 보복 행동이 개입될 수 있다. 그러므로 대부분의 학교 환경에서 괴롭힘의 피해자들을 위한 100% 안전한 개입은 어렵다.

이러한 어려움과 이미 손상된 괴롭힘 피해자의 자존감 때문에, 괴롭힘 피해자들이 어떻게 하면 그들 자신에 대해 좀 더 나은 기분을 가질 수 있고, 다른 학생들로부터의 말과 행동에 대해 회복력을 가질 수 있는 방법들을 논의하는 것은 매우 가치 있는 일일 것이다. 가장 우선시되는 규칙은 현재 갖고 있는 강점을 활용하는 것이다. 괴롭힘 피해자가 학교나 그 이외의 상황에서 어떠한 친구들을 갖고 있는가? 교회나 다른 활동들에서 학생이 속해 있는 외부 집단이 있는가? 해당 괴롭힘 피해학생은 음악, 예술, 과학 또는 또 다른 분야에서 가지고 있는 능력이 있는가? 그 가족들은 친밀한가? 가족의 방문 및 행사들은 긍정적으로 인식되고 있는가? 때때로 괴롭힘 피해학생의 긍정적인 삶의 영역을 강조하면 괴롭힘 피해학생들은 자신에 대해 보다 더 좋게 느끼게 되기 때문에 결과적으로 또래 괴롭힘을 더 잘 버틸 수 있게 된다. 일반적으로 문제 상황에 직면했을 때, 어른들은 아이들보다 더 쉽게 긍정적인 부분으로 그들의 초점을 이동할 수 있다. 그러나 이런 기술은 분명히 아동들도 배울 수 있고 앞으로 배워야 할 기술이다. 그리고 괴롭힘 피해를 경험하고 있는 자녀를 도와줄 방법을 찾고 있는 부모들도 만약 그늘의 노력에 조점을 맞춘다면 역시 더 생산적이라고 느낄 수 있을 것이다.

 4 온라인상의 괴롭힘 대응하기

이번 장에서는 많은 부분을 전통적 괴롭힘에 대해 주로 다루었다. 하지만 사이버 괴롭힘이 현재 새롭게 등장했기 때문에, 그에 따른 새로운 대응책을 소개할 것이다. 일반적으로 대인 간의 괴롭힘보다는 사이버 괴롭힘의 개입에 대한 대응책은 개발이 덜 된 것이 사실이다.

1) 법적 이슈에 대한 비법조인의 조치

전통적 괴롭힘과 달리 많은 사이버 괴롭힘은 학교 밖, 특히 아이들의 집에서 일어난다. 이것은 사이버 괴롭힘이 다른 법적인 범주에 속한다는 것이다. 학교 안에서 일어나는 괴롭힘은 교육자들에게 관할권이 있지만,

집 안에서 일어나는 것은 부모에게 관할권이 있다.7)[19]

이러한 규칙이 예외적으로 적용되는 경우는 학교 밖의 행동이나 말들이 학교 분위기에 "실제로 위협적(real threat)"이거나 "엄청난 혼란(substantial disruption)"을 끼칠 경우에 해당된다.[20] 정확히 "엄청난 파괴력"의 의미는 명확하지는 않다. 각기 다른 법정에서 이 용어에 대해 제각기 다른 의미를 부여하여 사용해 왔다. 각기 다른 사이버 괴롭힘 사건마다 학교 관리자들은 문제가 된 사이버상의 행동이 엄청난 혼란을 갖고 있는지 또는 갖게 될지를 사이버 괴롭힘에 대한 징계를 내리기 전에 판단해야 한다. 그러나 비록 학교가 해당 사이버 괴롭힘이 학교 풍토를 해칠 만큼의 상당한 혼란을 끼치지는 않았다고 판단하더라도 여전히 사이버 괴롭힘 사건을 해결하고 문제에 대처할 수 있는 중요한 조치들은 존재한다.

2) 학교가 할 수 있는 것

온라인상에서 괴롭힘이 일어났다고 해서 학교가 사이버 괴롭힘에 손을 놓고 있는 것을 허용할 수는 없다. 학교 환경의 혼란과 관계없이 취할 수 있는 책임 있는 조치들이 또한 존재한다.

(1) 경찰의 관여가 필요할 때

쉽게 생각해 보자. 만약 어떤 문제가 있는 행동이 범죄 행위, 협박, 상당한 폭력, 온라인상이나 오프라인상의 스토킹과 관련 있다면 (비법조인으로서) 당연히 경찰의 자문을 구할 것이다. 만약 당신에게 업무상 좋은 관계를 유지하고 있는 지역 경찰이 있다면 그에게 당신이 어떻게 조치해야 할지 잘 모르는 상황에 대해 호소하는 것이 가장 좋은 방법이 될 수 있을 것이다. 만약 업무상 좋은 관계를 유지하고 있는 경찰이 없다면, 아

---

7) (역자주) 미국의 법령과 달리 한국에서는 『학교폭력예방 및 대책에 관한 법률』을 통해 학교 밖에서 일어난 폭력도 이 법의 적용을 받는다. 현행법에서는 학교 폭력의 장소를 규정하지 않고 있다. 예를 들어, "학교 내외에서 학생을 대상으로 발생한" 폭력으로 규정하고 있다.

침에 잠깐 지역 경찰서에 들러 자신에 대해 소개하면 된다. 어느 부서가 청소년이나 학교 문제에 관한 일에 특화되어 있는지를 찾아보고, 그들이 당신이 누구인지에 대해 알도록 하면 된다. 그렇게 하면 당신이 무엇을 해야 하는지 모르는 상황에 직면했을 때, 조속한 자문을 위해 지역 경찰에게 전화를 보다 쉽게 걸 수 있을 것이다.[8)]

(2) 당신이 언제나 취할 수 있는 다른 조치들

사이버 괴롭힘 가해자와 사이버 주변인들과 함께 교육적인 논의를 하는 것은 가치 있는 일이다. 여기서 중요한 것은 이러한 논의는 훈육이 아니라, 사이버 괴롭힘의 위험성을 알려 주고, 그 상황을 모든 사람들이 주시하고 있다는 사실을 알려 주는 교육적인 장을 의미하는 것이다. 관련성이 있을 경우, 아이들이 이러한 행동을 지속했을 때 발생하는 미래의 법적 문제에 대해 논의하는 것이 좋다. 당신은 스쿨폴리스나 경찰을 토론장에 참여시킬 수 있으며, 가능하다면 아이의 부모도 참여시킬 수 있다.

만약 당신이 온라인 상황에 대해서 잘 알고 있다면, 잠재적인 사이버 괴롭힘 가해자나 주변인에게 교내에서 발생하는 전통적 괴롭힘이나 사이버 괴롭힘의 결과에 대해 알려 주어야 한다. 만약 사이버 괴롭힘 가해자나 주변인들이 학교 안에서 어떤 전통적 괴롭힘이나 사이버 괴롭힘에 관여되었다면, 즉각적으로 조치들을 수행하라. 그리고 그러한 괴롭힘에 관련된 아이들 사이에서 발생한 상황과 관련된 모든 어른들에게 — 선생님, 방과 후 교사, 상담 교사, 버스 운전사 — 이 사실에 대해 알려라. 아이들의 잠재적 괴롭힘에 대해 어른들이 알도록 해야 하고 그 아이들을 주의 깊게 살펴보게 해야 한다. 만일 나라면, 그 상황에 대해 알렸던 사람들 모두에 대해 기록해 둘 것이다.

부모에게 알려라. 특히 피해자 부모에게. 그들이 당신에게 먼저 전화하

---

8) (역자주) 한국의 경우 학교 폭력을 경찰에 신고할 경우 '117' 번호를 사용할 수 있다. 또한 '117 CHAT' 어플을 사용하여 스마트폰에서도 쉽게 익명으로 학교 폭력을 신고하고 관련 내용으로 상담을 받을 수 있다.

기를 기다리지 마라. 그들에게 위의 조치들이 행해지고 있다는 것을 알려라. 많은 부모들이 사이버 괴롭힘에 어떤 교육적 조치가 취해지고 있는지에 대해 알고 싶어 한다. 또한 당신은 부모들에게 비밀보호법(confidential laws)에 대해 교육할 필요가 있을 수도 있다. 당신이 단지 괴롭힘 가해자를 보호하기 위한 개인적인 바람 때문에 정보 제공을 거부하는 것이 아니라는 것을 그들이 알 수 있도록 해야 한다.

 5 공식적인 훈육 수준에서의 대응

나는 당신에게 짓궂은 행동이 일어나는 것을 목격한다면 전적으로 "이것이 사이버 괴롭힘인가요?"라는 질문을 하지 말고, 부적절한 행동에 직접적으로 대응하라고 권면했었다. 전조행동을 적극적으로 하는 학생을 보았을 때는 이런 행동이 적절하다. 하지만 괴롭힘이 실제로 일어났다고 결정 내리거나 학생의 전반적인 행동 패턴을 평가하는 등의 더욱 공식적인 평가가 필요한 상황이라면, 무엇이 괴롭힘이고 아닌가에 대해 구별하는 것은 매우 중요하다. 나는 괴롭힘을 의도적이고 반복적이며 힘의 불균형과 관련되어 있는 폭력적인 행위라고 정의 내렸다. 대부분의 연구자들이나 전문가들도 괴롭힘을 정의 내리기 위해서 주로 이 요소를 사용한다. 비공식적인 가벼운 행동을 다룰 때는 괴롭힘인지 아닌지를 구별하는 것은 중요하지 않은 반면에, 공식적인 대응과 규제를 해야 하는 행동을 다룰 때에는 괴롭힘인지 아닌지를 구별하는 것은 중요하다. 괴롭힘에 대한 명확한 정의가 없다면, 아이들의 잘못된 행동에 대해 어른들의 힘이 집중되어야 할 상황은 "괴롭힘"인지 아닌지에 대한 논의로 전락해 버릴 수 있다. 나는 아래와 같은 질문을 끊임없이 받곤 한다. 중학교의 한 사회복지사가 최근에 보내온 이메일이다.

제 아들은 교장 선생님에 의해 괴롭힘 가해자라 낙인찍혔습니다... 다른 남자 아이를 벽으로 밀치고 협박했습니다... 이전에 문제에 휘말린 적도 없었고 싸운 적도 없습니다... 이것이 피해를 입히는 행동임에 동의하지만 아들이 교장 선생님이 말씀하신 것처럼 괴롭힘 가해자는 아니라고 생각합니다... 선생님의 생각은 어떠신가요?

이 질문이 "제 아들이 공격적인 행동을 다시 하지 않도록 도와주는 가장 좋은 방법이 무엇일까요?"가 아니고, "저는 이것이 괴롭힘이라 생각하지 않는데 그들은 맞다고 하네요. 누가 옳은 것인가요?"임에 주목해라. 그래서 피해자를 그 상황에서 어떻게 도울 것인지, 가해자에게 그 행동이 잘못되었음을 어떻게 가르쳐야 하는지, 괴롭힘과 관련된 아이들에게 초점이 맞추어져 있지 않고, 어른들이 그 행동을 어떻게 분류할 것인가에 집중되어 있다. 그 행동을 "괴롭힘"이라 명명하고 싶어 하는 부모들은 그 문제가 심각하게 다루어지지 않을 것에 대해 걱정한다. 그러한 행동을 괴롭힘이라고 명명할 것인지 아닌지에 관계없이 그러한 행동을 심각하게 취급할지는 전적으로 학교에 달려 있다.

1) 아이들의 행동에 지속적으로 집중하라.

나는 항상 부모들에게 괴롭힘이라고 명명하는 것에 집중하기보다는 아이들의 행동 자체에 초점을 맞추라고 권면함에도 불구하고, 많은 교육자들은 아이들의 행동을 "괴롭힘"이라 규정지을 수 있느냐에 대해 공식적인 결정을 내려야만 한다. 이러한 결정을 뒷받침하는 근거에 대해 논의할 때 고려해야 할 사항을 순서대로 제시하고자 한다.

(1) 정말 필요할 때가 아니면 괴롭힘이란 단어를 사용하지 말아야 한다. 이 단어에는 감정이 들어 있기 때문에, 감정적인 대응을 야기할 수도 있다. 당신이 확실히 필요하다고 생각될 때만 아이를 괴롭힘 가해자라고 불러야 한다.

(2) 당신이 만일 그 상황을 괴롭힘이라 반드시 명명해야 한다면, 그렇게 명명함에 있어서 명확한 사용 기준이 있어야 하고 당신이 어떻게 그 사건을 이러한 기준에 의거해서 분류하였는지에 대해 명확하게 설명할 수 있어야 한다. 예를 들어,

이 학교와 이 주(state)에서, 괴롭힘이라 불리는 상황에 대해 적용하는 세 가지 기준이 있다. 그러한 행동이 반복해서 일어나야 하고 ― 이 경우에는 해당된다. 그 행동은 우연히 일어난 일이 아니어야 한다 ― 내 생각에 빌이 헨리의 차에 그린 과녁을 향해 돌을 던진 것은 우연한 사고가 아닌 것은 명백한 일이다. 그리고 힘의 불균형이 존재해야 한다. 이 마지막 기준은 가장 애매하지만 이 상황에서 빌이 학교에서 가장 인기 있는 아이 중에 한 명이었고, 그가 한 행동에 대해 웃고 축하해 주는 친구들이 있었음을 우리 모두 인정한다고 생각한다. 헨리도 좋은 아이지만 부끄러움이 많고, 이 문제에 있어서 다른 아이들의 지지를 얻지 못하는 것처럼 보인다.

(3) 괴롭힘 가해자의 부모들은 괴롭힘 사실에 대해 종종 동의하지 않을 수 있는데, 이럴 때는 그들의 체면을 살려 주는 것도 좋은 방법이다. 이는 그들이 괴롭힘이라는 용어로 발생하는 논란에서 벗어나 그들 자녀의 행동에 초점을 맞출 수 있는 것을 가능하게 해 준다.

나는 중요한 문제가 이것이 괴롭힘이냐 아니냐가 아니라고 생각한다. 어른으로서 빌의 행동에 대해 어떻게 대응할 것인지가 중요하다. 그러한 행동은 인기와 매우 강하게 연관되어 있기 때문에 많은 아이들은 이러한 종류의 행동을 하고자 한다. 그저 우리가 이 행동을 얼마나 심각하게 대하고 있는지를 빌에게 어떻게 이해시킬 수 있을지에 대해 초점을 맞추자. 나는 그에게서 엄청난 잠재력을 보았다. 나는 그가 다른 것에 한눈팔지 않기를 바란다.

(4) 반면에, 피해학생의 부모들은 당신이 그 상황을 괴롭힘이라고 생각하지 "않는다"라는 것에 동의하지 않을 수도 있다. 이런 경우 부모는 문제시되는 행동에 다시 초점을 맞추고 자신의 자녀가 얼마나 안전하다고 느끼는지에 주목하는 것이 좋다.

나는 이것이 정말 괴롭힘인지 아닌지를 따지는 것이 중요한 게 아니라고 생각한다. 가장 중요한 것은 헨리가 보기에 우리가 그 상황에 제대로 대처하였다고 느끼는가, 그리고 헨리가 학교로 다시 돌아가는 것에 대해 안전함을 느끼는가이다. 우리가 어떻게 헨리를 지원해 줄 수 있는지에 초점을 두자.

비밀 보장에 대해 이야기할 때는 충분히 설명해야 한다 — 이는 아무리 강조해도 지나치지 않다. 많은 부모들은 학교장들이 어떤 방식으로든 다른 부모의 아이들에 대해 논하는 것을 법으로 금지하고 있다는 점을 이해하지 못한다. 화가 난 부모에게 당신은 단지 비협조적으로 보이거나 심지어 다른 학생을 보호하는 것처럼 보일 수 있다. 하지만 당신에게 선택권이 없다는 점을 명확히 하는 것이 중요하다. 당신은 그들의 감정을 이해해야 하지만 법도 따라야만 한다.

🏃 6 당신이 대응하지 "않아야" 할 때는 언제일까?

나는 아이들에게 짓궂지 않은 장난은 장기적 차원에서 유익할 것이라고 말해 왔다. 만약 그 장난이 심각하게 충격적이거나 해로운 것이 아니라면, 그건 인생에서 필연적으로 겪게 될 모든 어려운 상황들에 대한 훈련이 된다. 그렇다면 이런 상황들은 언제 일어나는 것이며, 성인들이 반응하지 않아야 하는 때는 언제일까?

먼저 나는 이 주제를 항상 정확하게 다룰 수 있는 방법은 없다고 믿는다. 우리가 얼마나 열심히 노력하는지와 무관하게 때때로 이런 결과가 초래될 수 있다. 우리의 개입으로 도움을 받은 아이들이 아무것도 얻지 못했다고 여길 수도 있고, 또 한편으로는 스스로 해결해서 이득을 얻은 아이들이 또 그것을 그렇게 생각하지 않을 수도 있다. 그렇기 때문에 이러한 상황에서 100% 확신할 수 있는 방법은 없다. 왜냐하면 그 아이 혼자만이 상황과 관련된 모든 정보를 갖고 있을 가능성이 항상 존재하기 때문이다. 게다가, 교사들도 인간이기 때문에 그 상황과는 전혀 관련이 없는 일로 인해 영향을 받기 쉽다. 예를 들어 교사가 아이에게 "너 스스로 해결해 봐"라고 말했다면, 이때 교사는 그러한 방식이 적절하다고 생각해서 스스로 해결하라고 한 것이 아니라 하루 종일 일에 시달린 나머지 그러한 상황을 다루기에 자신이 너무 지쳤다고 느꼈기 때문에 이런 말을 할 수도 있다.

그럼에도 불구하고 실수를 최소화하는 데 도움이 될 만한 몇 가지 일반적인 지침들은 존재한다.

- **힘의 균형을 평가하라.** 한 아이가 다른 아이에 비해 약자인지 또는 다른 아이를 두려워하는지 스스로에게 자문해 보라. 만약 그렇다면, 더 자세히 살펴보는 것이 그냥 사건을 지나치는 것보다 더 적합한 접근이다.
- **다툼의 내용에 무게를 두어라.** 그 다툼이 상대적으로 중요하지 않다고 보이는지 스스로에게 물어보라. 누군가의 어머니가 알코올 중독자인지 아닌지에 대한 논쟁은 중요한 내용이지만 누가 미끄럼틀을 제일 먼저 탈 것인지에 대한 말다툼은 중요하지 않다. 말다툼의 내용이 실제로 누군가의 마음을 상하게 하는 것인가? 중요한 내용인가? 만약 그 대답이 '아니오'라면, 아이가 스스로 해결하도록 독려하는 것이 아마 더 나을 것이다.
- **다툼이 반복적으로 일어나는지에 대해 고려하라.** 내용과 관계없이

이 상황 또는 문제가 반복적으로 나타나는 것인가? 심지어 내용이 아주 사소해 보일지라도 그 문제 행동에 반복적으로 엮이게 되는 학생들은 본질적으로 더 큰 문제로 고생하고 있는 경우가 많다. 이 것은 대화가 필요하다는 숨겨진 신호이다.

- **숨겨져 있는 명백한 동기를 찾아라.** 여기서 조심해야 한다. 그리고 2장의 "고자질"과 관련된 부분을 반드시 읽길 바란다. 비록 보고된 상황과 다를지라도 명백한 이면의 동기는 항상 상황을 더 심각하게 ('덜 심각하게'가 아님) 봐야 한다는 신호이다. 예를 들어, 당신에게 한 어린 학생이 누군가가 자꾸 새치기를 한다며 걔네들에게 벌을 주라고 계속 말한다면 그건 "그 말을 하고 있는" 아이와의 대화가 필요하다는 신호이다. 당신은 계속 새치기를 하는 아이에게 진짜 문제가 있다고 결론 내릴 수도 있고 또는 정반대로 새치기한다고 말한 학생이 실질적으로 문제가 있는 학생이있다는 것을 발견할 수도 있다.

- **상황이 악화되고 있는 것인지 판단하라.** 아이들 사이에서 벌어진 상황이 악화되고 있다고 보인다면 어른들의 관심이 필요한 것이다. 아이들은 디지털상의 행동을 포함하여 자신들이 어떻게 상황을 악화시키는 데 일조하고 있는지에 대해 종종 이해하지 못한다. 이런 경우에는 아이들의 인식을 높이는 교육이 필요하다.

- **두려움에 대해서는 항상 반응하라.** 학생이 두려워한다면, 그 상황은 항상 당신의 세심한 주의가 필요한 것이다. 항상 그렇다.

- **항상 안정감을 줘야 한다.** 당신이 학생에게 스스로 해결하도록 말하거나 "고자질하지" 말라고(내가 권장하는 태도는 아니다) 말하더라도, 당신의 말을 끝맺을 때 중요한 일이라면 학생의 이야기를 들을 것이라는 것을 반드시 알려야 한다. 당신이 지금 당장 이야기를 듣지 못한다면 나중에라도 반드시 듣겠다고 해야 한다.

- 아이들에게 스스로 해결하기를 요구하는 경우에도, 해결 과정에 도움이 되는 단서를 제시하라. 단순히 "너희 둘이 해결해"라고 말하

기보다는 해결하는 데 필요한 과정을 아이들이 생각할 수 있도록 유도하라. "어른들에게 도움을 요청하지 않고 너희 둘이 이 일을 해결할 수 있는 방법은 무엇일까? 해결 방법을 말해 볼 사람 있니?"라고 물어보자. 만약 학생이 왜 자신들이 당신에게 온 것인지 이유를 말하는 것으로 답한다면(예를 들어, "하지만 그 애는 자기가 하겠다고 한 일을 항상 하지 않아요"), 그들이 타협할 수 있도록 옆에서 도와만 주고 가만히 있어야 한다. 바라건대, 당신이 이때 쓴 몇 분의 시간은 앞으로 아이들이 작은 문제를 스스로 해결할 수 있도록 하는 데 쓰일 것이다.

...

이 장에서 나는 괴롭힘 가해학생과 피해학생에게 대응하는 것에 대해 논의하였다. 그러나 주변인과 함께 괴롭힘에 대응하는 것은 어떨까? 지난 5년 동안 당신이 신문을 본 적이 있다면, 아마도 주변인들이 중요하다는 점에 대해 읽은 적이 있을 것이다. 그럼 7장에서 이에 대해 본격적으로 이야기해 보도록 하자.

제7장

주변인들과 다른 또래들을
참여시키는 것

친사회적 행동을 길러 주는 발달적인 접근

제7장

주변인들과 다른 또래들을 참여시키는 것

친사회적 행동을 길러 주는 발달적인 접근

주변인들은 괴롭힘 문제의 해결책이다.

주변인들이 우리가 원하는 아래의 것들을 할 수 있다면,

괴롭힘 상황에 적극적으로 개입하거나,

그러한 상황을 볼 때마다 괴롭힘을 막고,

어떤 내용이든 어른에게 즉각적으로 보고할 수 있다면

아마도 괴롭힘 문제는 줄어들 것이다.

그런데, 무엇이 그들을 주저하게 만드는 것일까?

 1 "주변인들"은 누구인가?

주변인(bystander)이라는 단어는 의미가 모호하다. 따돌림 상황에서는 잠재적으로 중요한 몇몇의 주변 또래 집단이 존재한다. 일부 학생들은 확실하게 그 상황을 목격한 목격자가 되기도 하고, 또 다른 학생들은 그 상황에 직접 있지는 않았지만 사건에 대해서는 인식하고 있기도 하다. 나는

이들을 **목격자**(witnesses)(협력자나 비협력자가 될 수도 있는) 또는 **의식하고 있는 또래들**(aware peers)이라고 부른다. 특정한 괴롭힘 사건을 알지 못한다 할지라도, 어떤 또래 집단들은 가해자와 친구가 되고 가해자를 지지함으로써 괴롭힘을 부추기기도 한다. 나는 이러한 또래들을 **가해 동조자**(bully-friends)라고 말한다.[1] 나는 그들의 특징에 대해 먼저 연구하여 이들에게서 핵심적인 다른 점들이 나타나는지 확인하는 것이 이들 각 집단에 동일한 예방적 접근 방식이 적용되어야 한다고 추정하는 것보다 더 흥미로울 것이라고 생각한다. 그러나 사실 대다수 연구들에서는 다른 점들이 발견되지 않았다. 그래서 이번 장에서는 더욱 포괄적으로 "주변인들"에 대해 다루고자 한다. 3~12학년 학생들과 대학교 신입생을 대상으로 한 나의 연구에서, 목격자들과 의식하고 있는 또래들 그리고 가해 동조자 사이에서 몇 가지의 유사한 점들을 찾아낼 수 있었다. 이에 해당되는 발견 사항들을 아래에 인용해 보겠다.

2 주변인들은 항상 괴롭힘 현장에 있거나 괴롭힘을 인식하는가?

다양한 연구들은 대부분의 괴롭힘 상황에서 주변인들이 존재한다고 말해 왔다. 이와 관련하여 지속적으로 인용되는 연구 중 하나는 괴롭힘 사례에서 또래의 85%가 주변인이라는 것을 발견한 캐나다의 연구이다.[1] 이 연구가 단지 한 초등학교에 다니고 있는 27명을 대상으로 했다는 것과, 거의 15년도 더 된 연구라는 점에 대해서는 아무도 주목하지 않는다. 하지만 이 연구를 수행했던 연구자들은(Atlas와 Pepler) 연구를 할 때 기발

---

1) (역자주) 주변인의 유형은 Christina Salmivalli가 4집단으로 분류한 유형이 가장 많이 인용된다. 가해자를 직접적으로 돕는 가해 동조자(assistant), 가해행동을 간접적으로 부추기는 가해 강화자(reinforcer), 모른 척하거나 개입하지 않는 방관자(outsider) 그리고 피해자의 편에 서는 피해 방어자(defender)이다. 저자의 주장과 달리 이러한 4집단의 특성이 서로 다르다는 연구들도 많이 발표되었다.

한 전략을 사용했다. 그들은 한 학교에서 직접적인 괴롭힘 상황들을 관찰했고, 다른 학생들이 그 자리에 있었거나 목격한 사건에 대해 직접 보고 횟수로 세어 본 것이다. 비슷한 접근 방법을 사용한 O'connel, Pepler와 Craig는 토론토의 두 학교에 있는 놀이터에서 괴롭힘 사건들에 대해 기록했다. 그리고 괴롭힘 사건 중 절반 이상(53%)의 사건들에서 주변인들이나 목격자가 있었다는 사실을 발견하였다[2](연구자들은 2번째 연구가 더 낮은 %로 나온 이유를 동영상에서 말이나 심리 전술 사용과 같은 미묘한 괴롭힘을 포착하지 못했기 때문으로 추측했다).

위에서 언급한 연구들은 주변인과 관찰자를 포함하는 사건의 비율을 측정하는 것인 반면에, 다른 연구들은 단지 학생들이 주변인이었는지에 대해 물어보았다. 이러한 연구들에서는 일반적으로 매우 높은 비율의 학생들이 괴롭힘 상황을 관찰했다고 응답했다. 한 연구는 88%의 학생들이 괴롭힘을 목격했다고 응답했고, 다른 연구는 68%가 목격했다고 응답했다.[3] 또한 Youth Voice Project(YVP)는 54%의 학생이 언어 폭력을 목격했다는 것을 발견했다[4](YVP는 Stan Davis와 Charisse Nixon이 수행한 독특한 연구 중 하나로 13,000명의 학생에게 어른과 또래의 전략들이 괴롭힘 상황에 얼마나 다른 영향을 주는지에 대해 연구하였다). 대학교 신입생을 대상으로 한 나의 연구에서 70%의 학생들은 전통적 괴롭힘이나 사이버 괴롭힘을 본 적이 있다고 응답했다.[5] 최근의 다른 연구에서도 비슷한 비율의 학생들 (88%)이 또래의 잔인함을 목격했다고 응답했다(그럼에도 불구하고, 중요한 것은 오직 12%의 학생들이 "빈번하게" 봤다고 응답했다).[6]

두 유형의 통계 자료가 같이 자주 인용됨에도 불구하고, 여기에서 발견되는 근본적인 어려움 중의 하나는 괴롭힘을 본 학생들의 비율과 관찰자가 있는 괴롭힘 사건의 비율이 같지 않다는 것이다. 예를 들어, 하나의 괴롭힘 사건이 여러 주변인들에게 관찰되었고 그것이 괴롭힘을 본 사람들의 비율을 과장했을지도 모르지만 목격자들이 있는 사건의 비율은 바뀌지 않을 것이다. 즉, 이 수치들은 많은 아이들이 전통적 괴롭힘과 사이버 괴롭힘을 본 적이 있다고 말하지만, 단지 직접적인 관찰 연구들만이

실질적으로 많은 비율의 사건들이 증인을 가지고 있다는 것을 보여 줄 수 있다.[2]

다시 한 번, 디지털 의사소통은 이러한 쟁점을 복잡하게 한다. 직접 관찰법은 아마 학교 안에서 일어나는 사건을 측정하는 최선의 방법일 것이다. 그러나 사이버 괴롭힘은 직접적으로 관찰되는 경우는 극히 드물다(설사 관찰된다 할지라도). 만약 연구자들이 학교 안을 돌아다닌다면, 괴롭힘 상황을 보게 되는 좋은 기회가 있을 것이다. 그러나 인터넷은 훨씬 더 넓은 영역이다. 연구자들이 사이버 괴롭힘을 목격하기 위해서는 수많은 온라인 접촉을 해야 하고, 가능한 한 오랫동안 SNS 사이트에 머물러 있어야 한다. 하지만 연구자들은 여전히 문자 메시지를 보내는 것과 같은 다른 출처들에서의 사이버 괴롭힘은 관찰할 수 없을 것이다. 이런 현실은 학교와 온라인상에서 주변인들의 존재를 측정하기 위해 다른 방법을 사용하는 것을 필요로 할 것이나. 그래서 나는 피해자에게 나른 아이들이 피해자가 괴롭힘 당했던 사실을 알고 있었는지(의식하고 있는 또래들), 다른 아이들이 괴롭힘과 사이버 괴롭힘이 일어난 것을 실제로 봤는지 물어보기로 했다. 예측한 대로, 학생이 괴롭힘을 인식한 사건이 괴롭힘을 목격한 사건보다 더 많았다. 학교 안에서의 괴롭힘에는, 피해자의 37%가 괴롭힘이 일어나고 있는 상황에서 목격자가 있었다고 응답했고, 42%는 괴롭힘을 인식한 학생이 있다고 응답했다. 온라인에서는 피해자의 23%가 목격자가 있었다고 응답했고, 30%는 다른 학생들이 사이버 괴롭힘에 대해 알고 있었다고 응답했다.

---

2) (역자주) 주변인을 포함한 괴롭힘 관련 대부분의 연구는 괴롭힘 관련 학생들의 경험을 설문지를 통해 물어보는 방식으로 그들의 회상 경험을 표시하게 한다. 과거의 경험이기 때문에 정확성이 떨어질 수 있고, 솔직하게 표시하지 않고 자기에게 유리한 방식으로 (특히 가해학생은 괴롭힌 적이 없다고 말할 가능성이 높아짐) 표시할 가능성이 높다. 이처럼 사회적 바람직성(social desirability)이 높아지기 때문에 저자가 주장하는 것처럼 직접 관찰하는 방식이 보다 정확한 수치를 보여 줄 수 있다. 반면 직접 관찰하는 경우 비가시적인 사회적 괴롭힘이나 학교 밖에서 흔히 발생하는 사이버 괴롭힘은 정확한 수치를 보여 주기 어렵다.

가해 동조자(bully–friend)를 연구하면서, 우리는 가해자들이 학교에서 사회적으로 고립되어 있지 않다는 것을 알게 되었다. 초등학생의 25%는 괴롭힘 가해자였던 친구가 있었다고 응답했다. 추가적으로 18%는 어떤 시점에서는 괴롭힘 사건의 가해자와 친구로 지낸 적이 있다고 응답했다. 피해자의 많은 수가 그들을 괴롭혔던 학생이 한때 또는 괴롭힘이 일어나기 전에 그들의 친구였다고 응답했다(초등학교에서는 40%, 중학교 또는 고등학교에서는 46%). 나는 피해자가 가해자를 적극적으로 지지했다고 생각하지는 않지만(친구라 하더라도), 괴롭힘 가해자와 친구가 됨으로써 자신들도 모르게 피해자들은 괴롭힘 상황을 조장하거나, 용인하도록 도와줬을 것이라고 누군가는 주장할 수도 있을 것이다.

학교에서 일어나는 따돌림에 대해서 알고 있는 가해자의 친구들과 직접 본 목격자들은 꽤 흔하게 있다는 것을 수치로 알 수 있다. 결과적으로 Atlas와 Pepler 연구의 전체적인 의미와 일치하는 다수의 따돌림 사건들은 직접 또는 온라인상에서(하지만 특히 직접적으로) 또래들에게 보여지거나 회자되고 있다는 것을 알 수 있다. 1학년을 대상으로 했던 연구에서, 주변인의 61%가 그들이 목격한 괴롭힘 상황에 대해 친구와 이야기를 했었다고 응답했지만(학교 안에서나 온라인상에서), 오직 15%의 학생만이 어른에게 이야기를 했다고 응답했다. 그렇기 때문에 아마도 학교에서 무슨 일이 일어나는지에 대해 가장 잘 아는 사람은 어른이 아니라 학생들일 것이다. 몇몇의 피해자들은 다른 학생들이 그 상황을 아는 것에 대해 불쾌하게 생각할 수 있겠지만, 우리는 또래 학생들이 괴롭힘 상황을 아는 바로 이 점을 통해 피해자들의 상황을 도울 수도 있을 것이다.

3 왜 주변인이 중요한가?

괴롭힘은 일반적으로 "학교 전체의" 접근이 필요하다고 설명된다.[7]

주변인들은 기본적으로 괴롭힘을 조장하는 역할(facilitators)과 괴롭힘을 예방하는 역할(preventors) 양쪽 모두와 관련이 있다. 만약 괴롭힘 가해자들이 힘과 지위를 추구한다면 괴롭힘 행위를 목격하거나 알아줄 다른 사람들이 필요할 것이다.[8] 이러한 목격자를 요구하게 된다는 점은 또래 간 폭력과 다른 유형의 대인 간 폭력 사이의 중요한 차이점이며, 이는 예방을 위한 중요한 시사점을 제공해 준다. 어른이 아이에게 저지르는 또는 배우자에 대한 폭력은 일반적으로 비밀 유지가 가장 중요한(법적 사유와 사회적 규범 때문에 비밀 유지가 요구된다) '은밀한 행동'이다. 또래 간 폭력인 전통적 괴롭힘과 사이버 괴롭힘은 주로 어른들에게는 비밀스럽게 이루어지지만, 아이들끼리의 세계에서는 또래들이 목격하도록 조장된다. 결과적으로 우리에게는 은밀한 형태의 폭력과는 달리 또래 괴롭힘에 맞설 수 있는 도구가 있는 것이다. 전통적 괴롭힘과 사이버 괴롭힘 상황을 알고 있는 또래들은 이러한 문제들을 믹을 수 있는 특별한 기회를 갖고 있는 셈이다. 하지만, 우리는 오로지 그들이 괴롭힘 대상을 도울 수 있을 것이라는 이유만으로 그들의 도움을 추구하는 것은 아니다. 주변인은 스스로 인식하든지 못하든지 그들 또한 학교 풍토를 직접적으로 구성하며, 결과적으로 그 환경에 영향을 끼칠 수도 있다.

1) 주변인은 괴롭힘을 야기할 수도, 악화시킬 수도 있다.

위에서 언급했듯이, 목격자의 존재는 흔히 괴롭힘이 발생하는 주요한 원인으로 보인다. Konstantina와 Pilois−Dimitris는 주변인의 존재가 가해자에게 사회적 위세를 부여해 주기 때문에 괴롭힘의 주요한 원인 중 하나라고 보았다.[9] O'Connell의 연구에서 (모든 사건에 걸쳐) 주변인의 절반 이상이 괴롭힘을 지켜보았고 이에 따라 (아마도 의도치 않게) 가해자들의 행동을 강화함으로써 적극적으로 괴롭힘을 지지하였음이 드러났다.[10] O'Connell, Pepler 그리고 Craig의 운동장에서의 괴롭힘 사건 기록을 토대로 진행한 연구는 더 자세한 설명을 제공한다. 그들은 그저 단순히 목격자 한 사람이 괴롭힘의 원인이 될 수 있는 것이 아니라, 더 많은 목격자들이 사건을 실질적으로 악화시켰음을 발견했다. 그들이 기록한 각각의 괴롭힘 사건에서 (평균적으로) 4명의 아이들이 목격하였지만, 목격자가 더 많이 있을수록 괴롭힘 사건은 더 오랜 기간 지속되었다.[11] 이러한 자료에도 불구하고, 나의 현장 경험에 따르면 많은 학생들은 "그저 보기만 하는 것"은 중립적인 것이며 괴롭힘 사건에 아무런 영향을 끼치지 않는다고 믿고 있었다. 하지만 관련 연구들은 이것이 사실과 다르다는 점을 시사한다. 상황을 관찰하는 어른들처럼 (5장 참고), 주변인은 정말로 중립적인 위치라고는 말할 수 없을 것이다 — 만약 그들이 보기만 하고 아무 행동도 하지 않는다면, 그들은 가해자를 실질적으로 강화시키고 있는 것일 수도 있다.[12] 그러므로 주변인에게 주어질 첫 번째 지침은 "아니오, 당신이 괴롭힘을 보고 있다면 당신은 중립적 상태에 있는 것이 아닙니다"라는 것을 알려 주는 것이다. 이에 덧붙여 목격자가 취할 수 있는 반응의 다양한 형태에 대한 논의로는 간단하게 그 자리를 떠나는 것이 포함될 수 있을 것이다. 이것은 종종 피해자를 버리는 것 같기 때문에 불편함이 느껴질 수 있지만, 상황에서 벗어나는 것이 다른 전략들(예, 친구 또는 어른들에게 도움 청하기)과 함께 이루어진다면 아주 좋은 해결 전략이 될 수도 있다. 실제로 국제 연구에 따르면 교사를 불러오기 위해 괴롭힘 현장을 벗어나는 것은 실제로 주변인들에게 선호되는 전략임을 확인하였다.[13]

2) 주변인은 자신이 목격한 괴롭힘에 영향을 받는다.

몇몇 연구들은 주변인이 괴롭힘을 목격함으로써 심리적인 영향을 받는다는 점을 밝혀냈다.[14] 2011년에 Carney, Jacob 그리고 Hazler는 괴롭힘이 주변인에게 미치는 영향력에 대해 연구하였다.[15] 그들의 연구에서 괴롭힘이 심리적 외상으로서 피해학생과 주변인들 모두에게 심리적·생리적인 변화를 야기했다는 것이 밝혀졌다. 불안 수준, 관계에 대한 신뢰 그리고 스트레스의 생리적 지표(코티졸[3]; cortisol 수준)들은 모두 괴롭힘에

---

3) (역자주) 스트레스 호르몬으로 알려진 코티졸은 다양한 스트레스(긴장, 공포, 고통, 감염 등)에 반응하여 분비되는 부신피질 호르몬 중 하나다. 이 호르몬은 외부 자극

(피해자 또는 목격자로서) 노출되는 것과 관계가 있었다.

Rivers는 2009년 주변인들에게 괴롭힘이 미치는 영향력을 검토하는 중요한 연구를 수행했다.[16] 영국의 2천 명이 넘는 학생들을 대상으로 실시한 이 연구는 괴롭힘을 관찰한 사람들 사이에서 의미 있는 심리적 영향을 발견하였다. 이 심리적 영향에는 불안, 적대감, 공포증, 우울, 신체적 통증 그리고 강박적 행동들이 해당했다. 중요한 것은, 이런 결과들이 괴롭힘 또는 다른 유형의 폭력의 피해자가 아닌 관찰자 또는 주변인에게서도 발견되었다는 점이다. 이전에 피해 경험이 있는 학생이 괴롭힘을 목격함으로써 받는 영향은 그렇지 않았던 이들에 비해 어떠할까? Rivers는 이전에 괴롭힘 경험이 있었던 주변인에게는 심리적인 재희생자화(psychological revictimization)가 트라우마의 중요한 원인일 수 있다는 이론을 제시했다. 그러나 괴롭힘 피해 경험이 없는 주변인조차도 괴롭힘에 맞서야만 한다는 자신의 생각과 그렇게 하지 못한 실제 자신의 모습 사이에서 심리석 긴장감을 느낄 수 있다. 이런 불편감은 주변인들이 피해학생에게 적대감을 보이는 이유가 되기도 한다(심리학자들은 이러한 심리적 불편감을 **부조화** (dissonance)라고 부른다[4]). 아마도 주변인은 자신이 괴롭힘에 맞서지 못했다는 것으로 스스로 생각하기보다는 괴롭힘의 피해자가 괴롭힘받을 만하다고 결론짓는 편이 자신에게 더 편하다고 생각할 수 있다. 이는 다소 우려스러운 상황이 발생할 가능성을 야기한다. 목격자들에게 괴롭힘에 개입을 "**해야 한다**"라고 강조하는 일은 오히려 그들로 하여금 피해학생에게 적대감을 표현하게끔 야기할 수도 있다는 것이다.

에 대항하여 신체 각 기관으로 더 많은 혈액을 방출시켜 혈압과 포도당 수치를 높이며 맥박과 호흡량을 증가시킨다. 장기적으로 스트레스를 받을 경우 다양한 질병의 근원이 되기도 한다.

4) (역자주) 인지 부조화는 개인의 신념, 태도, 행동 간의 불일치 또는 부조화 상태가 발생하면 불편감이 생기게 되고, 이를 해소하기 위해 기존의 태도나 행동을 바꾸게 된다는 이론이다. 괴롭힘을 목격했을 때 피해자를 도와야 한다는 사회적 규범은 인식하고 있으나 두려움 때문에 돕지 못하는 자신의 행동 사이에 불일치가 발생하면 심리적 불편감이 생기며, 이러한 불편감을 해소하기 위해 피해자가 괴롭힘당할 만하다는 생각을 함으로써 자신의 행동을 합리화시키는 심리적 기제를 말한다.

3) 주변인은 피해학생을 위한 강력한 지원군이 될 수 있다.

주변인은 자신이 갖고 있는 영향력 — 그들이 영향력을 갖고 있음은 의심의 여지가 없다 — 에 비해 다른 학생의 괴롭힘 상황과 자신은 관련이 없다고 생각한다. 안타깝게도 학생들이 괴롭힘 사건에 개입하기를 독려하는 표어(slogan)들은 항상 제 역할을 하지 못한다. 예를 들어, "어른에게 말하라"라는 표어는 잘못하면 학생들에게 또래 간의 괴롭힘에 대해 다른 학생들은 관련이 없다는 인상을 줄 수도 있다. 이는 성인의 역할을 강조하여, 그로 인해 (학생들을 포함한) 모든 사람들이 타인에게 관심을 가져야 한다는 책임을 강조하는 데는 효과적이지 못하다.

또한 주변인이 학교 전체에 괴롭힘이 어떤 영향을 미치는지 깨닫지 못한다면 괴롭힘과 관련한 자신들의 책임을 이해하지 못할 수도 있다. 괴롭힘이 지역 사회 내에서 벌어진다면 모든 구성원들에게 부정적인 영향을 미치게 된다. 모든 지역 사회 구성원들은 문제와의 이해관계로 얽혀져 있으며 그렇기 때문에 괴롭힘을 멈추거나 줄이기 위한 동기를 갖고 있다. 어느 학교의 학생들이든 누군가를 향한 괴롭힘이 그들 개인에게 어떤 영향을 줄지 생각하고 이해할 필요가 있다. 비록 내가 현장에서 만나 본 많은 아동들은 일반적으로는 괴롭힘이 학교에 어떤 영향을 미치는지 항상 인식하고 있지는 않았지만, 개인적으로는 괴롭힘을 목격하는 것이 그들 자신에게 영향을 미친다는 것은 알고 있었다. 나는 아직 한 번도 아이들이 학교에서 일어난 괴롭힘으로부터 전혀 영향을 받지 않는다고 말하는 것을 들어본 적이 없다. 또한 아이들은 자신이 직접 괴롭힘 피해를 받는 것이 아니라고 해도, 괴롭힘이 발생했을 경우 그에 대해 걱정할 수밖에 없다고 말한다.

4 주변인은 무엇을 해야 하는가?

주변인들의 의무에 대한 논의에서, 나는 장기적인 전략 — 예를 들어, 학교 풍토 바꾸기 또는 학부모들이 보다 더 관여하게 만들기 — 은 다루지 않으려 한다. 대신, 즉각적인 조치들을 통해서 학생들이 전통적 괴롭힘이나 사이버 괴롭힘을 목격했을 때, 또는 그 이후에라도 빨리 그에 관여할 수 있게 — 성인에게 알리기, 가해학생에게 멈추라고 말하기, 피해학생이 상황을 벗어날 수 있게 돕기 또는 친구들의 지지를 유도하기 등 — 독려하는 방법을 제안하려고 한다.

성인에게 알리는 방법을 강조하는 것은 매우 중요하기 때문에 나는 이 부분에 대한 논의부터 제시할 것이다. 그러나 이후에는 나의 (그리고 다른) 연구를 토대로 하여 학생들이 실질적으로 사용할 수 있는 대응 방법에 중점을 두려 한다.

1) 행동 1: 성인에게 알리기

학교 현장에서, 나는 종종 두 가지의 서로 다른 신념들을 마주하곤 하는데 이에 대해 놀랄 수밖에 없었다. 첫 번째는 아이들이 성인에게 반드시 보고하도록 독려해야 한다는 생각이다. 이는 아이들이 또래에게 알리는 것을 (대개) 훨씬 더 편하게 느낀다는 점을 보여 준 많은 연구 결과들과는 맞지 않는 말이다. 나를 놀라게 했던 두 번째 생각은 성인에게 보고하는 것이 실제로 괴롭힘 상황을 중단시키는 데 효과적인 방법이라고 여기는 암묵적 가정이다. 나는 학생과 성인 모두가 괴롭힘에 대한 책임감을 갖는 것을 원하기 때문에, 이러한 두 가지 신념들을 다시 한 번 점검해 보는 것은 중요하다고 생각한다.

(1) 그들은 보고했을 수도 있다 — 단지 당신에게 말하지 않았을 뿐

당신이 보고하는 행위를 어떻게 정의하느냐에 따라 아이들은 보고를 할 수도, 안 할 수도 있다. 여러 연구에 따르면 괴롭힘을 알리도록 학생들에게 독려함에도 불구하고 많은 학생들은 성인에게 괴롭힘 상황을 보고하지 않는다.[17] 명백하게 그들이 괴롭힘을 보거나 경험했지만 누구에게도 말하지 않는다면 그들은 결국 보고하지 않은 것이다. 그러나 많은 연구 대상들은 친구 또는 형제자매와 괴롭힘에 대해 빈번히 이야기한다고 응답했다. "성인에게 알리기" 방법의 관점에서 이는 보고하는 행위라고 간주되지 않는다. 하지만 나는 학생이 고통스러운 상황에 대해서 친구들에게 이야기하는 것을 가장 분명한— 그리고 잠재적으로 생산적인 방법의— 보고 행위라고 말하고 싶다. 대학교 신입생을 대상으로 진행된 나의 연구에서 학생들은 자신에게 괴롭힘 상황에 대해 말하는 친구를 어떻게 도울지 알고 있었다. 대략 2/3의 학생들은 그 상황에 대해 친구와 이야기하고 그 친구들의 기분을 나아지게 하려고 노력할 것이라고 말했다; 41%는 성인에게 알리는 방법에 대해 논의하거나 그들의 친구가 그렇게 행동할 수 있도록 도울 것이라고 이야기했다; 27%는 친구가 사이버 괴롭힘과 관련된 웹사이트에 알리도록 도울 것이라고 답했다. 친구들은 또한 다른 친구가 상황을 구조화(frame) 또는 재구조화(reframe)하는 것을 도와줄 수 있다; 그들은 괴롭힘에 대해 알린 친구가 그 사건을 더 잘 이해할 수 있도록 돕는 질문들을 건넬 수도 있고 상황에서 모순된 부분을 지적할 수도 있다. 또한 이들은 정서적인 지지를 제공할 수 있으며, 만약 가능하다면, 필요한 해결 방법을 계획하고 실행하는 데 도움을 줄 수도 있다. 마지막으로 이와 관련하여 중요한 점은 아이들은 성장하면서 무언가를 알리기 위한 목적으로 또래들을 더 많이 찾는다는 점이다; 이는 병리적인 현상이 아닌 발달상 아주 자연스럽고 적응적인 행동이다.

2011년 2만 천 명의 학생을 대상으로 한 나의 연구를 보면 학년이 올라가면서 성인보다는 또래에게 (괴롭힘과 관련된) 보고를 하는 경향이 뚜렷하게 나타난다. 초등학교 학생들은 우선적으로 부모와 교사에게 보고한다; 하지만 중·고등학생이 되면 교사에게 알리는 것은 거의 최후의 수단이 되고, 이들의 발달적 특성상 또래가 가장 최우선의 보고 대상이 된다.

연령이 높은 학생들은 보다 심각한 사건들의 경우는 이를 지속적으로 부모에게 보고하지만, 초등학교 이후 발생하는 단발성의 또는 사소한 사회적 문제 상황들은 부모에게 보고되는 경우가 훨씬 적다. 아이들이 자라면서, 교사에게 알리는 일은 줄어들고, 또래에게 알리는 일은 증가한다.[18]

신입생 대상의 연구에서, 가장 많은 비중을 보였던 집단은 오직 친구들에게만 보고한 집단이었다(41%). 나머지 60%는 오직 성인에게만 보고한 경우(20%), 누구에게도 알리지 않은 경우(20%) 그리고 모두 — 성인과 친구들 — 에게 알린 경우(20%)로 동등하게 나뉘어졌다. 전체에서는 37%의 학생이 성인(학교 교직원 그리고/또는 학부모)에게 보고하였으나 60%의 학생들은 또래에게 알렸다. 이것은 학생들이 누구에게 보고하는 것을 선호하는지 잘 나타내 주며 이러한 결과에 대해서는 모두가 예상했을 것이다. 성차가 존재한다는 것도 그리 놀라운 일은 아니다. 보고 대상이 성인에서 또래 친구들로 변화하는 것은 연구 대상 중 여학생들에게서 더 분명히 드러났다. 전체적으로 보면, 남학생의 45%가 또래에게 얘기한 반면, 여학생들은 66%가 또래에게 말했다. 성인에게 알리는 학생의 비율은 남녀가 비슷했는데, 남학생의 경우는 누구에게도 알리지 않는 것을 더 선호하는 경향이 있었다.

이러한 연구 결과들을 보면 아동기 이후에 어른에게 보고하는 것이 줄어드는 현상을 일종의 실패라고 생각할 수 있다. 하지만 나는 청소년기 아동들이 그들의 정서적 필요의 일부분을 또래로 돌리는 것을 실패로 보는 것에는 논쟁의 여지가 있다고 본다. 오히려 이런 현상은 정상적인 것이고, 우리가 교육자로서 성공적으로 아동들이 우리에게 보고하도록 권장하지 못했기 때문이라고 생각한다. 우리가 성공적이지 못한 이유는 청소년기의 불가피한 인지적 성장과 사회적 성장을 이용하기보다는 오히려 이러한 경향성에 역행했기 때문이라고 생각한다. 아동들이 별로 중요하지 않은 지인들에게는 보고하지 않으려고 한다는 것을 숙지하는 것은 매우 중요하다; 대학교 신입생을 대상으로 한 연구에서, 또래에게 보고한 경험이 있는 남학생과 여학생은 모두 "다른 애들"보다는 "가까운 친구들"에게 비밀을 털어놓았다("다른 애들"이 15%라면 "가까운 친구들"은 85%). 이러한 수치를 일반적인 청소년 성장 과정에 비추어서 생각해 본다면, 왜 그렇게 많은 아동들이 어른보다는 또래에게 보고하는지에 대해 이해하기 쉬울 것이다.

학생들에게 괴롭힘에 대해서 어른에게 보고하라고 권장하는 것은 당연히 잘못된 것이 아니다. 다만 문제가 되는 것은, 현실적으로 학생이 보고할 수 있는 사람의 범위는 넓으나(교육자, 부모님, 친구, 형제), "어른에게 말하라"라고 할 때 학생들이 보고할 수 있는 사람은 오직 교육자뿐이라는 의미를 내포할 수 있다는 것이다. 아동들에게 자신이 처한 상황을 자신과 친한 사람들 ─ 친구, 형제 또는 어른? ─ 에게 이야기함으로써 얻는 이점을 다루는 프로그램이 몇 가지나 있는가? 대부분의 사람들이 궁극적으로는 자신과 친한 사람에게 고민을 상담하기를 선택하지만, 우리가 아동들에게 본인이 처한 어려움을 친한 사람에게 얘기하라고 격려하지 않는 것은 어떻게 보면 모순적이다. 이러한 명백한 자원들을 간과하고 있기 때문에 우리는 아동들에게 오히려 둔감하고, 비밀을 털어놓기 부적절한 사람으로 여겨질 수 있다. 학생들이 어른과 이야기하기를 진심으로 바란다면, 우리는 학생들이 보다 신뢰할 수 있는 대안이 되어야 한다. 하지만 이것은 동전의 양면과 같다. 우리가 피해자가 친구들에게 도움을 요청하는 것을 현실적으로 격려하기 위해서는 사전에 괴롭힘 상황 때문에 친구가 도움을 청할 때 학생들이 어떻게 도와줄 것인지를 미리 생각해 보도록 도와야 한다.

하지만 아동들이 또래에게 보고하는 것을 선호한다는 사실 이외에도, 어른에게 보고하라고 강조하는 것과 관련하여 또 다른 문제가 있다. "어른에게 말하라"라고 당부하는 것은 매우 중요한 가정을 내포한다: 힘이 있는 사람에게 보고하면 피해자의 상황을 개선시킬 것이라는 믿음이다. 그런데 정말 그러한가?

(2) 보고하는 것은 과연 효과적인가?

신입생을 대상으로 한 연구에 의하면 학생이 괴롭힘 상황을 보고했을 때 어른들의 반응이 매우 긍정적이라고 느꼈을 경우 보고하는 것이 효과적이었다고 한다. 일반적으로 어른들은 자신이 그 상황을 해결하겠다고 보고자들에게 말을 했다. 어른들은 보고한 학생의 "기분이 나아지도록"했고 피해자에게 "걱정하지 마"라고 말을 했다. 학생들에게 "네 일은 네가 알아서 해"라고 말하는 것과 같은 부정적인 반응은 드물었다. 하지만 다른 여러 관점에서 보았을 때, 보고하는 것이 괴롭힘 상황에 대한 충분한 해결책이라고 단언할 수는 없다. 내 막내아들이 유치원생이었을 때, 아들은 놀이터에서 한 남자애가 여자애한테 (조금) 짓궂게 대했던 장면을 말해 주었다. 내 (반사적인) 반응은 "그 여자애는 선생님한테 가서 말을 해야 해"였다. 그러자 내 아들은 진지하게 "엄마, 그건 좋은 조언이 아니야. 사소한 모든 일을 선생님한테 말하면 왕따가 될 거야"라고 말했다. 내 아들의 말에는 중요한 포인트가 있다. 우리는 흔히 좋은 의도로 "어른에게 말해"라고 하지만, 이 충고의 유용성은 아마노 우리가 생각하는 것보나 더욱 제한되어 있을 것이다.

보고하는 것의 효과에 대한 여러 문헌과 연구 결과들은 일관되지 않는다. 예를 들면, 2004년에 네덜란드에서 2,700명이 넘는 학생을 대상으로 진행된 연구에서는 어른의 개입은 효과적이지 않았다고 보고되었다.[19] 다른 연구에서는 어른들이 주는 조언의 효과는 아동들의 연령에 따라 다르다는 결과가 나왔다. 다시 말하면, 어른들의 조언은 나이가 많은 아동들보다 어린 아동들에게 더 도움이 되었다.[20] 학생들에게 설문조사를 해본 결과, 비록 소수의 학생들은 선생님의 개입이 효과적이라 생각했지만, 대부분의 학생들은 그렇지 않다고 생각했다.[21] 토론토의 학교들을 대상으로 한 대규모 연구에서 교사들은 자신들이 잘 대응한다고 믿었지만, 학생들은 교사들의 대처 방법이 효과적이지 않다고 응답했다.[22] 마지막으로, 내가 대학교 신입생을 대상으로 한 연구에서는 교직원에게 보고하는 것은 어느 정도 효과적이라는 의견이 나왔다. 비록 괴롭힘 가해자를 처벌하는 것이 "성공"의 척도인지에 대해서는 의견이 분분하긴 하지만, 교직원에게 괴롭힘을 보고한 80%가 결과적으로 가해자가 처벌됐다고 응답한 반면, 보고하지 않은 학생들은 20~30%만이 가해자가 처벌되었고, 또래에게 보고한 학생들은 30%에 그쳤다.

이처럼 연구 결과들이 일관되지 않는 이유에 대해 한 가지 가능한 설명은 우리가 보고에 대해 갖는 기대의 차이 때문이라고 할 수 있다. 보고를 통해서 성취되어야 하는 것은 무엇인가? 즉각적으로 괴롭힘 상황을 해결해야 하는가? 아니면 피해자가 감정적으로 대응하는 것을 도와주어야 하는가? Youth Voice Project(YVP)에 의하면, 같은 편이라는 것을 강조하고 감정적으로 지지해 주는 어른들의 반응이 피해자에게 가장 도움이 되었다. 이러한 경험은 "제 말을 들어 주었어요", "괴롭힘이 멈추었는지 나중에 저랑 같이 점검해 주었어요" 그리고 "저에게 조언을 해 주었어요" 등의 말들을 포함한다. 상황을 해결하는 데 초점을 맞춘 전략들(예, 가해자 처벌하기, 중재, 어른의 감독을 증가시키기 그리고 다른 아동[들]과 이야기를 해 보겠다고 약속하기)은 어떤 경우에는 도움이 되었지만 다른 경우에는 오히려 해가 되었다. 대학교 신입생을 대상으로 한 나의 연구에서도 이와 비슷하게 이야기를 나누는 것과 지지를 해 주는 것이 어른들이 할 수 있는 가장 도움이 되는 행동으로 나타났다(64%가 이것을 지지했다). 절반 정도의 응답자들은 점검을 자주 하는 것이 도움이 되었다고 했고, 비슷한 비율의 응답자들은 다른 교사들과 이야기를 나누는 것이(그러면 더 많은 사람들이 괴롭힘 상황을 주시하기 때문에) 도움이 되었다고 했다. 이러한 연구들이 보여 주는 것은 사람마다 효과에 대한 정의를 다르게 내릴 수 있기 때문에 단순히 보고하는 것이 효과적이었는지를 묻는 것은 충분하지 않다는 것이다. 보고의 효과성을 측정하기 위해서는 효과적이라는 것이 정확히 무엇을 뜻하는 것인지에 대해 먼저 설명을 해야 한다.

하지만 효과성과 같은 불명확한 용어를 사용하는 것이 보고에 대한 연구 결과들이 제각각인 이유를 설명할 수 있는 단일 요인은 아니다. 또 다른 가능성은 어떤 연구들은 추상적인 상황에 대해서 묻는 반면, 다른 연구들은 응답자들이 이미 경험을 한 실제 상황에 대해서 묻는다는 것이다. 이렇게 다른 두 가지의 접근 방식은 서로 다른 결과들을 도출할 수 있다. 예를 들면, 대학교 신입생을 대상으로 한 연구에서 나는 추상적인 상황(예, 이런 일이 발생한다면, 아동들은 어른에게 보고해야 할까?)과 피험자들이 직접 보거나 경험한 괴롭힘 상황에서의 보고의 효과성에 대해 모두 물어보았다. 추상적인 상황에서는 대부분의 피험자들이 보고하는 것을 지지했다. 실제 삶에서 보고할 의향이 있는 피험자들이 보고에 대해 가장 긍정적이었는데, 그 이유는 보고자가 그 상황에 대해서 이야기를 함으로써 기분이 나아지게 되거나, 보고하면 그 상황을 해결하는 데 도움이 될 것이라고 생각했기 때문이다. 반면에, 아무한테도 보고하지 않은 응답자들은 매우 부정적이었다. 22%는 괴롭힘을 자기 스스로 해결하는 것을 배워야 한다고 생각했고, 7%는 보고함으로 인해 상황이 더 악화될 수 있다고 생각했다. 그러나 이 학생들을 제외하고는 이런 믿음은 매우 드물게 지지되었다. 그러므로 추상적인 상황에서는 대부분의 응답자들이 어른에게 보고하는 것을 좋은 신택이라고 생각했음을 알 수 있다.

하지만 내가 피험자들에게 실제 상황 속에서 스스로 보고한 상황에 대해 물어보았을 때는 덜 긍정적인 답변이 나왔다. 이 부분에서는 피험자들에게 보고하는 것이 "효과가 있었는지"를 물었고 네 가지의 선택지를 주었다:

- 확실히 효과가 있었다.
- 어느 정도 효과가 있었다.
- 나는 별 효과를 보지 못했지만, 어른들이 뒤에서 열심히 노력했다고 믿는다.
- 전혀 효과가 없었다.

대부분의 아동들은 보고하는 것이 영향을 주었다고 응답했지만 오직 26%만이 "확실히" 효과가 있었다고 응답했다. 가장 많은 아동들(38%)이 보고함으로 인해 "조금" 차이가 생겼다고 느꼈다. 이것은 보고하는 것에 대해 일반적으로 긍정적이지만 다소 미온적인 수긍을 하는 셈이다(우리는 보고하는 것이 대부분의 상황에서 의심할 바 없이 성공적이었다는 대답을 듣고 싶었다). 또래가 아닌 오직 어른들에게만 알린 아이들이 결과에 대해서 가장 긍정적이었다. 보고의 결과가 현실에 영향을 주었다는 명백한 증거가 없을지라도 여학생들은 남학생들보다 어른들에게 신뢰를 보이는 경향이 있었다. 사실 여학생들이 가장 많이 선택한 응답이 바로 이것이었는데, 아마 어른들은 여학생이 요구했을 때 더 잘 따라 주는 경향이 있는 것으로 보인다. 어른들은 분명한 징후를 보지 못했어도 어떤 조치가 취해질 것이라고 여학생들에게 확신을 주었고 조치는 곧 취해졌다(이와 같이 학생들에게 확신을 주는 것을 항상 추천한다. 왜냐하면 보고한 이후 어떤 조치를 취하지 않게 되면 보고한 학생은 자신의 보고가 무시되었거나 잊혀졌다고 결론 내리기 때문이다). 남학생들은 전반적으로 반응이 미온적인 집단이었지만 여학생들도 크게 열의가 있는 것은 아니었다. 어른들에게 보고한 여학생들만이 보고한 것이 차이를 만들었다고 느끼는 경향이 있었다.

YVP와 이 연구를 종합해 보면, 피험자들에게 추상적으로 질문을 하면 그들은 어른에게 보고해야 하는 것에 대해 더 긍정적이었다. 하지만 보고한 개인의 직접적인 경험에 대해 물어보면 그들의 반응은 덜 긍정적이었고 혼합되어 있었다. 이 차이는 피험자들이 "옳은" 대답을 해야 한다는 압박감을 느낄 수 있기 때문일 수도 있다 — 이를 테면, 학생들은 어른에게 보고해야 한다고 말하는 것이 맞는 대답이라 생각할 수 있다. 이런 압박감은 추상적인 상황에서는 더 심하지만, 피험자들이 실제로 자신에게 발생한 상황에 대해서는 이러한 압박감은 덜할 수 있다. 또한 실제 생활에서는 어른에게 보고해야 하는 것의 효과성은 사실 복합적이기 때문이거나 (위에 언급했듯이) 피험자들마다 "성공적인" 보고에 대해 서로 다르게 규정을 짓기 때문일 수도 있다. 이런 연구들에서 내가 얻을 수 있는 점은 어른에게 보고하는 것이 전략으로서 왜 이렇게 복잡해 보이는지에 대해 우리는 정말로 이해할 수 없다는 것과, 이것이 바로 우리가 더 연구해야 할 필요가 있는 영역이라는 점이다. 그렇다고 상황이 대단히 심각한 것은 아니다 — 단지 나의 연구와 YVP 연구 결과도 보고하는 것에 대해 매우 부정적인 것은 아니었고 아주 긍정적인 것도 아니었을 뿐이다.

(3) 보고하는 것은 또래들 간의 보복을 유발하는가?

보고하기와 관련한 마지막 쟁점은 많은 학생들이 표현하고 있는 두려움이다 ─ 어른들에게 보고하는 것이 도움이 된다 하더라도 또래로부터의 보복 또는 공격을 받을지도 모른다는 점은 보고하기의 긍정적 효과를 무력화시킬 수도 있을 것이다. 이것을 탐구하기 위해 우선 피험자들에게 그들이 보고하기 전에 그들의 또래가 어떤 반응을 보일지가 걱정되는지 그리고 보고한 후에 또래와 어떤 문제를 경험하는지의 여부에 대해 물었다. 일반적으로 22%의 학생들이 처음에 또래 반응에 대해 몹시 걱정되었다고 말했고 다른 33%의 학생들은 "다소" 걱정된다고 했다. 대부분의 피험자들이 과도하게 걱정하고 있었다. 55% 이상의 아이들이 그들의 보고해야 하는 것에 대한 또래 반응에 석성하는 반면, 오직 27%의 아이들이 또래로부터 부정적인 반응을 경험했다고 응답했고, 이들 중 70%의 학생들은 심각하기보다는 가벼운 반응을 경험했다고 응답했다. 이러한 경향 중에 하나의 예외가 있다면 또래들이 아닌 오직 어른들에게만 보고하는 학생들이 일부 있다는 것이다. 그들은 또래 반응에 대해 가장 적게 고민한다(오직 39%만 걱정한다). 하지만 보고한 이후에 또래로부터 가장 높은 비율로 실제적 괴롭힘을 겪고 있었다(39%가 대부분 가볍게 괴롭힘을 겪고 있다고 보고했다). 따라서 만약 학생이 그 상황에 대해 또래 친구들과 의논하지 않고 홀로 어른들에게 보고하였을 경우 보복을 많이 유발하는 경향이 있다는 것을 알 수 있다. 이것은 혼자 보고하는 학생들의 경우 부정적인 또래 반응을 확대시킬 수 있는 또래와 관련된 다른 사회적 문제들을 아마도 갖고 있을 수 있기 때문인 것으로 보인다.

결론: 우리는 괴롭힘에 대해 보고하는 전략을 보다 성공적인 경험으로 만들 수 있다. 예를 들어, 보고하는 행동이 떳떳한 행동이며, 괴롭힘을 줄이거나 또는 괴롭힘을 멈출 수 있다는 점을 인식시켜야 한다. 나의 연구와 YVP(협동과 지지를 형성하는 전략)에서 도움이 되는 것으로 확인된 전

략을 강조해야 한다고 생각한다. 학생들은 괴롭힘에 대해 추상적으로 보고하는 것을 선호한다. 괴롭힘을 목격한 학생들이 괴롭힘 해결을 위한 정답을 제시해야만 하는 부담감을 줄여 주는 것이 좋다.

2) 행동 2: "멈춰"라고 말하기

어른들이 지지하고 선호하는 두 번째 전략은 간단한 것으로, 학생들이 주변인으로서 적극적으로 행동할 수 있도록 장려하는 것이다. 그들이 사건을 목격했을 때 가해자에게 멈추라고 말할 수 있도록 말이다. "안돼라고 말하기(just say no)" 접근은 상당히 직설적이고 적극적이며(어떤 면에서는 우리가 그랬으면 하고 바라는 것처럼) 여러모로 상식적이라고 볼 수 있다. 적절하게 적극적인 태도를 취하는 성인은 종종 삶을 살아가는 데 필요한 기술들을 잘 활용하고 여러 상황들에서 더 잘 대처해 낸다. 괴롭힘 상황에서 적극적인 대처 방법이 정말 유용한지에 대해서는 간단하게 결론 내리기 쉽지 않다. 모든 상황에 "두루 효과가 있는" 표준화된 접근 방법이 존재하지는 않는다. 폭력적 행동들을 성공적으로 다루는 방법에 대한 대부분의 연구들은 심리치료 맥락에서 이루어져 왔는데, 이 연구들은 고도의 기술을 가진 성인 심리치료사조차도 그들이 행하는 직접적 대응이 폭력적 효과를 바꾸는 데 비효과적임을 반복적으로 밝혀 왔다.[23] 하지만 현장에서 나는 어린아이들에게 이러한 전략을 사용하도록 장려하는 많은 어른들을 보아 왔다.

직접적 대응에 대한 요구에도 불구하고, 나는 이러한 접근에는 두 가지 주요한 문제점이 있다고 본다. 첫 번째로, 이 접근은 매우 어려운 행동 방침을 권고한다. 많은 연구를 통해 괴롭힘의 피해자들이 적극성이 부족하다는 점을 우리는 알고 있다.[24] 대학교 신입생을 대상으로 한 조사에서 오직 20%만이 실제로 그들의 괴롭힘에 적극적으로 대응했다고 응답했다. 피해자들은 또한 그들 스스로를 다른 피해자들보다 부끄러움을 많이 탄다고 평가했으며, 약한 사회적 기술을 가진 피해자들이 취한 적극적인 대처 방법은 결국 성공하지 못한 것으로 관찰되었고, 여전히 그들은 피해를 입는 것으로 조사되었다.[25] 결국 가장 적극적으로 행동하기를 어려워하는 사람들에게 특별히 더 용기 있게 행동하라고 요구하고 있는 상황인 것이다. 아이들에게 또래의 괴롭힘에 대해 적극적으로 행동하라고 단순히 장려하는 것이 얼마나 효과적일지는 솔직히 장담하기 어렵다.

두 번째로 직면(confrontation)은 비효과적일 수 있고 역효과를 일으킬지도 모르며 실제로 주변인이나 피해자 또는 모두를 대상으로 한 괴롭힘을 증가시킬지도 모른다. 캐나다에서 이뤄진 한 연구는 또래 친구가 적극적으로 괴롭힘에 대응하면 당장의 사건은 대개는 멈춘다는 것을 밝혀냈다.[26] 이는 고무적인 일이다. 하지만 다른 조사는 이런 접근을 사용할 때마다 실패하는 것으로 나타난다고 지적했다. Stiller과 그의 동료들의 최근 연구는 "멈춰"라고 말하는 대응 방법이 괴롭힘 상황의 약 15%의 경우에만 효과적이었다고 밝혔으며, 또 다른 50%의 경우에는 때때로 도움이 되는 것으로 조사되었다.[27] 학생들의 견해에 내한 연구는 조금 더 부정적이다. 미국의 중학생 258명을 대상으로 한 설문에 따르면 서약/약속(pledges), 규칙 그리고 가해자들에게 "괴롭힘은 안돼!"("멈춰"의 다른 버전)라고 말하는 것은 가장 비효과적인 방법들 중 하나라고 평가되었다.[28] YVP는 또래가 가해자에게 맞서서 멈춰라고 말하는 것은 가장 변수가 많은 접근이라고 밝혔다. 거의 3/4의 경우(73%)에 실제로 효과가 없었고 심지어 피해자들을 결국에는 더 나쁜 상황에 빠지게 만들기도 했다.[29]

이런 연구 결과에도 불구하고, 나는 모든 경우에 100% 효과적이지 않다는 사실이 이 방법을 사용해서는 안 된다고 강하게 주장할 수 있는 근거가 되지는 못한다고 생각한다. 만약 가해자에게 적극적으로 대응하는 것이 작은 확률이나마 괴롭힘 행동을 멈추게 한다면, 가치 있는 시도가 아닐까? 하지만 진정으로 위험한 점은 단지 이러한 직면적 방법이 행하기 어려운 대처 방법일 뿐만 아니라 실제로 괴롭힘을 증가시킬 수 있다는 위험성이 존재한다는 것이다. 적극적인 태도를 보이는 것은 아마 잠깐 동안 괴롭힘을 멈출 수 있겠지만, 그것은 상황을 더욱 악화시킬 수 있다(피해자와 가해자 모두에게). 목격자는 자주 직면하는 방식이 위험한 전략이라고 인식하는데, 왜냐하면 그것은 그들이 피해자가 되는 결과를 야기하기 때문이며, 실제 이것은 진정 위험한 문제로 드러나기도 한다. 직접적으로 대응하는 목격자는 사회적으로(그리고 가끔은 신체적으로) 괴롭힘의 타겟이 될 수 있다. 특히 여학생들이 이런 현상을 언급하였다.[30] 하지만 직접적인 대응으로 인해 고통을 받는 사람은 비단 목격자뿐만이 아니다. 피해자 역시 그 상황이 점점 더 나빠질 수 있다. 한 종단 연구에 따르면, 직접적인 대응으로 피해자가 되는 것을 피하려고 시도했던 10대들이 결국에는 그들의 동료들보다 더욱 피해를 입었다는 것이 밝혀졌다.[31] 심지어 피해자 혼자서만 대응한 것이 아닌 경우에도, 가해자는 결국에 피해자에게 더 공격적이 되었다.[32] 심지어 그런 대응이 당장의 사건은 중단시켰을지라도 말이다. 단기적인 전략과 장기적인 전략의 영향에 대한 차이를 조사한 YVP의 연구는 또래 친구들이 가해자에게 "멈춰"라고 말하는 방법이 피해자의 상황에 27% 정도는 도움이 되지만 상황의 30% 정도를 더욱 악화시켰다고 밝혔다.[33] 이처럼 직접적으로 대응하는 방식이 효과적이지 못했던 상황들의 비율을 살펴보면, 73%의 경우가 가해자에게 "멈춰"라고 말하는 것이 비효과적이거나 피해자에게 해로울 수 있었다고 보고하였다.

이러한 접근 방법이 쓸모없다고 말하는 것은 아니다. 직접적인 대응의 효과성이 일정하지 않다는 점은 다시 말해 어떤 아이들에게는 괴롭힘 상황에서 "멈춰" 전략을 취하는 것이 성공적으로 기능할 수도 있다는 말이 된다. 하지만 불행히도 우리는 그런 아이들이나 그런 상황이 어떤 경우에 해당되는지를 잘 알지 못한다. 예를 들어, 훈련된 교사들이 있는 학교나 확실한 사회적 기술을 지닌 아이들은 이 전략을 성공적으로 사용할 수 있을 것이다. "멈춰"라고 말하는 것은 다른 전략들과 함께 사용되었을 때 효과적으로 기능할 수도 있다(예를 들어, "멈춰"라고 말하고 피해자를 그 상황에서 떠나도록 도와주는 것). 불행하게도 이것은 모두 추측에 불과하다.

이 모든 것을 고려하더라도 가해자에게 적극적으로 대응하도록 학생들을 훈련시키는 프로그램에 시간과 돈 그리고 노력을 투자하는 것이 정당할까? 두 번째로, 그렇지 않다고 생각하더라도, 만약 적극적으로 가해자에게 직면할 수 있을 것 같은 아이들(예를 들어, 훈련이 필요하지 않은 학생들)이 있다면, 그들에게는 그렇게 하라고 해야만 할까? 그들은 가해자에게 직면하는 행동을 하면서 보다 자신감을 느끼고 사회적으로 우월하다는 느낌을 받게 될 것이다. 또한 그것을 목격한 아이들은 괴롭힘에 반대하는 것에 대해 긍정적인 사회 규범을 형성할 것이다.

연구에 기반을 둔 효과적인 프로그램들은 교사 훈련, 친사회적 행동의 정적 강화, 적극적인 학생들의 참여와 같은 다양한 다른 행동들과 "멈춰" 전략을 결합시킨다.[34] 따라서 구체적으로 서로 다른 접근들의 효과성을 개별적으로 따로 떼어서 살펴보는 것은 어렵다. 우리가 정말로 알 수 있는 것은 "멈춰" 전략에만 한정되는 것이 아닌, 이를 포함하는 전체 학교 프로그램(whole-school)의 효과성에 대한 근거들이다. 여기에는 아래의 주의 사항이 포함된다.

- 적극적인 대응이 만병통치약은 아니다. 이것이 항상 효과적이지는 않다.
- 비록 우리가 왜 그런지, 어디서 그런지, 어떻게 그런지에 대해서는 모른다고 할지라도 "멈춰" 전략은 피해자를 도우려고 할 때마다 피해자에게 해를 끼칠 수도 있다.
- 다른 전략들을 비교한 YVP 연구에 따르면 "멈춰" 전략은 다른 전략들보다 확실히 효과가 적은 것으로 나타났다.

이 세 가지 사실을 고려했을 때, "멈춰" 전략을 중심으로 하는 프로그램을 채택하는 것은 부적절하고 심지어 어리석은 것으로 보인다. 물론 새로운 접근들을 사용하는 앞으로의 프로그램들이 "멈춰" 기술을 사용할 수는 있을 것이다. 이는 "멈춰" 기술의 효과성에 대한 잠재성 때문이지만, 나는 그 잠재성을 활용하는 방법을 아직 우리가 알지 못한다고 생각한다. 아이들이 더 적극적인 대응을 할 수 있도록 훈련시키는 프로그램을 채택하는 문제와는 별도로, 추가 교육 없이 가해자에게 대응할 수 있다고 느끼는 소수의 학생들의 경우에 대해서도 우리는 살펴보아야 할 것이다. "멈춰" 전략을 사용했을 때 괴롭힘 피해자의 1/3에 해당하는 경우 상황이 더 악화되었다는 것을 알고도 "멈춰" 전략을 추구하려는 사람을 우리는 격려해야 하는 것일까? 나는 이 딜레마에 대한 명확한 답이 있기를 바라지만, 아쉽게도 그 답을 알지 못한다. 내가 여기서 확실히 말할 수 있는 것은 가해행동을 멈추게 하기 위해 용감한 행동을 하려는 아이들을 막아야 한다는 대답을 선호하지 않는다는 것이고, 또한 그들이 피해자의 뒤를 이어 다음 보복의 대상이 될 수 있다는 대답은 더욱 좋아하지 않는다는 점이다. 아마 가장 좋은 대답은 못하게 막는 것보다 방향의 수정일 것이다. 특히 적극적인(assertive) 아이가 가해 행위를 중지하기 위해 공격적으로 행동하고자 하는 경우, 가장 좋은 방법은 그들의 천성적인 적극성(assertiveness)을 가해자에게 초점을 맞추기보다는 피해자에게 초점을 맞추는 쪽(예를 들면, 피해자를 현장으로부터 떠나보내는 것)으로 옮겨 가는 것일 것이다. 이러한 전술은 아이들이 친절함과 친사회적 행동을 모델링하는 이점 역시 가지고 있다.

이 중에 어떤 것도 아이들이 또래 폭력에 직면했을 때, 무기력함과 무력감을 순순히 수용해야 한다는 주장으로 받아들여져서는 안 된다. 학생들은 어려운 사회적 상황에 직면했을 때 종종 어떻게 행동해야 할지 모르는 경우가 많다. 그렇기 때문에 궁극적으로 우리가 원하는 것은 그들이 실제로 이용할 수 있는 다양하고 긍정적인 대응법을 배우는 것이다. 더 위험하고 덜 안정적인 전술에 초점을 맞추는 대신에, 광범위한 효과성이 입증된 긍정적인 전략을 고려하는 것이 더 생산적이 될 것이기 때문이다. 이에 대해서는 다음 절에서 논의하고자 한다.

3) 행동 3: 방관자나 조력자가 되는 것을 거부하기

MARC의 현장 연구에서 아이들과의 토론은 단지 괴롭힘을 보지 않는 것(예를 들어, 멀리 피하기, 괴롭히는 장면을 모여서 쳐다보지 않기)이 괴롭힘 상황에 쉽게 개입할 수 있는 가장 안전한 전략이 될 수 있다는 쪽으로 의견이 모아지기 쉽다. 여기서 문제점은 괴롭힘 상황을 외면하는 것과 무시하는 것이 그 상황을 멈추게 하려고 노력하는 것으로 느껴지지 않는다는 것이다. 오히려 그런 행동은 보통 그 상황을 포기하는 것처럼 느껴진다. 그러나 학생들의 이런 느낌은 토론을 하고 난 이후 목격자가 더 많이 존재할수록 가해학생은 더 오랜 시간동안 괴롭힘을 지속한다는 것에 대해 학생들이 인지하게 됨으로써 변화한다는 것을 알 수 있었다.[35] 실제로 나는 아이들보다 성인들이 이 의견에 대해 더 많이 저항하는 것을 느꼈다. 아이들은 괴롭힘을 보는 것을 거부하는 것이 옳다고 생각할 수 있으며, 이것은 궁극적으로 피해학생을 도와주었다고 생각할 수 있다.

그러나 이러한 전략을 사용하였을 때, 상황을 단순히 무시하는 것은 확실히 효과적인 전략은 (적어도 중학생에게는) 아니라는 것에 주목해야 한다. YVP와 대학교 신입생 설문조사에 의하면 피험자의 35%만이 상황을 무시하는 것이 좋은 전략이라고 느꼈다고 응답하였다. 이 점을 엄두에 두고, MARC에서 우리는 "관객이 되지 않기"를 다른 전략(예를 들면, 어른과 함께 상의하기, 다른 또래들에게 도움 요청하기, 피해학생의 기분이 나아지도록 위로하기 등)과 함께 짝지어 아이들을 훈련하고 있다.

4) 행동 4: 또래 우정과 또래 동맹

단순히 괴롭힘을 지켜보지 않거나 어른에게 괴롭힘 사실을 보고하는 것 이외에도 여러 연구들은 상당히 효과적이라는 것이 입증된 다른 전략들이 있다는 것을 제시한다. 이러한 전략들은 괴롭힘을 항상 멈추게 할 수는 없지만, 괴롭힘 상황을 악화시키기보다는 오히려 더 좋은 상황으로 만들 가능성이 크다. 그 전략 중 하나는 또래들의 친절한 행동이다.

괴롭힘의 피해자들은 또래들로부터 사회적 지지를 받지 못하기 때문에 고통을 받는다.[36] 그러므로 또래들의 친절한 행동은 매우 효과적일 것이다. 대학교 신입생의 연구에서, 피험자의 85%는 또래의 친절한 발언이 괴롭힘 상황에서 매우 큰 도움이 될 것이라고 응답하였다. 그러나 오직 29%의 피험자만이 어른들의 친절한 발언 역시 비슷하게 도움이 될 것이라고 느낀다고 응답하였다. YVP에서 또래로 인해 가장 도움이 되는 행동은("나와 함께 시간을 보내는 것") 그 당시 54%로 효과적이었고, 어른들의 가장 효과적인 행동은("나의 말을 들어 주었다") 그 당시 43%로 또래 효과보다 약간 낮은 것으로 확인되었다.

한 가지 흥미로운 연구는 이탈리아 중학교 두 곳을 조사한 연구였는데, 또래의 친절한 행동은 가장 효과적인 개입이었을 뿐 아니라 그것의 주요 효과는 도움을 주는 학생과 피해학생의 기분까지 나아지지도록 느끼게 했다는 것이 이 연구를 통해 밝혀졌다.[37] 일례로 많은 아이들이 사회적으로 기분이 나쁘거나 괴롭힘을 당했을 때, 또래들이 다가와 주는 것만큼 기분이 나아지는 것은 없다고 말했다. YVP는 피해학생의 관점에서 또래들로부터의 정서적 지원을 받는 것이 가장 효과적인 전략이라는 것을 발견하였다. 도움이 되는 순으로 전략들을 나열해 보면 다음과 같다.

- 피해학생과 함께 시간 보내 주기
- 피해학생에게 말 걸어 주기
- 피해학생이 상황으로부터 벗어나도록 도와주기
- 피해학생에게 조언해 주기
- 피해학생을 불러서 위로해 주기
- 피해학생이 다른 어른에게 말할 수 있도록 도와주기
- 괴롭힘 상황을 방해하여 피해학생을 도와주기
- 피해학생 대신 어른에게 말해 주기

위의 목록에서 가장 상단에 위치한 전략이 가장 효과적인(그리고 잠재적으로 덜 위험한) 전략이다. 이 목록에 어떤 내용이 포함되었고, 어떤 내용이 포함되지 않는지에 대해 살펴보는 것은 흥미롭다. Davis와 Nixon은 다음과 같이 이야기하였다. "또래들과의 상호작용이 가장 효과적이고, 또래들에게 가장 안전할 뿐 아니라, 대립(confrontation)보다는 동맹(alliance)이 대표적인 행동(원문에서 강조 됨)이라는 것이 보고된 점은 주목할 만하다. 심지어 학생의 집에 전화해서 지지해 주는 것은 비교적 조용하고 가장 안전한 행동으로 상당히 도움이 되는 것으로 보고되었다. 선생님에 대한 우리의 연구 결과와 일치하는 이 결과 역시, 학생들은 또래들이 격려해 주는 조언을 들을 때 가장 효과적이라고 느낀다는 것을 시사한다."[38] 비록 YVP는 전통적 괴롭힘에 초점을 두었지만, 이러한 발견은 사이버 괴롭힘에도 적용될 수 있을 것이다. 또래 사이버 괴롭힘으로 인해 고통받고 있는 학생들을 도와주기 위한 방법으로 사회적 지지 행동이 효과가 없을 것이라고 가정할 수 있는 이유는 없을 것이다.

모든 데이터들을 통해 내가 내린 전반적인 결론은 우리는 전통적 괴롭힘과 사이버 괴롭힘 상황을 어떻게 "고칠지"에만 초점을 맞춰 노력하고 있다는 것이다. 피해학생들은 적극적으로 괴롭힘을 멈추기 위해 노력하는 것이 가장 효과적이고 지속적인 개입 전략은 아니라는 것을 경험한다. 그러나 오히려 이야기를 나누거나 함께하거나 사회적 지지를 제공하는 어른이나 또래들의 행동은 피해학생이 괴롭힘에 대한 감정을 극복하는 데 도움을 주고 있었다. 이것들은 직관적으로 서로 어긋나는 것처럼 느낄 수도 있으며, 차라리 괴롭힘 상황을 멈추는 것이 항상 최선이 아닐까라는 질문을 하게 된다. 아마도 성공적으로 상황을 멈추게 할 수 있는 방법도 있을 것이다. 하지만 어른들이라고 항상 괴롭힘을 멈출 수 있는 것은 아니다. 감정적으로 지지하는 방법은 행동이 중시되는 사회에서는 좌절감을 느낄 정도로 느리고 심지어 효과가 없다고 느껴질 수도 있다. 그러나 나는 이런 일관성 있는 결과들이 무시되어서는 안 된다고 생각한다. 게다가 항상 괴롭힘을 멈출 것인지 아닌지에 대해 양자택일을 해야 한다는 규칙도 없다. 또래의 힘을 모아 괴롭힘을 해결하기 위해서 우리는 감정적 상호작용을 형성하고 적극적으로 피해자들을 도와주는 행동 모두를 강조해야 한다.

이번 장을 시작하면서, 나는 또래들이 "전학교(whole school)"적인 접근에서 괴롭힘을 예방하는 데 아주 중요한 시작점이라고 지적했었다. 물론, 공동체의 중요한 부분을 형성하는 다른 대상들도 있겠지만, 우리는 아직 그 부분에 대해서는 연구하지 못했다. 다음 장에서는 부모가 괴롭힘의 맥락에서 할 수 있는 역할에 대해 알아볼 것이다. 아마 다음 장은 가장 중요한 부분이 될 것이다.

학부모와 함께 해결하기

같은 목표의 공유, 그러나 서로 다른 관점

제8장

학부모와 함께 해결하기

같은 목표의 공유, 그러나 서로 다른 관점

당신의 학교 공동체에서 학부모들은 어떠한가? 나는 전통적 괴롭힘이 나 사이버 괴롭힘과 같은 이슈에 대해서 대부분의 학부모와 교육자들이 서로 협력하며 일한다고 생각하지만 — 그들은 모두 괴롭힘을 멈추게 하 기 위해 노력하고 있다 — 가끔씩 그들 사이에 흐르는 긴장감을 파악하기 위해서 당신이 Sigmund Freud가 될 필요는 없다. 학교 외부로부터의 영 향이 학생들의 괴롭힘 행동들을 결정한다는 것은 의심의 여지가 없음에 도 불구하고 학교는 학생들의 행동에 대한 책임이 있다. 지속적인 감시는 불가능하고 아이들만의 세계가 존재할지라도, 학교는 학생의 괴롭히는 행 동을 제지시켜야만 한다는 압박을 받고 있다. 반면에, 학부모들은 개인정 보보호법으로 인한 정보의 부족으로 고통받고 있을지도 모른다. 괴롭힘과 관련하여 학교에 아무런 대책이 없다고 느끼거나 학교가 무관심하다고 느꼈을 때, 학부모들은 자신의 아이들을 보호하기 위해 위협적인 법정 고 소나 부적절한 행동을 할 만큼 절박해질 수도 있다. 또한 가해자로 지목 받은 학생의 부모들은 자녀가 했던 행동의 심각성들에 대해 부인하거나 적절한 (그러나 긴 시간이 필요한) 조사가 시작되어야 한다고 주장할 수 있다. 괴롭힘을 중단해야 하는 필요는 때때로 그러한 목표를 방해하는 현실과 충돌할 수 있다. 이러한 목표와 현실 사이의 긴장감이 바로 우리가 여기서 생각해 보아야 하는 부분이다.

매사추세츠주 전역의 1,940명의 학부모들을 대상으로 실시된 나의 연구 데이터를 사용하여 몇 가지 주요 질문들에 대해 검토하는 것으로 이에 대한 논의를 시작해 보자. 학부모들은 자녀가 다니는 학교에 괴롭힘을 보고할 때 학교가 어떻게 대응을 한다고 느끼는가? 자녀는 부모에게 그에 대해 얼마나 많은 이야기를 하고, 또 학부모들은 학교에 대해 얼마나 많이 이야기하는가? 여기서 가장 중요한 것은 바로 우리가 학부모들이 괴롭힘 문제에 있어서 그들이 해야 할 역할을 이해할 수 있도록 어떻게 도울 수 있는지에 대한 부분일 것이다. 우리는 학부모들이 어떤 면에 있어서 무조건 부인하려고 하는 것을 어떻게 이해하고 그들이 그러한 유혹을 이겨낼 수 있도록 도울 수 있을까? 그리고 우리는 이렇게 보다 더 적극적으로 협력적인 환경을 만들어 낼 수 있을까?

1 학부모는 얼마나 알고 있는가?

학생들과 교직원들에게 설문조사를 실시했던 매사추세츠주 전체의 약 1/3에 해당하는 학교들은 학부모들을 대상으로 연구를 수행하였는데, 안전한 링크를 통해 온라인 설문지를 학부모들에게 전달하였다. 결과적으로, 오직 3%의 응답자들만이 제외되었는데, 그 이유는 3%에 해당하는 학부모의 자녀는 그 지역 학교에 다니지 않았기 때문이었다. 학부모들이 익명성 보장에 대해 우려를 할 수 있기 때문에 응답자에 대한 신분이나 인적 정보에 대한 부분들은 수집하지 않았고, 설문을 간결하게 함으로써 학부모들의 적극적인 참여를 독려하였다.

전반적으로, 표본은 전 학년에 걸쳐서 상당히 균등하게 분포되었다.

응답자 중 916명의 자녀는 초등학생이었고, 789명의 자녀는 6학년에서 8학년이었고(중학생), 823명의 자녀는 고등학생이었다. 상당수의 학부모들은 다른 학년에 재학 중인 또 다른 자녀들이 있었다(그렇기 때문에 전체 학생 수는 1,940명이 넘는다). 나의 예상과는 달리, 표본은 괴롭힘 피해학생 학부모들의 응답으로만 구성되지는 않았다 — 심지어 큰 비중을 차지하지도 않았다 — (이에 대해서는 후반부에서 더욱 자세히 다루도록 하겠다).

학교와 학부모 사이에 흐르는 긴장은 학부모와 학생들이 (그리고 대부분의 괴롭힘이 발생하는 장소인 학교도) 괴롭힘 사건에 대해 어느 정도 알고 있는지에 대한 실제적인 차이로 인해 발생한다. 따라서 우리는 자녀가 경험하는 괴롭힘에 대해 학부모가 어느 정도 알고 있는지를 이해하는 것에서부터 논의를 시작해야 한다. 학부모로부터의 정보와 학생에게서 직접적으로 얻은 정보를 비교하는 것은 이런 어려움에 접근할 수 있는 건설적인 방법에 대한 단서를 우리에게 제공한다. 설문조사의 결과들을 보면서 내가 정말로 놀란 것은 학부모와 교육자가 **서로 다른 정보를** 접하고 있다는 것이었고 바로 이러한 차이가 문제를 야기하고 있었다.

1) 학부모들은 고학년인 자녀들로부터는 괴롭힘 사건에 대해서 거의 듣지 못한다.

7장에서 언급했듯이, 학생과 학부모들의 연구 결과에서도 K−8(만 6세~만 13세)의 학생들은 많은 종류의 사건들에 대해 부모들에게 자주 보고하고 있었지만 고학년들은 그렇지 않았다. 이 연구의 결과들을 살펴보면 저학년의 경우, 비슷한 비율의 학생들이 그들이 피해자였고 자신의 부모에게 괴롭힘 사건에 대해 말했다고 응답했다. 예를 들면, K−5(만 6세~만 10세) 학생들의 경우 대략 45%에 해당하는 학부모들이 자녀의 괴롭힘 피해 보고를 받았고, 비슷한 수의 학생들(38%)이 3~12학년을 대상으로 한 설문에서 자신이 피해자였다고 진술했다. 6~8학년 학생들의 경우도 이와 유사했는데, 학생들의 약 52%가 설문에서 본인이 피해자라 했고, 학부모의 44%가 이들의 피해 사실에 대해서 알고 있었다. 이러한 수치들은 완벽하게 같지는 않지만, 대략 학생의 괴롭힘 피해 사실과 부모가 자녀의 괴롭힘 피해를 보고 받은 수치는 서로 비슷하다는 것을 알 수 있다.

그러나 고학년의 경우에는 차이가 크게 나타났다. 학생들의 설문에서는 50% 이상의 학생들이 고등학교 재학 중일 때 학교나 온라인에서 또는 두 상황 모두에서 괴롭힘 피해자였다고 응답했다. 그러나 대조적으로 고등학생 부모 중의 30%만이 자신의 아이들이 피해자였다는 사실을 알고 있었다. 이러한 결과가 나타내는 것은 고등학생 피해자들은 그들의 부모에게 모든 사건에 대해 보고하는 것이 아니라 선택적으로 보고한다는 것이다. 내가 앞선 장에서 지적했듯이, 나는 이것을 부모 양육에서의 실패로 인한 현상이라고 보지 않고 청소년들의 사회적 발달로 인한 자연스러운 현상이라고 생각한다. 실제로, 우리가 살펴보게 될 두 번째 정보는 이점에 대해 우리를 안심시켜 준다. 그리고 이러한 부분은 부모와 교육자가 보고 듣는 것의 차이에 대해 밝힐 수 있게 해 준다.

2) 특히 학년이 올라갈수록 자녀들은 보다 심각한 사건을 부모에게 이야기한다.

학년에 관계없이 자녀가 부모에게 보고하는 사건들 중의 대다수는 단순한 일회성의 사건이었다. 하지만 자녀가 성장함에 따라 부모들은 대체적으로 보다 심각한 문제들에 대해 듣게 되는 경향이 있었다. 예를 들어, 초등학생 부모들은 지속적이고 반복되는 괴롭힘 상황보다 일회성의 사건에 관해서 거의 3배 정도 더 많이 알고 있었다. 하지만 자녀가 성장함에 따라 일회적인 문제들은 점점 더 적게 보고되는 경향이 있었고, 반복되는 괴롭힘에 대해서는 계속해서 보고한다는 사실을 발견하게 되었다. 어쩌면 그들은 나이가 들어가면서 더 평범하고, 사소하며 또는 일시적인 잔혹한 행위를 보고하는 것을 점점 줄여 가는 것일 수 있다. 다른 자료들을 통해서도 같은 결론에 다다르게 된다. 고학년인 아이들은 **반복적인** 괴롭힘에 대해 지속적으로 보고하는 경향이 있고, 그들은 또한 심리적 괴롭힘보다 더 심각하게 인식되는 **신체적인** 괴롭힘에 대해 더 많이 보고하는 경향이 있었다(이는 심리적 괴롭힘이 덜 중요하다는 것을 의미하는 것은 아니고, 신체적인 위협을 받는 것은 사태의 긴급성을 확실히 증가시킨다는 것을 의미한다[1]).

모든 연령대에서 부모들은 신체적 괴롭힘 쪽으로 편향된 보고를 듣고 있었다. 절반 이상의(52%) 초등학생 부모들은 자녀가 당하는 괴롭힘이 적어도 부분적으로는 신체적인 것이라고 묘사했고, 중학생과 고등학생 부모 중 1/3 정도는(각각 30%와 33%) 본인의 자녀가 신체적 괴롭힘을 당했음을 보고했다고 말했다. 고등학생들이 괴롭힘에 대해 보고한 결과를 살펴보면, 대조적으로 그들의 보고들 중 신체적 괴롭힘과 관련된 것은 단지 10%에 불과했다. 신체적 괴롭힘의 많은 수가 부모들에게 보고된다는 사실을 고려할 때, 이러한 숫자들로 추정할 수 있는 것은 고등학교에서 이루어지고 있는 심리적 괴롭힘의 3/4은 부모들에게 보고되지 않는다는 것이다. 이것은 실제로 이루어지고 있는 괴롭힘의 종류와 많은 다양한 수준을 가진 사건들을 처리하는 학교의 대응에 대한 부모들의 인식을 왜곡하는 요인이 될 수 있다(이것에 대해서는 이후에 더 자세히 다루도록 하겠다).

3) 부모들은 대체로 학교에 보고하지 않는다.

앞서 언급된 연구 결과와 비슷한 자료가 하나 더 있는데, 자녀가 청소년일 경우 부모들은 괴롭힘 사건에 대해 학교에 보고하지 않는 것이 빈번하다는 것이다. 자녀가 초등학생이나 중학생인 경우 자신의 자녀가 괴롭힘 피해자라고 생각할 때는 부모가 학교에 보고하려는 경향이 더 강해 보였다. 부모의 보고율은 자녀가 고등학교에 진학함에 따라 급격히 감소한다. 한편, 부모가 자녀에게 괴롭힘 사건에 대해 보고할 것을 교육하는 정도는 학생의 나이가 증가함에 따라 함께 소폭 증가하였다.

요약하자면, 초등학교 때는 학생들이 자신에게 일어난 많은 사건을 부모에게 말하는 것으로 보이고 ― 사소한 일과 심각한 일 모두 ― 부모들 역시 이러한 사건들을 학교에 더 자주 보고한다. 하지만 연령이 증가함에 따라 학생들은 사건의 잔인성이 더 심각한 사건을 우선적으로 부모에게 말하는 것에 더욱 초점을 맞추는 경향이 있었다. 그뿐만 아니라, 고등학

생 자녀를 둔 부모들은 학교에 괴롭힘 사건을 보고하지 않으려는 경향이
더 강한데, 그들이 보고하는 경우에는 사건이 상당히 심각하다는 것을 의
미한다(또는 심각하다고 믿는 것인데, 이는 명백하게 다른 것이다). 그러므로 고
등학생 자녀를 둔 부모가 문제를 보고한다면 그 사건은 이미 두 개의 필
터를 거쳐 걸러진 것이다. 첫 번째는 학생이 자신의 부모에게 보고할 만
큼 심각한 것이라고 여겼고, 두 번째는 부모도 학교에 보고해야 할 만큼
심각하다고 여겼다는 것을 의미한다. 따라서 사건에 대한 보고 이후에 학
교에서 열리는 회의에 참석하는 고등학생 자녀를 둔 부모들은 이미 문제
가 매우 심각하다고 확신하고 회의에 오게 된다. 반면에 교사들은 그 문
제가 얼마나 심각한 것인지 탐색하려는 생각을 가지고 회의에 참석할 수
도 있다. 이 두 가지 관점은 이후에 틀림없이 충돌하게 된다.

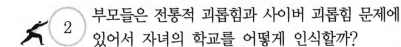

2 부모들은 전통적 괴롭힘과 사이버 괴롭힘 문제에 있어서 자녀의 학교를 어떻게 인식할까?

부모들 — 그리고 지역 사회 — 은 괴롭힘과 사이버 괴롭힘을 감소시
키려는 학교의 관심과 노력에 대해 특정 인상을 형성하게 된다. 이렇게
형성된 인상이 언제나 잘못된 것이라고 말하려는 것은 아니다. 하지만 그
러한 인상이 언제나 정확한 것 또한 아니다. 비록 그것이 정확한 것이든
그렇지 않은 것이든, 학교의 노력에 대한 부모의 인식은 괴롭힘 문제에
대한 접근 방법을 결정할 수 있기에 중요하다.

1) 부모들은 학교가 괴롭힘 예방에 힘쓰고 있다는 것을 아는가?

첫 번째 문제는 바로 이것이다. 전반적으로, 너무 많은 부모들이 자
녀가 다니고 있는 학교의 괴롭힘 예방 노력에 대해 모르고 있다. 중학생
자녀를 둔 부모들은 자녀가 다니는 학교의 전통적 괴롭힘과 사이버 괴롭
힘에 대한 예방 노력에 대해 가장 잘 알고 있는 경향이 있었는데, 이는

아마도 그 나이 대의 자녀를 둔 경우 전통적 괴롭힘과 사이버 괴롭힘이 그들에게 큰 불안을 야기하기 때문일 것이다. 하지만 모든 학년의 부모들은 자녀의 학교가 괴롭힘 예방(매사추세츠주처럼 모든 학교가 그렇게 하도록 요구하는 주의 경우 특히 더욱)에 적극적으로 힘쓰고 있다는 것을 알아야 한다. 1/3(33%)과 1/2(47%) 정도의 부모가 자녀의 학교가 괴롭힘 예방을 위해 하고 있는 노력을 모른다고 답하고 있었다. 이러한 학교의 노력을 부모가 알 수 있도록 노력하는 것은 학교가 이러한 이슈에 주의를 기울이고 있다는 것에 대해 그들과 소통하는 첫 번째 단계가 될 수 있다.

2) 괴롭힘 보고에 대한 학교의 대응을 바라보는 부모들의 시각

부모들을 대상으로 자녀가 당할 수 있는 괴롭힘 피해에 대한 설문조사를 진행했을 때, 나는 그들이 때때로 **괴롭힘**이라는 용어를 넓은 범주의 사회적 문제를 묘사하는 데까지 남용한다는 것을 알 수 있었다. 이런 점을 고려해서, 설문조사를 진행할 때 부모가 자녀의 피해를 보고할 경우 일회성의 사건인지 반복적으로 표적이 된 사건인지를 선택할 수 있도록 하였다. 이 두 가지 선택지는 일회적인 사건과 보다 더 진정한 괴롭힘과 유사한 사건(의도성, 반복성, 힘의 불균형)을 구분하기 위한 것이었다. 자녀가 **반복적인** 괴롭힘에 노출된 부모들은 그 상황에 대한 학교의 대응과 관련된 몇 가지 질문들에 연이어 답하도록 하였다.

- 보고에 대한 학교의 대응에 얼마나 만족하십니까?
- 학교는 당신과 원활하게 소통하면서 문제를 처리했습니까?
- 학교는 당신의 자녀가 보다 편안하고 안전함을 느끼며 등교할 수 있도록 해 주었습니까?

나는 이 질문들이 괴롭힘 상황을 해결할 책임이 전적으로 **학교**에 있다는 식의 의미를 전달할 것임을 알고 있다. 하지만 이러한 질문을 했던 목적은 부모들이 문제 상황에 대한 학교의 조치를 얼마나 제대로 파악하고 있는지 알아보기 위한 것임을 기억해 주기 바란다. 좋은 소식은, 초등학생 자녀를 둔 부모들이 중·고등학생의 부모보다 전반적으로 더 긍정적인 태도를 갖고 있다는 것이다. 그들은 자녀의 괴롭힘 상황에 대한 학교의 대응에 더 높은 만족을 느꼈고, 문제를 처리할 때 자신들과 잘 소통하였다고 느꼈으며, 자녀가 더 안전하다고 느끼면서 등교할 수 있도록 조치를 취했다고 생각했다. 하지만 나쁜 소식은 초등학생의 부모조차도 아주 긍정적인 것은 아니었으며, 더 높은 연령대의 자녀를 둔 부모들(특히 중학생의 부모)은 대부분 괴롭힘에 대한 학교의 조치에 부정적인 반응을 보였다는 것이다. 이것은 아직 우리가 해야 할 일이 명백하게 많이 남아 있다는 것을 의미한다.

 ## 3 학교와 학부모 사이의 문제

이 모든 것들은 학부모가 갖고 있는 관점과 학교와 학부모 사이에 발생할 수 있는 문제들을 이해하는 데 도움을 준다는 점에서 아주 중요한 사실일 수 있다. 우리는 괴롭힘에 대해 과잉 반응을 보이는 부모들에 대한 수많은 이야기를 들어 왔다. 하지만 나는 또 한편으로 자녀의 문제 상황에 대해 학교가 진지하게 생각하지 않는다고 느낀다는 부모의 이야기와 고충들에 대해서도 많이 들어 왔다. 학생과 학부모로부터 얻은 자료를 살펴보면, 부모와 교사가 두 가지 근본적으로 다른 관점을 갖고 상황에 접근하려고 한다는 강한 인상을 받게 된다. 교사들은 많은 문제 행동들을 학교에서 빈번하게 보기 때문에 무슨 일이 일어나도 그것이 위기라는 생각은 별로 하지 않게 되고 대부분의 일을 심각하게 받아들이지 않는다. 이러한 관점은 교사들이 많은 학생들을 보고 있기 때문에 전체 학생 집단을 매일 보면서 형성된 인식일 수 있다. 반면에, 부모는 단 한 명의 아이(또는 아마도 두세 명)만 있을 수 있고, 이런 문제를 자녀의 "심각한 관점"

으로 전해 듣게 된다. 그들은 이런 문제에 대해서 거의 들어보지 않았기 때문에, 그들의 자녀가 이야기한 어떤 문제든 잠재적으로 아주 심각한 일이라고 받아들일 것이다. 만약 부모가 이와 관련하여 학교에 연락하려고 결정했다면, 그들은 그 문제를 아주 심각하다고 확신한 것이다.

그러므로 당신이 학부모와 마주 앉게 된다면, 서로 같은 입장에서 이야기를 시작하는 것이 아니라는 사실을 알아야 한다. 이미 부모는 문제에 대해서 당신보다 훨씬 더 심각하게 생각하고 있다. 이는 당신이 말해야 하는 내용(예를 들어, "저는 이게 제니퍼에게 심각한 문제라고 생각하지 않습니다")을 반드시 바꿔야 한다는 뜻이 아니다. 하지만 부모가 어떤 생각을 갖고 학교로 왔는지 알고 난 이후에 학부모를 만난다면 당신의 괴롭힘 사건에 대한 접근을 조정하는 데 도움이 될 수 있다.

저도 이 문제가 얼마나 중요한지 알고 있습니다. 그래서 부모님께서 오늘 여기 오신 거겠지요. 저는 이런 상황이 어떻게 심각해질 수 있는지에 대해서도 아주 잘 알고 있습니다. 하지만 저는 제니퍼의 행동을 보면서 제니퍼 스스로가 이 문제에 대해 아주 잘 대처하고 있다는 것을 알 수 있었답니다. 제가 본 것들에 대해 부모님께 더욱 자세하게 설명 드린 후에 부모님께서 이에 대해 어떻게 생각하시는지 들어 보고 싶습니다. 그리고 가정에서 어떤 것을 보셨기에 이렇게 걱정하게 되셨는지에 대해서도 알려 주시면 좋을 것 같습니다.

궁극적으로 이것은 당신이 부모가 가진 관점에 대해 이해하고 있고, 그들의 자녀와 관련된 문제를 심각하게 생각하고 있다는 것에 대해 알리는 것이다. 그리고 그들이 왜 그렇게 생각하는지에 대해 구체적으로 듣고 싶고, 그에 대해 당신이 동의하거나 동의하지 않는 이유를 학부모와 나누고 싶다는 것을 제안하는 것이다. 이러한 상황에서는 부모의 이야기를 듣는 것이 답이 될 수 있다. 그들이 보고하는 문제는 두 개의 "심각한" 필터를 거쳐서 나온 것이기 때문에, 당신이 처음 생각했던 것보다 상황은 더 심각할 수 있기 때문이다. 만약 학생이 진정으로 정신적 고통을 느끼고 있다면, 학생은 이러한 사실을 교사들보다 부모에게 먼저 알리기 쉽다는 점을 기억해야 한다.[2]

1) 부모들은 법적 또는 정책적 기준에 맞지 않더라도 그 상황을 괴롭힘이라고 주장할 것이다.

괴롭힘은 누구에게나 불안을 불러일으키는 단어이고, 역으로 괴롭힘이라는 단어는 또한 불안을 드러나게 하기도 한다. 자녀가 처한 상황을 해결해야 한다고 생각하고 그에 대해 염려가 많고 불안이 높은 부모들은 교사들의 관심과 공감을 바라고 그 상황을 괴롭힘 상황이라고 주장하면서(그들이 희망하기에) 상대 학생에게 무자비한 벌을 줘야 한다고 할 것이다. 또한 부모들은 괴롭힘 상황으로 정의되기 위한 구성 요소들에 대해서 전혀 모르고 있을 가능성이 높고, 그들 나름대로 괴롭힘 상황을 정의함으로써 자녀가 처한 상황을 괴롭힘으로 판단하고 있는 경우도 많다. 이와는 다르게 나는 때때로 어떤 상황이 괴롭힘인지 아닌지를 효율적으로 논의하는 것을 매우 드물게 보기도 한다. 경험상으로 봤을 때, 이러한 상황에서는 부모의 괴롭힘 사건에 대한 평가 내용에 집중하기보다는 부모의 불안에 반응을 해 주는 것이 보다 더 도움이 된다는 것을 발견하게 되었다. 그 상황에 대해 괴롭힘인지 아닌지 이름을 붙이기보다는 당신이 그 상황에 대해 매우 진지하게 생각하고 있고, 실제 상황에 대해 이야기를 나눠볼 것이라고 이야기하면서 부모를 안심시키는 것이 무엇보다 중요하다.

제가 이 상황을 해결하기 위해 많은 관심을 기울이고 있다는 점과 케빈이 이 학교에서 안전함을 느낄 수 있도록 신경을 쓰고 있다는 것을 부모님께 말씀드리고 싶습니다. 지금 제가 하고 싶은 것은 그 상황이 괴롭힘인지 아닌지 이름을 붙이기보다는 케빈이 내일 학교에 편안하게 나올 수 있도록 돕는 것에 보다 집중하기를 원합니다. 내일 아침에 케빈과 단둘이 만나서 '네가 위협을 느낀다고 생각할 때 언제든지 나를 보러 올 수 있다'라는 것을 케빈에게 이야기해 주는 것이 케빈에게 도움이 될 수 있을 것이라고 생각하시는지요? 첫 개입으로 그것이 그에게 도움이 될 수 있을까요?

TIP

어떤 상황을 괴롭힘이라고 주장하는 부모들은 그 상황에 대해 높은 불안을 느끼고 있기 때문에 그 상황이 괴롭힘이 아닐 수도 있다는 가능성에 대해서는 받아들이지 않는 경우가 많다. 그들은 그 상황을 "괴롭힘이 아니다"라고 하는 것은 그 상황에 대해 어떠한 추후 관심이나 조치들이 필요하지 않다는 의미로 받아들여질까 봐 불안해하는 것일 수 있다. 만약에 부모들이 어떤 상황을 '괴롭힘'이라고 이야기한다면, 그 상황이 괴롭힘인지 아닌지와는 상관없이 그에 대한 당신의 관심이 필요하다는 것을 의미한다.

---

2) 부모들은 그들의 자녀가 괴롭힘에 관련되었다는 것을 믿지 않을 수도 있다.

정황과는 상관없이 자녀의 잘못된 행동을 무조건 부인하기만 하는 예외적인 부모들이 드물게 존재하기도 하지만, 대부분의 부모들은 일단 내 아이가 괴롭힘에 연관되어 있다고 하면 조금이라도 부인하고 싶어하는 것이 일반적이다. 나는 부모가 자기 자녀의 괴롭힘에 대해 부인 (denial)하는 것을 세 가지 유형으로 나누어 보았다. 먼저 유형 1은 '단순하게 괴롭힘 행동으로 간주하지 않는 유형', 유형 2는 '자녀의 괴롭힘 행동을 보았으나 교사 또는 학급에 문제가 있다고 생각하는 유형' 유형 3은 '괴롭힘 행동을 정상적인 행동으로 보는 유형'이다.

(1) 부인 유형 1

유형 1은 부모들이 자녀의 행동을 괴롭힘으로 보지 않으려는 것으로, 괴롭힘이라는 일이 일어났다는 것을 믿지 않으려는 경우이다. 당신이 그들에게 구체적이지 않고 일반적이고 애매한 정보들을 많이 주면 줄수록,

그들은 더욱 이러한 유형을 선택하려고 할 것이다. 이에 대한 해결책으로는 자녀의 잘못된 행동을 가능한 한 구체적으로 부모에게 알려 주는 것이다. 이상적으로는 언제, 어디서 그리고 무슨 일이 벌어졌는지에 대해 정확한 정보를 제공할 수 있는 것이 가장 바람직하다. 이러한 구체적인 정황을 부모에게 제공하면 자신의 자녀가 아무 일도 하지 않았다고 계속해서 주장하기가 어려워지기 때문이다. 그렇기 때문에 이러한 유형의 부모들과의 대화는 "메러디스가 학급의 누군가를 괴롭혔습니다"라는 식으로 접근하는 것보다는 "화요일 아침 메러디스가 장애가 있는 학생을 가리키면서 비웃고 놀리는 쪽지를 써서 돌렸다고 담임 선생님이 알려 주시더군요"라는 식으로 풀어 나가는 것이 좋다.

TIP

가능하다면 "학교 폭력" 등의 단어를 직접적으로 사용하는 것을 피하라. 이것은 불에 기름을 붓는 행위가 될 수 있다. 꼭 그 단어를 언급해야 할 때만(예, 만약 그 문제 행동이 정식으로 학교 폭력 관련 절차를 밟아야 하는 경우) 쓰도록 하는 것이 좋다.[1]

---

(2) 부인 유형 2

유형 2는 부모들이 문제가 발생했다는 것은 받아들이되 근본적인 원인 또는 문제가 교사나 학급에 있다고 믿는 경우이다. 즉 자신의 아이에게는 문제가 없다고 생각하는 것이다. 이런 부모들은 보통 교사가 자신의 아이를 비난하기 위해 특정 사례만 부각시켰다고 생각한다. 또는 아이가 학급에 있는 것을 지루해 하기 때문에 문제 행동이 튀어나왔다고 생각하거나 교사에게 무시당했기 때문이라고 생각한다. 이런 부모들은 종종 교

---

1) (역자주) 국내에서도 학교 폭력이 의심되는 사안이 발생한 경우 용어 사용에 주의해야 함이 강조되고 있다. 현행법인 '학교폭력 예방 및 대책에 관한 법률'에 근거하여 '학교폭력대책자치위원회'가 개최되어 폭력 사실이 확인되기 전까지는 가해학생 또는 피해학생이란 용어 대신에 "관련학생"이란 용어의 사용이 권장되고 있다.

사보다는 다른 학생들에게 비난을 돌리기도 하는데, 그들은 진짜 문제를 일으키는 학생은 따로 있고 자신의 아이는 아주 조금만 연관되어 있다고 주장하기도 한다.

이런 부인 유형 2에 해당하는 부모에게 대응하는 방법은 동원할 수 있는 모든 자료를 모아서 제시하는 것이다. 만일 학생이 특정한 상황에서 괴롭힘에 연관되었다면, 분명 한 장소에서만 괴롭힘 행동을 하지는 않았을 것이다. 그러므로 부모와 이야기하기 전에 학교의 다양한 환경에 있는 교사들과 이야기하면서 해당 학생의 행동을 다각도로 검토하는 것이 필요하다. 다른 교사들은 무엇을 보았는가? 만약 그들이 비슷한 문제를 관찰한 적이 있다면, 그러한 문제 행동은 당신의 반에서만 일어난 것이 아니기 때문에, 당신은 단지 부모님에게 이것에 대해 알려 주는 많은 사람들 중 한 사람일 뿐이라는 점을 부드럽게 강조해야 한다. 만약 다른 선생님들은 진정으로 당신이 관찰한 괴롭힘 행동을 본 적이 없다면, 당신은 부모를 만나기 전에 더 많은 준비가 필요하다. 왜 이 학생은 당신의 수업에서만 그러한 행동을 했을까? 아마 해당 학생은 독특한 상황의 이점을 이용했을 수 있다. 예를 들면, 아마도 당신의 수업은 피해학생과 접촉하기 쉬운 유일한 상황이었을 수도 있다. 또는 당신과 해당 학생 사이에 도전적인 심리적 역동이 있었을 수도 있다(별로 유쾌한 생각은 아니지만, 현실적으로 이것은 그냥 지나쳐서는 안 될 문제이다. 교사도 결국 사람이기 때문이다).

TIP

유형 2에 해당하는 부인 유형은 보통 자신의 아이가 가해자라는 것에 매우 우울해하거나 불안해하는 부모가 사용하기 쉬우며, 그들이 난처한 상황에 직면했을 때 체면을 차리기 위한 방편으로 이러한 방법을 사용하게 되는 경향이 있다. 많은 아이들이 때때로 이런 행동을 한다는 식으로 접근하는 것은(이것은 결코 부인하는 부모에게 항복하는 것은 아니다) 현명한 전략일 수 있다. 물론 우리는 단호하게 대응해야 하지만, 만일 부모가 봤을 때 당신의 태도가 더 평가적이거나 자신의 자녀에 대해 탐탁치 않아 하는 것 같아 보이면, 부모들은 더더욱 비협조적으로 나올 수 있기 때문에 이러한 전략을 효과적으로 사용하는 것도 필요하다. 만일 당신이 과거에 해당 아이의 부모가 이렇게 부인하는 것을 보았고 그 학생은 그 이후에도 계속해서 문제 행동을 반복한다면, 부모들은 그다음에는 그것이 전문가의 도움이 필요한 심각한 문제라는 것을 받아들이기가 더욱 쉬워질 것이다.

(3) 부인 유형 3

부인 유형 3은 실제로 매우 빈번하게 일어나며, 이것은 부모의 경우 가정에 한 명의 자녀(또는 적은 수)가 있는 반면 당신에게는 학교에 수천(또는 수백) 명이 있다는 사실에 의해 발생하게 된다. 이러한 유형의 부인을 하는 부모들은 당신이 언급한 그 행동에 대해 알고 있지만, 당신이 갖고 있는 비교 그룹을 그들은 갖고 있지 못하기 때문에 자녀의 그러한 행동을 정상인 것으로 착각하는 것이다. 분명히 부모들은 그들의 아들이 잘못 행동하는 것을 보았지만 그에 대해 "그것은 모든 남학생들이 하는 행동이 아닌가?"라고 생각한다. 당신은 비교할 수 있는 다른 수백 명의 남학생들이 있어서 알겠지만, 자녀의 특정 행동은 모든 남학생들이 하는 행동은 분명 아니다. 이와 같은 비교 집단과 맥락에 대한 이해의 부족으로, 부모들은 무엇이 정상이고 아닌지를 판단하기가 어려운 것이다.

TIP

부인 유형 3에 속하는 학부모들에게는 당신도 같은 문제를 보고 있다는 것을 알게 하는 것이 중요하다. 당신은 또한 그들에게 이러한 행동들을 다루는 방법들이 있고 많은 아이들이 그것을 시도하지만, 중요한 것은 적절하게 반응하는 것이라는 것을 확신시키고 싶을 것이다. 때때로 학부모들은 당신 역시 비교할 수 있는 다른 수백 명의 아이들이 없었더라면 그러한 행동에 문제가 있는지를 인식하기가 어려웠을 것이며, 다른 많은 학생들을 함께 보면서 비교하는 것이 유용한 관점들을 제공한다는 점을 강조할 필요가 있다. 나는 이처럼 일반적인 비교를 하는 것은 괜찮다고 생각하지만 (예, "부모님의 말씀이 맞습니다. 톰은 매우 활동적인 아이지요. 그러나 저에게는 수업시간에 다른 학생에게 종이 공을 던지지 않고 계속 앉아 있을 수 있는 다른 24명의 학생들이 있습니다. 이것이 바로 제가 톰을 걱정하는 이유입니다"), 어떤 특정한 학생과의 구체적인 비교를 제시하는 것은 바람직하지 않다고 생각한다.

마지막 조언: 당신이 이러한 까다로운 주제와 관련해 학부모와 이야기할 때는 항상 긍정적인 말을 사이사이에 끼워 넣으면서 말할 것을 추천한다. 이와 관련해서는 다음 절에서 다시 이야기하겠다.

3) 부모들은 당신이 합법적으로 밝힐 수 있는 것보다 더 많은 정보를 요구할 수도 있다.

피해자와 가해자로 추정되는 학생의 학부모들이 괴롭힘 사건에 대해 듣거나 보고받을 때, 그들은 종종 그 사건과 연루된 다른 학생들에 대해서도 알고 싶어 한다. 그리고 이것은 비밀 보장에 관한 민감한 논쟁을 불러일으키게 된다. 교사들이 학부모들의 정보 요청에 대해 "그것은 기밀입니다"라고 응답할 때, 학부모들은 교사들이 대화의 진행을 방해하거나 피한다고 생각할 수 있고 심지어 가해자를 보호하는 것으로 잘못 이해할 수도 있다. 여기에서의 문제는 의사소통의 문제라고 볼 수 있다.

교육자들은 **비밀 보장**(confidentiality)이라는 것이 무엇을 의미하는지에 대해 잘 알고 있기 때문에 이것에 대해 별도의 설명이 필요 없이 누구나 다 알고 있는 친근한 규칙이라고 생각한다. 그러나 유감스럽게도 부모들은 대체로 그 의미를 잘 알지 못한다. 따라서 그들은 당신의 부족한 설명이 다른 것을 의미한다고 생각할 수도 있다. 이러한 문제를 피하기 위해서 당신이 비밀 보장을 언급할 때는 언제든지 간략한 설명을 함께 해야 한다는 것을 명심해야 한다.

저는 부모님께서 왜 이것에 대해 알고 싶어 하는지 충분히 잘 이해하고 있습니다. 저 또한 부모님의 입장이라면 분명히 알고 싶을 것입니다. 하지만 연방(federal) [그리고 만약 적용 가능하다면 주

(state)] 법은 다른 부모의 아이에 대해서 누군가에게 말하는 것을 금지하고 있습니다. 제가 부모님의 마음에 대해 얼마나 공감하고 있는지와는 관계없이, 만약 제가 그것에 대해 부모님께 말씀 드리게 된다면 법을 어기게 되는 것이기 때문에 그럴 수 없음을 양해해 주시면 감사하겠습니다.

설사 같은 부모일지라도 필요하다면 자주 그리고 다정한 톤으로 반복해야 한다. 그리고 당신이 다운받을 수 있는 관련 사항을 담은 책자가 있다면 인쇄해서 부모님들에게 나눠 줄 수 있도록 하는 것이 좋다.[3]

4) 부모들은 다른 아이들의 처벌을 요구할 수도 있다.

다른 아이들에 대한 정보가 공개될 수 없는 것처럼, 가해행동을 한 학생(또는 가해학생으로 지목된)에게 주어지는 조치에 대해 교사는 피해자의 부모들과 구체적인 논의를 할 수 없다. 하지만 당신은 학교가 모든 괴롭힘 사건의 경우에 조치를 취하게 되는 구체적인 단계들에 대해 부모들과 함께 살펴볼 수는 있을 것이다.

그런데 바로 여기서 문제가 발생할 수 있다. 많은 학교들이 학교 폭력 사례를 다루기 위한 구체적인 일련의 조치들에 대해 일목요연하게 정리된 리스트를 가지고 있지 않는 경우가 많기 때문이다. 그렇기 때문에 당신은 이것을 개발할 필요가 있다. 특히 비밀보장법이 다른 학생들에게 개인적 수준에서 어떠한 일이 있었는지에 대해 논의하는 것을 금지할 때 이것은 유용하게 사용될 수 있다. 만약 부모가 다른 아이의 전학을 요구한다면 그들을 위한 당신의 대답은 두 가지에 초점을 맞출 수 있을 것이다. 첫째, 비록 당신이 다른 아이들에게 취해질 구체적인 조치에 대해 학부모와 논의할 수 없음에도 불구하고 모든 괴롭힘 상황에서 취해지는 조치들에 대해서는 부모에게 설명할 수 있다. 둘째, 피해자에게 초점을 맞춰서 피해학생이 학교에서 안전함을 느낄 수 있도록 당신과 부모가 할 수 있는 방법들에 대해 논의해 볼 수 있다.

직접 볼 수 있는 가시적인 자료들은 많은 도움이 된다. 왜냐하면 이런 것들은 힘든 순간에 부모들을 안심시키는 데 도움을 줄 수 있고 실제적인 것에 초점을 맞추도록 하는 역할을 하기 때문이다. 모든 괴롭힘 사례에 적용되는 단계가 인쇄된 안내장을 준비하고, 거기에 당신이 필요하다고 생각하는 단계들도 추가해서 포함시켜라(예, '피해자 인터뷰하기'). 이것을 가지고 학부모와 논의하고, 해당 사건에 적합한 조치들이 추가적으로 필요하다면 학부모에게 도움을 요청할 수도 있다(예, 그들의 아이들로부터 정보를 수집하기). 한 가지 일화를 소개하자면, 종교적인 목적으로 설립된 몇몇의 사립학교들은 나에게 피해자들의 부모와 함께하는 간단한 기도가 학부모의 감정적 레벨의 수위를 낮추는 데 도움이 된다고 말한 적이 있다. 하지만 이러한 방법은 공립학교에서 사용하기에는 어려움이 따를 것이다.

5) 부모들은 학교가 할 수 없는 한계에 대해 이해하지 못할 수도 있다.

사이버 괴롭힘은 학교의 권한과 관련된 한계에 대한 문제를 인식하도록 해 왔지만, 이전 수십 년간 형성되어 온 몇몇 심리적인 '관습'들로 인해 학부모들은 괴롭힘 사건이 어디서 일어난 것인지와는 관계없이 학교 측에서 직접적으로 문제 행동에 간섭할 수 있을 것이라고 믿는 경향이 있다. 여기서 미묘한 부분은 학부모들이 학교를 벗어난 곳 또는 온라인상의 괴롭힘 사건을 학교가 알 수 있도록 하는 것은 좋은 아이디어인 반면, 부모들은 가해자에 대한 학교의 처벌을 항상 기대할 수는 없다는 것이다.

학교 밖에서 이뤄진 사건의 가해자에게 학교가 조치를 취하는 것과 관련한 법적 관할권에 대해서는 실제로 뜨거운 논쟁을 일으키는 이슈이지만, 나는 변호사가 아니기 때문에 여기에서는 이에 대해 다루지 않을 것이다. 하지만 학교는 괴롭힘이 학교 밖에서 발생했을 때도 조치를 취해야 하고 조치를 취할 수 있다고 본다. 학교 밖 괴롭힘 또는 사이버 괴롭힘의 표적이 되는 아이들은 학교 측의 개인적 지원이 매우 필요하기 때문이다. 그러므로 학교 밖 괴롭힘 가해자에게 조치를 취해야 할지 말아야 할지에 대한 당신의 법적인 의무와는 상관없이, 피해자에 대한 당신의 인도적 차원의 지원은 반드시 마련되어야 한다.

TIP

단순히 상황에서 벗어나려고 해서는 안 된다. 또는 화가 난 부모들에게 "내가 할 수 있는 건 아무것도 없어요"라고 말해서도 안 된다. 항상 당신이 할 수 있는 것을 강조하다 보면 당신은 피해자가 된 아이들을 지원할 준비가 되었다고 말할 수 있게 된다.

TIP

때때로 사이버 괴롭힘은 교사, 상담 교사 또는 학교 관리자들을 표적으로 삼기도 한다.[2] 만약 한 아이가 인터넷에서 당신에 대해 어떤 것을 말했다고 해서 과민 반응을 하지 않도록 노력해야 한다. 마치 복도에 있을 때처럼, 아이들은 온라인에서 의사소통할 때도 선생님들에 대한 자신들의 느낌을 이야기하는 것을 매우 좋아한다. 심지어 그들이 당신의 이름을 언급할 때도, 그것은 대개 진정으로 사적인 의미에서 말하는 것은 아닐 때가 많다. 당신의 외모, 당신의 수업 방식, 당신의 지적 능력 등에 대한 언급들(심지어 상스러운 말들도)에 격렬하게 반응하기보다는, 이것 역시도 아이들을 잘 가르칠 수 있는 순간(또는 무시하는)으로 삼아야 한다(나는 어떠한지에 대해 궁금해 할 독자들을 위해 이야기하자면 물론 나의 학생들도 나에 대해 온라인에서 매우 노골적인 말을 했다). 물론 심각한 명예 훼손이나 중상모략으로부터 자신을 보호해야 하는 것은 당연한 일일 것이다. 하지만 새로운 디지털 세계에서는 우리들 중 많은 사람들이 아이들의 게시 글의 주제가 될 수 있기 때문에 우리 모두는 온라인상에서 우리에 대한 언급들에 대해 조금은 둔감해질 필요가 있다. 만약 당신이 그렇게 할 수 있다면, 당신은 소셜 네트워크 서비스(SNS)(물론 당신이 볼 때 그것들이 합법적이라고 느껴진다면)들의 공개적인 특징에 대해서 그리고 단순하게 또래의 재미를 위해 올려진 게시물을 의도치 않게 많은 사람들이 보게 되는 것이 얼마나 쉬운지에 대해 배울 수 있는 기회가 될 수도 있을 것이다.

---

2) (역자주) 최근 국내에서도 교사를 대상으로 발생하는 폭력의 비율이 높은 것으로 확인되고 있다. 신재은과 오인수(2017)의 연구에 따르면 최근 1년 이내에 학생으로부터 폭력 피해를 경험한 교사의 비율은 62.1%였으며, 같은 연구방법을 활용한 김신영과 오인수(2018)의 연구에서도 61.3%의 교사가 학생으로부터 폭력을 당한 경험이 있는 것으로 확인되었다. 다만 이러한 폭력 피해의 경험 중 사이버 괴롭힘을 통한 피해의 비율은 확인되지 않고 있다.

6) 부모들은 전통적 괴롭힘과 사이버 괴롭힘에 관한 사실을 이해하는 데 노력을 기울이지 않을 수도 있다.

부모들은 종종 괴롭힘을 오늘날 그들의 주된 염려 중 하나로 꼽는다. 그리고 교육자로서 당신도 이 문제에 대해 부모로부터 끊임없이 들어 왔을 것이다. 그렇기 때문에 당신은 전통적 괴롭힘과 사이버 괴롭힘에 대한 정보를 제공하는 모임에 참여하기를 진정으로 원하는 학부모들이 실제로는 매우 적다는 사실을 마주했을 때 아마 매우 놀라게 될 것이다. 나는 개인적으로 부모들을 대상으로 수백 번이 넘는 행사에서 강연을 해 왔다. 이 중 일부는 단지 소수만을 대상으로 하는 강연이었지만 대부분의 행사들은 백 명 또는 이백 명을 대상으로 하였고, 그 이상의 사람을 대상으로 한 행사들도 있었다. 수년에 걸친 경험을 통해 나는 학교 관내에서 부모 교육을 도울 수 있는 몇 가지 요인들을 관찰하게 되었다.

(1) 의사소통을 위해 다양한 방법을 사용하라: 부모들에게 일회성의 교육적인 행사만을 제공하려고 하지 말고 교육 행사 이외에도 정보를 얻을 수 있는 다양한 방법들을 사용하라. 당신의 학교 웹사이트에 괴롭힘에 대한 전용 페이지를 찾기 쉽게 개설하라. 부모들에게 그 웹사이트에 대해 알리는 전단지를 보내고 그 전단지를 당신의 동네나 이웃들 주변에 게시하라. 위원회를 시작하고 교육자들과 지역 경찰들과 함께 봉사할 부모를 초대하라. 전통적 괴롭힘과 사이버 괴롭힘에 관련한 이슈에 대해 부모들이 무엇을 할 수 있는지에 관한 방송을 제작할 지역 케이블 채널과 제휴하고 학생과 부모를 그 쇼에 초대하라. 지역 신문에 기사를 써라. 부모들을 위한 설문조사를 이메일로 보내라(여러분은 MARC로부터 무료로 자료를 얻을 수 있다).[4] 지역 경찰청에 접근하여 그들의 도움과 아이디어를 요청하라(이것이 지금 당장에는 많은 과업처럼 보이겠지만 이러한 과업들을 통해 학생과 학부모들이 필요할 때 즉시 이용할 수 있는 많은 정보들은 앞으로 이와 관련된 많은 불필요한 문의 전화들을 줄일 수 있게 될 것이다).

(2) 주목할 만한 가치가 있는 생생한 발표를 하라: 만약에 당신이 저녁 프로그램에 투입된다면 그 순간을 잘 이용해야 한다. 한 번의 주목할 만한 가치가 있는 프로그램은 마음을 끌지 못하는 여러 번에 걸친 프로그램보다 효과적이다. 내가 여기서 "주목할 만한"이라고 이야기한 것은 그저 학교가 부모들의 이목을 집중시킬 수 있는 저명한 강연자를 섭외하라는 의미이다. 이와 관련된 지역의 권위자들을 찾아보고 그들의 저서를 행사에서 판매할 수 있도록 하라. 다른 학교와 제휴를 맺어서 함께 행사를 기획하는 것도 좋은데, 지역 단위의 행사는 종종 한 학교의 행사보다 훨씬 중요해 보이기 때문이다. 또한 행사에 앞서 그들의 피드백과 의견을 요청함으로써 부모들을 관여시켜라. 그동안 해 왔던 방식으로 행사를 활성화시킬 수 있는 방법들을 동원하면서 이와 더불어 찾기 쉬운 온라인 정보도 제공하도록 해야 할 것이다. 나는 부모와 관련된 모든 행사는 학교 홈페이지에 게시되어야 한다고 생각한다(나는 학교 홈페이지에서 행사와 관련된 정보를 찾았지만 찾지 못했던 많은 부모들로부터 실망이 가득 담긴 메일들을 받고 있다). 만약 학생들이 그들의 부모와 함께 행사에 참여한다면 학생들에게 보너스 점수를 제공하라. 지역 채널에 그 행사에 대해 녹화하거나 방송할 수 있도록 요청하라(물론, 연설자의 허락과 함께). 그렇게 되면 직접 참여와 관계없이 당신은 지역 케이블에서 그 행사를 방영하거나 재방영할 수 있다. 그렇게 함으로써 당신은 확실히 더 많은 부모들과 접촉할 수 있게 될 것이다.

(3) 정보와 자원을 제공하라: 당신은 전통적 괴롭힘과 사이버 괴롭힘을 위해 개설된 웹사이트들에 관련 정보들을 올릴 수 있다. 미리 이러한 자원들을 생각하고 당신이 부모들에게 제공할 수 있는 도움이 될 만한 사이트 목록을 확보하라. 이것은 약간의 노력을 요구하지만 당신이 괴롭힘과 사이버 괴롭힘에 대해 효과적으로 설명할 수 있도록 하는 데 큰 도움이 될 것이다.

4 **괴롭힘 상황의 효과적인 대응을 막는 부모의 태도**

나도 부모이기 때문에 — 청소년기의 자녀와 그보다 어린 자녀 둘을 두었는데, 두 아이가 항상 바르게 행동하지는 않음을 덧붙이고 싶다 — 자녀의 디지털 방식으로 따라가기 위해 최선을 다하는 부모들이 잘못되었다고 손가락질하고 싶지는 않다. 4장에서 언급했듯이, 오늘날의 부모들은 디지털 기기를 사용하는 것에 대해 친숙하지 않기 때문에 이에 대한 지식이 부족하면 사이버 이슈들과 관련해서 본인의 자녀들을 감독하거나 가르쳐 줄 수 없다고 생각하고 이에 대해 끊임없이 불안해한다. 자녀들의 디지털 행동에 너무 적은 관심을 기울이는 부모들은 자녀에 대해서 무관심하다는 비판을 받는다. 반면 지나치게 관심을 보이면 '헬리콥터 부모' 또는 '스파이'라 비판을 받는다. 따라서 많은 부모들은 자신이 어떻게 하든 좋은 평가를 받지 못할 것이라 생각한다.

물론 이해가 되기는 하지만, 나는 부모들이 때로는 오히려 자신의 자녀가 잘못된 행동을 하는 데 원인이 되는 태도를 취하는 경우도 있다고 생각한다. 귀를 기울이고 해결할 준비를 하고 있으면 이러한 태도들은 자녀의 사이버상에서의 행동과 학교에서의 행동(그리고 삶에서의 행동) 간의 연관성을 부모들이 발견할 수 있도록 도울 수 있다.

1) 모범생들은 그렇게 하지 않을 거야.

부모들은 괴롭힘 행동을 할 가능성이 있는 아이가 누구인지에 대해 잘못된 선입견을 갖고 있는 경우가 많다. 어른들은 일반적으로 누가 가해자가 될 가능성이 있는지에 대해 이미 만들어진 프로파일을 가지고 있다. 적응하지 못하거나, 친구가 없거나 또는 학업 문제와 정서 문제를 가지고 있는 학생이 괴롭힘 가해자가 될 것이라고 생각한다. 이런 선입견으로 인해서 부모들은 자신의 자녀가 누군가에게 잘못된 행동을 할 수도 있다는 어떠한 정황들도 받아들이지 않으려고 할 수 있다. 어른들은 온라인 행동이 오프라인 행동과 매우 가깝게 연결되어 있다고 생각하기 때문에 자신의 자녀가 봉사 활동을 하고 좋은 성적을 받는 것이 자신의 자녀가 인터넷에서 다른 사람에게 해를 끼치는 어떠한 행동도 하지 않았다는 사실에 대한 증거라고 생각한다. 하지만 우리는 온라인에서는 잘못된 행동을 하지만 직접적으로 괴롭히지는 않는 아동들이 있다는 것을 안다. 그렇다면 부모들이 말하는 '모범생'이 사이버 괴롭힘을 행사할 수 있을까?

4장에서 언급했듯이, 전자 기기를 사용한 소통에 영향을 주는 요소들은 그 요소들이 없었다면 발생하지 않을 수 있는 사이버 괴롭힘과 사이버 싸움의 원인이 될 수 있다. 전자 기기로 작성되는 글에는 어조가 실리지 않기 때문에 (특히 내용이 짧은 트위터나 문자 메시지) 오해가 생길 수 있고 그 오해로 인해 갈등과 괴롭힘이 발생할 수 있다. 비언어적인 피드백의 단서가 없기 때문에(예, 얼굴 표정) 디지털 기기를 사용하는 사람들은 자신들이 게시하는 글이 사실은 매우 상처가 되는 글임에도 불구하고 자신들로 인해 상처를 받는 사람이 없을 거라 생각하며 즐겁게 글을 계속해서 게시할 수 있다— 이는 내가 **부주의한**(negligent) **사이버 괴롭힘**이라고 부르는 현상이다. 디지털 공간은 사적이고 비밀이 보장되는 공간이라고 느껴질 수 있는데, 이것 또한 거짓이다. 이러한 요소들을 고려해 보았을 때, 근본적으로 행실이 좋은 아동이 자신이 안전하다고 생각하는 공간에서 예상하지 못한 가혹한 결과를 초래할 수도 있는 감정을 표현하는 일은 충분히 가능한 일이다. 따라서 오프라인에서의 성격을 토대로 온라인에서 문제를 일으킬 수 있는 가능성을 예측하는 것은 정확하지 않다. 온라인에서 문제를 일으키는 것은 어떤 아동이라도 저지를 수 있는 실수라는 사실을 기억해야 한다.

2) 내가 좋은 부모라면, 내 자녀는 절대 나에게 거짓말을 하지 않을 거야.

현장에서 여러 부모들은 근본적으로 비슷한 문제들을 가지고 나를 찾아온다. 학교에서는 그들의 자녀가 괴롭힘 사건에 연관이 되어 있다고 하지만, 자녀는 그와 관련한 모든 것을 부인하고 있고, 그래서 자신 역시 자녀가 괴롭힘 사건에 연관되었다는 사실을 믿지 못하겠다는 것이다. 매우 분명한 증거가 있음에도 불구하고(예를 들어, 집 컴퓨터에서 자녀가 사이버 괴롭힘 행동을 했다는 증거가 나왔다) 부모는 이러한 태도를 취할 수 있다. 인터넷을 찾아보면 자신의 자녀가 거짓말을 했다는 것을 알고 '충격을 받고', '망연자실한' 부모들이 작성한 블로그를 쉽게 찾을 수 있을 것이다. 부모에게 거짓말을 하는 것이 비정상이 아니라 정상이라는 것을 보여 주는 여러 연구 결과들이 있지만, 부모들은 이를 잘 모르는 것처럼 보인다. 120명의 청소년(평균 나이는 16세)을 대상으로 한 자기보고식 설문조사에서 청소년의 대부분(98%)은 자신이 부모에게 거짓말을 한 적이 있다고 보고했다.[5] 4만 3천 명의 청소년을 대상으로 한 다른 연구에서는 83%가 부모에게 거짓말을 했다고 보고했다.[6] 내가 진행한 대학교 신입생을 대상으로 한 연구에서는 77%가 학교에서 징계를 받았을 때 부모에게 자신이 한 행동에 대해서 거짓말을 했다고 보고했다. 어른들은 아동 또는 청소년이 거짓말을 할 때 이를 분별할 수 있다고 믿는 경향이 있기 때문에 자녀들이 자신에게 거짓말을 하지 않았다고 생각할 수 있다[7](이러한 신념은 유아를 키우는 부모들이 흔히 가지고 있는 생각이다. 유아기 때는 아이가 거짓말을 하는 것이 뻔히 보인다. 3살짜리 아동은 아이스크림을 얼굴에 묻힌 채 "저는 아이스크림을 먹지 않았어요"라고 말할 수 있다. 자녀들의 거짓말이 한때는 쉽게 파악되었기 때문에, 이제는 더 이상 그렇지 않을 수 있다는 사실을 부모들은 간과하기 쉽다). 여기에서 문제는 부모들이 어떤 아동이라도 거짓말을 하는 자연스러운 경향이 있음을 받아들이지 않음으로써 해결에 도움이 되기보다는 오히려 부모가 문제의 일부가 될 수 있다는 것이다.

5 사이버 괴롭힘 예방에 대한 효과적 대응을 방해 하는 부모의 태도

사이버 괴롭힘을 다루는 데 있어서 가장 중요한 것은 디지털 기술 사용에 대한 교육과 예방이다. 하지만 그렇다고 해서 이것이 교사와 학부모로 하여금 컴퓨터 전문가가 되라는 뜻은 아니다. 다만 온라인상에서 어떤 일이 벌어지고 있는지 학생과 대화를 해야 한다는 것이다. 그러나 때로는 특정한 관점들이 이러한 종류의 긍정적인 대화를 막는 경우가 있다. 이에 대해 간략히 알아보자.

1) 청소년은 휴대폰에 지나치게 중독되어 있다.

대부분의 10대들은 휴대폰이 수중에 없으면 생활이 어려운 듯하다. 잠시도 이를 내려놓지 않으려고 하기 때문에 부모(그리고 교사)는 아이들이 중독된 것은 아닌지 걱정하게 된다. 대학교 신입생을 대상으로 한 연구에서 피험자들은 휴대폰이 일상생활을 방해하고 있는 점을 인정하였다. 그들은 휴대폰으로 인해 사회적 상황의 57%, 학교 또는 직장 생활의 59%가 방해받는다고 평가하였다. 이를 인식하고 있음에도 불구하고 — 내가 생각하기에 이 상황은 아이들에게 휴대폰 사용을 제어할 수 있도록 가르쳐야 할 필요성을 보여 준다 — 연구 대상의 대부분은 **한 시간**이라도 휴대폰를 확인하지 않거나 소지하지 않는다면 불안할 것이라고 응답하였다. 실제로 남학생의 약 28%와 여학생의 약 35%가 만약 이런 상황에 처한다면 불안하고 걱정스러울 것이라고 보고하였다. 29%의 학생은 그 시간 동안 지루할 것이라고 응답하였다. 이렇게 높은 비율의 불안을 보고하였음에도 불구하고 좋은 소식은, 42%의 학생들은 휴대폰를 한 시간 동안 사용하지 않는다고 해도 별다른 어려움 없이 지나갈 것이라고 응답했다는 것이다.

이런 사실들이 이제야 드러나고 있기 때문에, 학부모들은 자녀들이 왜 그렇게 하루 종일 휴대폰에 얽매이는지에 대해 여전히 이해하기 어렵다. 아이들이 휴대폰과 떨어져 있기 어려워하는 것을 부모에게 설명하기 위해 나는 한 가지 좋은 비유로서 안전벨트 없이 운전하는 상황을 언급하곤 한다. 당신이 만약 안전벨트를 착용한 상태에서 운전하는 데 익숙하다면, 안전벨트를 착용하지 않은 상태를 어색하다고 느낄 것이다. 그런 경우 주차된 차를 단지 9m가량 떨어져 있는 곳으로 이동할 때도 여전히 당신은 안전벨트를 매려고 할 것이다. 이와 같은 이유로, 요즘 아이들 세대는 지속적으로 휴대폰을 통해 서로 소통하면서 자라 왔기 때문에 한 시간조차도 휴대폰 없이는 살기가 어렵고 불편한 것이다.

2) 온라인에서도 아이들을 감독할 수 있다.

2010년에 10대와 그들의 부모를 대상으로 실시된 Pew의 설문조사는 자녀를 온라인상에서 감독하는 일이 증가하였다고 보고하였다 — 부모들의 77%가 자녀들의 온라인 사이트 방문 기록을 살펴봤다고 말했고, 41%는 SNS에서 자녀와 '친구'를 맺었다.[8] 하지만 나는 인터넷을 사용할 수 있는 모바일 기기들이 빠르게 증가함으로써 자녀가 온라인에서 무엇을 하는지 지켜보려는 부모의 시도가 점점 제한되고 있다고 생각한다. 가족이 사용하는 컴퓨터는 부모가 살펴볼 수 있겠지만, 인터넷 연결이 가능한 휴대폰은 어떻게 할 것인가? 태블릿 PC 또는 iPad과 같이 온라인 접속이 가능한 기기는 또 어떠한가? 아이가 숙제하기 위해 빌린 노트북도 마찬가지이다. 또한 도서관의 컴퓨터, 친구의 휴대폰과 같이 다양한 장소에서 쓸 수 있는 기기들도 이에 포함된다. 모든 기계의 사용을 일일이 확인하는 것은 결코 쉽지 않은 일이다. 그렇기에 많은 아이들이 부모의 감독 없이도 인터넷을 이용할 수 있었다고 하는 것은 그리 놀라운 일은 아니다. 대학교 신입생 대상의 연구에서 학생들에게 부모가 자신의 온라인 활동을 감독하려는 의도가 있다는 것을 어느 정도 느꼈는지 그리고 실제로 어느 정도 통제가 이루어졌는지에 대해 1부터 10점까지의 척도로 응답하도록 하였다. 이들은 부모가 감독하려고 한다는 것을 느낀 정도를 평균 3.45점이라고 보고하였다. 이것은 그렇게 높은 수치는 아니지만, 실제 통제되고 있다는 응답이 평균 2.75점인 것에 비해서는 높다고 볼 수 있다. 응답자의 40%는 부모의 감독이 말 그대로 전혀 없었다고 응답하였다. 이러한 결과는 무조건 부모가 디지털 기기에 서투르기 때문이라 말하기는 어렵다. 같은 척도를 기준으로 학생들에게 기기에 대해 가장 잘 알고 있는 부모의 기술적 노하우를 평가한다면 그 점수는 6.05에 해당한다고 답하였기 때문이다. 부모에 의한 온라인 활동 통제와 관련한 낮은 점수는 결국 85%의 아이들이 집 밖에서 인터넷을 이용한다고 밝힌 Pew의 연구처럼 인터넷이 연결되는 모든 기기들을 부모들이 감독하기가 불가능하기 때문인 듯하다.[9]

기기 간 연결이 증가하고 인터넷을 어디에서든지 이용할 수 있게 되면서, 아이들의 인터넷 이용을 모두 파악하는 어른들의 능력은 감소하거나 완전히 사라질 수도 있다. 하지만 최소한 우리는 항상 아이들이 휴대폰을 안전한 장치로 사용할 수 있도록 돕는 것은 할 수 있을 것이다.

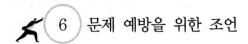

6 문제 예방을 위한 조언

궁극적으로 우리는 학부모가 문제가 있는 관점 또는 자녀의 괴롭힘 행동을 부인하는 것을 극복하도록 돕고 자신이 아이에 대해 아는 것과 들은 것을 인정하는 태도를 갖도록 돕기를 바란다. 그렇기 때문에 부모와의 상담은 단지 반응만 하는 것이 아니라 당신이 그들을 비판하고 무시하며 그들의 자녀를 부당하게 벌준다거나 다른 아이의 편을 들고 있다는 등의 생각을 그들이 하지 않도록 도와주는 과정이어야 한다.

나는 학생의 문제에 대해 학부모와 이야기를 나눌 때 그들이 궁지에 몰리고 있다는 생각에서 벗어나 안심하고 대화할 수 있게 하는 두 가지 좋은 기법을 발견하였다. 첫 번째는 긍정적인 분위기의 전화 통화이다.

당신이 매 학년 시작 즈음에 지금까지 모든 일이 순탄하며 아이들을 가르치는 것이 즐겁고, 궁금한 점이나 걱정이 있다면 언제든지 알려 달라는 말을 전달하는 것이 여기에 해당한다. 만약 이렇게 한다면, 그것은 당신에게 긍정적 자원으로 작용하여 문제가 생겼을 때 하게 되는 기쁘지 않은 전화 통화를 보다 수월하게 할 수 있도록 돕게 될 것이다(편지 또는 이메일은 차선책이라고 할 수 있다).

두 번째 기법은 학생의 잠재성이나 능력에 대한 언급 또는 일반적인 칭찬을 하면서 그 사이에 당신이 하고자 했던 말을 '끼워서' 하는 것이다. "제가 전화한 이유는 조이에게 문제가 있기 때문입니다"라는 말을 듣는 것과 "조이에 대해서 대화를 하고 싶습니다. 아이는 잠재적 능력이 상당하고 아주 훌륭합니다. 다만 아이의 성공에 있어서 방해가 될 수도 있는 행동들이 보여서 걱정입니다. 저는 이렇게 똑똑한 학생에게 문제가 생기는 건 정말 원치 않거든요"라는 말을 듣는 것은 아주 큰 차이가 있다. 일반적으로, 교사들 '모두'가 '모든' 학생들에 대해서 우호적으로 얘기한다고 확신하는 냉소적 태도의 부모들이어도 자녀에 대해 긍정적으로 얘기하는 교사와 학교에 대해서는 훨씬 더 긍정적인 태도를 보였다.

결론

사이버 괴롭힘
연구 분야의 발전

결론

사이버 괴롭힘 연구 분야의 발전

　때때로 전통적 괴롭힘과 사이버 괴롭힘의 연구 분야에 접근하는 데 있어서 가장 큰 장애물은 다양한 질적 정보의 엄청난 양이라고 나는 생각한다. 전통적 괴롭힘과 사이버 괴롭힘에 대한 결론에 도달하기 위해 이런 모든 데이터를 조사하는 것은 진정으로 어려운 일일 것이다. 이러한 상황에 압도된 교육자들은 전통적 괴롭힘과 사이버 괴롭힘과 관련된 주제를 다루는 것을 상당히 힘들어 하고, 심지어 피하는 경우도 있다는 것을 나는 아주 잘 알고 있다. 그렇기 때문에 이 주제를 참신하고 흥미롭게 접근하도록 하기 위해 이 책에서는 자세하고 철저한 분석을 제시하지는 않았다. 대신에, 나는 주요 쟁점들에 대해서 강조하였고 평상시에 실제로 아이들에게 어떤 일들이 일어나는 지에 대해 독자가 더 잘 이해하도록 설명하려고 노력했다.

　전통적 괴롭힘과 사이버 괴롭힘에 대한 이해를 위해서는 새로운 주제들에 대해 배우는 것과 괴롭힘과 밀접한 관련이 있는 근본적인 쟁점들과 기술에 대해 다시 한 번 생각하는 작업이 필요하다. 하지만, 때때로 이러한 작업들은 끊임없이 대중적인 사회 문제들에 수반되는 불안과 정보의 과부화로 인해 잊혀지는 경우가 있다. 우리가 괴롭힘에 대해 이미 알고 있는 많은 내용과 예방 노력들은 그것을 감소시키기 위한 노력의 초석이 될 것이다. 괴롭힘 예방의 **목표**(goal)는 화가 나거나 짜증 낼 때조차도 여전히 아이들이 차분하고 성숙한 자기통제적인 행동을 할 수 있도록 하는 것이다. 괴롭힘 예방의 **도구**(tools)는 다른 사람을 향한 잔인한 행동이 갖는 영향력에 대한 인식과 건강하고 성공적인 관계를 맺도록 돕는 중재 방법에 대한 지식이 될 수 있다. 그리고 오늘날의 디지털 의사소통 방식이 전통적인 사회적 상호작용의 방식과 얼마나 다른지에 대한 충분한 이해도 이러한 도구 중 하나가 될 수 있다. 괴롭힘 예방의 **기제**(mechanisms)는 명확하고 효과적인 교육, 아이들의 다양한 발달적 요구에 대한 이해, 우리가 학생들과 맺게 되는 정서적 교류 그리고 우리가 알고 있는 일반적인 상식들이 될 수 있을 것이다.

　의심의 여지없이 괴롭힘은 변화해 오고 있나. 가장 큰 변화는 신체적 괴롭힘이 대부분 심리적 괴롭힘으로 변화하고 있다는 것과 사이버 괴롭힘과 사이버상의 행동이 오늘날 아이들의 실제 사회생활과 상호작용하고 있다는 것이다. 이러한 변화는 곧 어른들의 괴롭힘 예방을 위한 노력 역시 바뀌어야 한다는 것을 의미한다. 예를 들어, 심리적 괴롭힘으로의 전환은 심리적 괴롭힘과 같은 유형의 행동이 심각하게 공격하지는 않지만 짓궂게 행동(예, 놀리기)하는 학생들과 괴롭힘 가해자에 의해 활용된다는 것이다. 이것은 우리가 괴롭힘 그 자체에 초점을 맞추기보다는, 잔인하고 무례하며 생각 없는 모든 행동들을 예방하기 위해 노력해야 한다는 것을 의미한다. 항상 그래왔듯이, 어른들이 아이들의 특정 행동에 대해 일관되게 대응하는 것은 아이들의 사회적 행동 발달과 관련한 가이드라인을 제시하는 데 핵심적인 역할을 하지만, 대응하는 방법 자체는 새로운 방식을 취할 필요도 있다고 생각한다. 우리는 괴롭힘의 기술적 정의(technical definition)를 충족하지 못하는 행동들도 무시하지 않도록 주의해야 한다. 또한 문제가 되는 행동 중에는 괴롭힘이 아닌 행동도 있다는 것도 강조해야 한다. 짓궂게 또는 잔인하게 행동하는 것은 그 어떤 경우에도 정당화

될 수 없다. 만약 어떤 누군가가 먼저 이상한 행동을 했고, 다른 사람이 당신을 짜증나게 하고, 혐오감이 들게 하고 심지어 화나게 했다고 하더라도 그 사람에게 앙갚음을 하기 위해 당신이 원하는 어떤 것이든 할 수 있는 것은 아니다. 이것은 우리가 아이들에게 다른 누군가에 대한 자신의 느낌을 무시하도록 가르쳐야 한다는 것을 의미하는 것은 아니다. 하지만 대인 관계에서 겪을 수 있는 어려움에 보다 적합하고 건설적으로 대응하는 것과 양쪽 모두 파괴적이고 상황을 더욱 악화시키게 만드는 대응 방법 사이에는 중요한 차이점이 있다는 것을 이야기하고 있는 것이다.

사이버 괴롭힘은 분명 새로운 분야이다. 전통적 괴롭힘과 사이버 괴롭힘 역시 서로 다른 특성을 갖고 있지만 이 둘은 서로 공존하기도 하고, 특히 연령이 높은 아이들 사이에서는 밀접하게 상호작용하기도 한다. 디지털 혁명이 그러했듯이 번개 같은 속도로 우리의 풍경을 변화시키는 새로운 현실을 받아들이는 것은 우리에게 분명 어려운 일일 수 있다. 이러한 매우 급격한 변화는 정서적으로 그리고 인지적으로 우리에게 도전한다. 하지만 우리의 불안과 무지를 경감시켜 줄 수 있고 학생들과 연결되어 서로 의사소통을 원활하게 할 수 있도록 해 주는 것은 오히려 새로운 기술이 아닌 오래된 기술이다. 어른들은 아이들의 이야기를 들으며 어떻게 디지털 생활과 건강하게 공존할 수 있는지에 대해 그들과 함께 배우기보다는 디지털 의사소통을 비하하는 것을 더 즐겼다. 아이들은 전자 기기를 통제하는 방법에 대해 함께 배워야만 한다. 결코 전자 기기가 아이들을 통제하도록 내버려 두어서는 안 될 것이다(그 점에 대해서는 어른들도 마찬가지다). 기술적인 발전은 많은 이점을 가져왔지만, 동시에 많은 대가를 치르게 했다. 우리가 의사소통을 할 때 가장 좋은 환경은 언제나 면대면 의사소통을 할 수 있는 상황이다. 비록 믿기 어렵겠지만, 나는 이 점에 대해 전혀 인지하지 못하는 아이들은 본 적이 없다.

새로운 유형의 위험에 대처하기 위해 상식적인 교육을 적용하는 것은 이전에도 시행되어 왔다. 우리에게 도전이 되는 것은 사이버 괴롭힘과 같은 새로운 이슈와 관련된 다른 유형의 위험을 해결하는 것이다. 서로 다른 유형의 위험을 개념화할 수 있는 한 가지 방법은 내가 수평적, 수직적인 위험이라고 부르고 있는 것들을 서로 분리하는 것이다. 나는 **수평적 위험**(horizontal risk)을 나쁜 일이 일어날 가능성이라고 정의했고, **수직적 위험**(vertical risk)은 나쁜 일의 심각성이라고 정의했다. 사람들은 어떤 상황에 대해서 불안감을 느낄 때 수평적·수직적 위험들을 모두 고려하게 된다. 특히 괴롭힘 상황에 놓여 있을 경우 그로 인한 불안은 매우 심각한 수준일 수 있다. 부모들은 괴롭힘으로 인해 자신의 자녀가 자살할 수도 있을 것이라고 걱정하고(수평적 위험), 자살은 그들이 직면할 수 있는 최악의 결과라고(수직적 위험) 염려할 것이다. 하지만 "전문가들"이 위험을 언급할 때 수직적 위험은 종종 무시될 수도 있다. 그렇기 때문에 블로그나 신문의 사설에서 전문가들은 괴롭힘이 자살로 이어지는 경우는 매우 드물다는 사실에 대해서만 언급할 것이다. 수평적 위험이 낮다는 것을 듣는 것은 좋지만 그것은 수직적 위험과 관련된 불안을 해결하지는 못한다(예, 거의 일어나진 않겠지만, 만약 나한테 일어난다면, 정말 절망적일 거야).

위험과 트라우마에 대해 합리적으로 생각하려는 우리의 노력에도 불구하고, 이것이 아동과 관련되어 있을 경우 우리는 더 쉽게 불안해진다. 우리는 10대 청소년 또는 어떤 아이들이나 (심지어 모범생조차도) 사회적으로 잔혹한 행위를 "시도하는" 실수를 할 수도 있다는 것을 받아들이기보다 부모님이나 학교를 향한 비난을 통해 어른들의 불안함을 영구화하고 정당화시키고 있다. 우리는 비난할 누군가를 찾는 것을 멈춰야 한다. 그리고 아이들을 양육하는 어른으로서 우리 모두는 공통적으로 성공과 실패에 대한 책임이 있다는 것을 인정할 필요가 있다. 아이들은 원래 자라면서 서로 다른 역할과 행동을 시도해야 한다. 이러한 역할과 행동 중 일부는 문제를 일으키기도 하지만 그것은 단지 삶의 일부일 뿐이다.

또한, 우리의 불안함은 불가능한 기대와 연결되는 경향이 있다. 이 책을 읽는 모든 사람들은 지금까지 살면서 그들의 부모님에게 무엇인가를 숨겨 왔을 것이다. 그 사실을 알기 때문에, 나는 어른들이 자신의 아이들은 자신에게 절대 숨기는 것이 없다고 주장할 때 굉장히 놀랄 수밖에 없다. 아이들은 부분적으로 그들만의 세상에 산다는 것을 기억하라. 당신은 그들에게 매우 중요한 어른이지만 그들만의 세상에 접근할 수는 없다. 모든 아이들이 그때는 어른들을 피하거나 속이려는 특성이 있다는 것을 분별하면서 받아들이기보다 우리는 아이들의 잘못된 행동에 너무 많은 드라마 같은 이야기들을 첨부하려고 한다.

모든 부모들이 아이들의 발달적 차이에 대해 교육을 받는 것은 아니지만, 나는 모든 교육자들이 아이들의 발달적 차이에 대해 교육받는 것이 유익할 것이라고 생각한다. 발달상의 이슈에 대해 집중하는 것은 항상 괴롭힘 예방에 있어 중요한 부분이 되어 왔고 그것은 지금까지도 그렇다. 아이들의 발달 과정에 따라 전통적 괴롭힘과 사이버 괴롭힘은 어떻게 변화해 가는가? 누가 가장 괴롭힘에 영향을 받고 있으며 괴롭힘 상황에 노출되어 있는가? 그리고 누가 더 많은 탄력성을 가졌는가? 취약성과 탄력성에 대한 초점을 유지하는 것은 괴롭힘의 표적이 되는 피해자가 삶 속에서 피할 수 없는 무자비한 괴롭힘 상황에 대해 더 나은 대처 메커니즘을 발달시킬 수 있도록 도울 수 있다. 발달에 초점을 두는 것은 또한 아이들이 반사회적인 또래를 피하거나 그들에게 잘 대처하는 데 필요한 사회적 기술들을 연령에 맞게 개발시킬 수 있도록 해 준다. 예를 들어, 어린이 국제교육연합 (Association for Childhood Education International)과 미국소아과학회(the American Academy of Pediatrics)는 많은 어린이들의 삶에서 놀이가 감소하는 것과 (어쩌면 연관된) 사회적, 인지적, 학업적 기술들이 감소하는 것에 대한 우려를 나타내는 공식적인 입장을 발표했다.[1] 비록 영유아 교육 현장에서 "놀이에 기반(play-based)한" 유아 교육과 "학업을 중시하는 (academic)" 유아 교육의 가치에 대한 논쟁은 여전히 있지만 그럼에도 불구하고, 많은 연구자와 전문가들이 도달한 합의점은 풍부한 교육적인 놀이야말로 어린이들이 가장 잘 배울 수 있는 최고의 방법이라는 것이다.[2] 우리는 놀이가 사회적 기술과 연관되어 있다는 것을 알기 때문에, 특히 아이들이 도전적인 사회적 상황에 대처하기 위해 사용하는 사회적 기술의 종류가 놀이와 연관되어 있다는 것을 알기 때문에, 놀이 시간 감소가 전통적 괴롭힘과 사이버 괴롭힘의 증가에 기여한 요인이라는 것을 가정할 수 있다. 놀이 상황 중의 일부는 교육자의 시야 밖에 있지만 어린이집 또는 유치원에서의 놀이 시간과 같은 놀이 상황은 명백하게 그렇지 않다.

요약: 마지막 도전

이 책 전체를 하나의 목록으로 요약할 수 있을까? 여기에 제시해 보겠다: 이 책에서 말했던 열 가지 주요 요점 정리!

- 우리가 말하던 괴롭힘의 의미가 변화되어 가고 있다. 이제는 신체적 괴롭힘보다 심리적 괴롭힘이 더 많이 발생하고 있다.
- 우리가 사이버 괴롭힘이라고 부르는 것은 종종 단순히 잔인하거나 별 생각 없이 행하는 디지털 행동을 말하는데, 이것은 당하는 사람에게는 괴롭힘으로 경험된다.
- 특히 10대들 사이에서 온라인상의 상황은 현실과 서로 불가분의 관계로 연결되어 있다.
- 아이들은 온라인 상호작용을 매우 어릴 때부터(초등학교 저학년) 시작한다. 학년이 올라갈수록 괴롭힘은 오프라인보다는 온라인상으로 이동한다.
- 폭력적인 행동의 시작 단계(전조행동)에 대해 알고 있는 것은 매우 중요하고, 만약 당신이 그것을 봤을 때는 멈추게 해야 한다.
- 학생들에게 디지털상의 상호작용은 얼마나 많은 사회 정보가 결핍되어 있는지를 알려 주고, 만약 그들이 디지털상에서 신중하게 행동하지 않는다면 그것이 어떻게 다른 이들과의 문제를 야기할 수 있는지에 대해 가르쳐야 한다.
- 또래 사이의 우정과 친사회적 행동을 장려하라. 그것은 괴롭힘에 대한 가장 훌륭한 방어행동이다.
- 부모를 통해 돕는 것을 시도해 봐라. 대부분의 부모들은 할 수 있는 최선을 다하지만 그들을 돕는 것이 쉽지는 않다.

- 당신을 찾아오는 아이들의 염려와 불안을 가볍게 생각하지 마라. 그들과 연락하고 소통하라. 아이들과 함께 작업하는 것은 단순히 학업적인 내용에 대한 것만은 아니라는 점을 기억해야 한다.
- 매사추세츠 공격성 감소 센터 웹사이트는 무료로 다운로드 받을 수 있는 많은 정보를 제공하고 있다. 이를 이용하라!(www.MARCcenter. org or www.elizabathenglander.com)

근본적으로, 나는 괴롭힘 예방은 운동과 같다고 생각한다. 당신이 하는 무엇이든지 아무것도 하지 않는 것보다는 낫다. 그리고 특히 공동의 노력은 결실을 맺을 것이다. 당신은 모든 것을 완벽하게 할 수는 없다. 누가 그럴 수 있겠는가? 또한 당신은 모든 것에 대해서도 알 수 없을 것이다. 그러나 아이들은 자신들 옆에서 기꺼이 배우려는 어른들을 통해 더 많은 것을 배워 나갈 수 있다. 아마도 괴롭힘 예방은 다른 사람을 더 잘 수용하고 우리 스스로에 대해서는 한 번 더 회의적으로 돌아보게 되는 것을 배우는 과정일 것이다. 길게 심호흡을 하고, 첫 번째 단계부터 시작하라!

부록

부록 A. 이 책에서 논의된 연구
부록 B. 매사추세츠 공격성 감소
센터(MARC)

부록 A

이 책에서 논의된 연구

방법론에 관심을 가진 이들을 위해서 이 책에서 논의한 자료들의 출처에 관한 세부 사항들을 이야기하려고 한다. 약간의 예외는 있지만, 제시된 자료들은 대부분 $p < .05$ 수준에서 통계적으로 유의하였다(독립성검증, 회귀분석, 일원분산분석, 다변량분산분석 등). 이 책은 동료 연구자들을 위해 쓴 것이 아니기 때문에 이해를 돕기 위해서 통계적인 세부 사항들을 구체적으로 명시하지는 않았다(예를 들어, "$x^2 = 456.77$, $p < .000$").

또한 그 차이가 통계적으로 유의하지는 않았더라도 충분히 흥미로운 것이라면 나는 "약간"이란 단어를 사용하였다(예를 들면, 남자 아이들이 파란색을 좋아할 가능성이 약간 더 있다는 등의 표현이다). 이외에도 많은 다른 연구자들의 발견에 대해서도 물론 언급하였다.

브릿지워터 주립대학교(Bridgewater State University)의 신입생을 대상으로 매년 실시하는 연차 연구

매년 나와 내 학생들은 심리학 입문 과정에 등록한 브릿지워터 주립대학교의 100명의 신입생들을 익명으로 연구한다. 이 책에서 나는 주로 2010~2011년과 2011~2012년 연구의 1,234명의 학생들로부터 나온 데이터를 활용한 연구를 공유하였다(매년 617명). 이 데이터는 미국 전체의 모든 18세 학생들을 대표하는 것은 아니지만, 그들은 다양한 배경을 갖고 있었다. 하지만 대부분의 설문 대상자들은 백인으로 매사추세츠와 그 주변의 주(뉴 햄프셔, 메인, 버몬트, 로드 아일랜드, 코네티컷)의 근로 계층과 중간 계층의 가정 환경에서 자라 왔다. 이 연구에서 사회적 계급과 민족성은 (대부분) 자연적으로 제어된 공변인이라는 점에서 장점을 가지고 있지만, 표본이 미국 전체의 10대를 대표하지 못한다는 점에서는 한계가 있다. 그러나 이 연구는 300개가 넘는 세심하게 계획된 변수들에 대한 자세한 정보들을 가지고 있기 때문에 연구에 있어서 매우 중요한 자산이다. 나는 단지 전통적 괴롭힘과 사이버 괴롭힘에 관해 질문한 것이 아니라 가족 생활, 교사·또래·친구·다른 사람과의 관계, 사회적 행동, 약물 남용, 정신건강 관련 지표들, 형제자매 관계, 사이버 괴롭힘 그리고 그 밖의 많은 다른 변수들에 대하여 물어보았다. 비록 18세 청소년에게 고등학교는 비교적 최근의 기억이지만 이것은 후향성 연구(retrospective study)라 할 수 있다(참여자들이 예전의 환경과 경험을 기억해야 한다는 의미이다). 대부분의 수집된 자료들은 고등학교에 대한 내용이었지만, 몇몇의 질문들은 학생의 어린 시절에 대해서도 물어보았다.

21,000명의 3~12학년 학생들에 대한 1차 조사

2010년 초반에, 우리는 매사추세츠와 뉴 햄프셔의 초등학교 3학년부터 12학년(고등학교 3학년)까지의 익명의 학생들에 대해 연구했다. 대학교 신입생의 연구와는 달리, 자료는 주로 매사추세츠와 뉴 햄프셔 안의 도시와 도시 근교, 시골 등 다양한 지역과 다양한 계급으로부터 수집되었다. 이 책에서 언급된 자료들은 2011년의 1월과 6월 사이에 수집되었다. 6개월 동안, 우리는 21,000명 이상의 학생들을 대상으로 설문조사를 실시하였다(초등학교, 중학교, 고등학교 각각에서 약 7,000명). 이 연구는 대학교 신입생의 연구보다는 광범위한 연구였지만 더 적은 변수들이 측정되었다. 하지만 이 연구는 나에게 전통적 괴롭힘과 사이버 괴롭힘이 초등학교와 고등학교 기간 동안 어떻게 발전되고 변화되었는지에 대해 알게 해 주었다.

성인에 대한 연구

2010년 9월과 2011년의 6월 사이에 3,715명의 교사 및 관리자들과 1,941명의 부모들을 익명으로 조사하였다. 개인적으로 조사에 참여할 동기가 있을 때만 연구에 참여하는 (그래서 대부분 편향된 표본으로 이루어진) 학부모와는 달리, 학교의 경우에는 학생에 대한 연구에 참여하기 때문에 교사와 교직원들은 일반적으로 학교로부터 조사에 참여할 것을 요구받는다. 그렇기 때문에 학부모와 교사 모두 대표적인 표본은 아니었지만, 교사들에 대한 자료는 일반적으로 모집단과 비슷하게 나타났다. 8장에서 논의한 것과 같이, 학부모 표본이 (다소 놀랍게도) 압도적으로 많지는 않지만 자녀가 괴롭힘을 당한 비율이 제법 높게 나타났다. 그러나 학부모의 표본은 자기 선택적으로 이루어졌기 때문에 연구에 참여한 학부모가 모든 부모를 대표하지는 않는다.

MARC 협력 학교의 학생들로부터 나온 일화적인 자료

나는 매사추세츠 공격성 감소 센터에서 대학생들이 어린 학생들에게 프로그램을 시행하도록 훈련시킨다. 10대 후반 또는 젊은 성인들이 그들보다 조금 어린 동료들과 함께 일하는 것은 강력한 라포 형성을 가능하게 하고 어린 학생들에게 긍정적인 롤모델을 제공할 수 있기 때문에 이것은 의도적인 전략이었다. 이러한 라포 형성 덕분에, 어린 10대 학생들은 흥미롭고 유익한 일화들과 개인적인 이야기로 학생들을 즐겁게 해 주었다. 이러한 종류의 자료는 질문에 대한 명백한 답을 제공해 주지는 않지만, 일화적인 실례를 제공하며 결국 우리가 실행하고 있는 연구에 대한 방향을 알려주는 데 도움이 되는 새로운 주제를 제시해 준다는 점에서 의미가 있다.

부록 B

매사추세츠 공격성 감소 센터(MARC)

매사추세츠 공격성 감소 센터(The Massachusetts Aggression Reduction Center)는 대학 산하 기관으로, 연구에 기반한 수준 높은 서비스를 비롯해 전통적 괴롭힘과 사이버 괴롭힘 예방 서비스에 대한 접근을 높인다. 또한 향후 교육 종사자들에게 전통적 괴롭힘과 사이버 괴롭힘 예방을 위한 훈련을 제공하고, 이들과의 전문적 관계들을 촉진시키기 위해 설립되었다. 본 센터는 K–12(유치원부터 고등학교까지)의 교사, 상담 교사(guidance counselors), 학교 관리자, 경찰(law enforcement), 법과 관련된 공무원(예를 들어, 지방 검사)들과의 협업을 통해 위에서 언급한 목표들을 이뤄가고 있다. 이러한 파트너십의 궁극적인 목표는 다음과 같다.

- 학생들 사이에서 발생하는 폭력, 전통적 괴롭힘, 사이버 괴롭힘, 사이버 행동(cyber behaviors)의 원인과 관련된, 연구에 기반한 양질의 예방 프로그램을 무료 또는 저비용으로 K–12 커뮤니티(교직원, 상담 교사, 관리자, 학부모, 학생)에게 제공하는 것.
- 브릿지워터 주립대학교의 교수진과 학생들이 센터에서 진행하는

많은 서비스들에 참여하도록 함으로써 향후 교육 종사자들을 교육시키는 것.

- 연구를 수행하고 최신의 연구 결과들을 신속하고 포괄적인 방식으로 관련 분야에 전파하는 것.
- 학교 내의 폭력, 괴롭힘, 안전과 관련된 쟁점들에 대처하기 위한 지식과 이해 그리고 효과적인 대응들과 개입 기술들을 K-12 교직원, 경찰, 의사, 변호사 그리고 다른 이해 당사자들에게 제공하는 것.

브릿지워터 주립대학교의 심리학, 사회학, 교육학, 사회복지학 및 관련 분야의 학부생과 대학원생은 MARC의 학생 회원(student associates)으로 지원할 수 있다. 학생들은 연구에 참여할 수 있고, 지역 학교나 기부단체, 그 밖의 다른 센터 활동들을 통해 학생들을 교육할 수 있나. 학생들은 교직원, 부모, 관리자(학교와 지역 사회를 위한 프로그램은 센터 내의 교수진이 제공한다)를 위한 훈련 프로그램을 제공하지는 않지만, 이들은 자유롭게 그들이 참여하고 싶은 분야를 선택할 수 있다.

대학생은 많은 어른들(예를 들어, 부모나 선생님)과는 다르게 어린 학생들에게 강력한 롤 모델이 된다. 부모님과 선생님의 말은 절대 듣지 않는 사춘기 학생들이라 할지라도 높은 지위에 있는 또래 집단으로 간주되는 대학생의 말에는 잘 반응하는 경향이 있다.

 ## 1) 학생 훈련의 목적

MARC 학생은 센터에서 훈련에 참여하고 난 후에 더 어린 또래에게 그 훈련을 제공한다. MARC에서 학점을 받는 학부생들은 고등학생과 중학생을 돕게 된다.

- 그들이 목격한 문제를 어떻게 인식(recognize)하고 명명(label)해야 하는지에 대한 방법을 배우고 자신의 학교에서 가장 시급한 문제라고 생각하는 것을 보다 정확하게 식별하기 위해 소그룹 토론을 활용하는 방법에 대해 배운다.
- 청소년 집단의 특성에 관해 브레인스토밍을 하고 문제 해결에 대해 배우는 것은 그들이 특수한 학교 문화 안에서 폭력과 괴롭힘에 대응할 수 있도록 이끈다.

이런 방법의 힘은 학교에서 일어나는 문제를 확인하고 그것을 해결하는 방법을 고안해 낸 사람이 바로 청소년이라는 사실에 있다. 문제점과 해결책 어떤 것도 어른에 의해서 정의되거나 고안되지 않는다. 우리는 학생들에게 자유로운 생각이 어떻게 구체적인 계획으로 변화하는지를 보여 주는 독특한 훈련 프로그램을 사용한다.

이런 학생 훈련 프로그램은 학교가 폭력과 괴롭힘 또는 그에 동반하는 문제들을 감소시키는 데 목적이 있는(예를 들어, 험담하기나 사이버 괴롭힘을 감소하는 데 기능할 수 있는 프로그램) 학생-주도 프로그램을 성공적으로 시작하는 것을 도와주도록 고안되었다. 시작은 MARC에서 이루어지지만, 학생 그룹이 이런 활동을 지속해서 할 수 있도록 전반적인 체제와 구조를 제공하는 것은 학교에 달려 있다.

1) 학생 훈련 형식

학생 훈련 회기는 일반적으로 2~3시간 정도이다. 훈련에는 일반적으로 교육학에 대해 배우는 시간이 30~60분 정도 포함된다.

MARC 소속의 학생 상담자들은 청소년을 지도자나 또래 조력자가 되도록 훈련시킨다. 또래 돕기(peer helping)는 청소년들을 자기 또래들을 위한 교육자나 상담자가 되도록 훈련시키는 모형이다. Benard는 또래가 아이들의 안전 의식을 파괴할 수도 있지만, 그들은 또한 가장 강력한 지지자임을 지적했다.[1] Benard의 연구는 또래 돕기가 위험한 행동을 감소시키는 결과를 낳는 유효한 개입 전략이었음을 발견하였다. MARC 프로그램은 청소년으로 하여금 자신들의 학교에서 문제나 도전으로 고려해야 할 것을 식별하는 방법과 학교 분위기를 증진하기 위한 아이디어를 고안해 낼 수 있도록 지도하는 것을 목적으로 한다. 혁신 센터(Innovation Center)는 또래 돕기 프로그램이 성공할 수 있었던 중요한 특징과 원리를 요약한 보고서를 발행하였다.[2] 그중 몇 가지를 소개하면 다음과 같다.

- "청소년 주도(youth-run and led)의 프로그램이어야 한다."
- "청소년들에게 역량을 심어 주면서 그들의 인식을 높이는 프로그램이어야 한다."
- "청소년들이 있는 곳을 찾아가서 만나라."
- "청소년들이 완전히 주인 의식을 갖게 되면 그들은 과업을 잘 수행한다."
- "청소년 훈련자는 성인 훈련자보다 더 효과적이다."

MARC는 단지 다른 유형의 괴롭힘 예방 프로그램을 대체하려 하기보다는 보완하려고 했기 때문에 또래 돕기 프로그램을 기반으로 청소년을 위한 학생 프로그램을 개발하였다. 이러한 접근은 중·고등학생들에게 높은 지위의 또래 모델로 제시될 대학생들이 있는 학술 센터에서 특히 매력적이라고 할 수 있다.

2) 학생 훈련 절차

- MARC의 슈퍼바이저는 대학 단체를 소개하고 학생 훈련 절차에 대해서 전반적인 설명을 하면서 시작한다. 슈퍼바이저는 훈련의 내용에 대해 논의하고, 학교에서 학생들이 겪고 있는 사건들을 보고 이를 해결하기 위한 방법을 고안해 내는 것을 돕기 위해 그들이 여기에 있는 것이라고 설명한다.
- 짧은 파워포인트 프레젠테이션으로 학생의 생각을 이끌어 내며 주

의를 집중시킨다. 프레젠테이션을 하는 동안 원격 투표를 이용하여 학생을 참여시키고 학교에서 관심 있는 사실 또는 문제를 공개함으로써 학생 상담자(대학생)들을 도울 수 있다.

- 만약 해당 학교에 관한 특정한 조사 자료가 있다면 이를 학생들과 공유한다.
- 중·고등학생을 각각 3~7명의 구성원으로 이루어진 작은 토론 집단으로 나눈다. 각 소집단은 1~2명의 대학생(학생 상담자)과 함께한다. 한 학생은 토론 내용을 기록하도록 한다.
- 모든 학생들이 소집단과 더 큰 집단들을 오가며 각 과정들을 거친다. 이 과정 동안 학생들은 자신의 독자적인 의견을 구체적이고 활용 가능한 계획으로 변형시키는 방법에 대해 배운다.
- 대체적으로 학생들은 많은 아이디어를 가지고 있는데, 학생 상담자들은 이들 중 어느 것도 묵살하지 않도록 조심하면서 실용적이고 현실적인 목표로 이끌어야 한다. 여기서 중요한 점은 학생들이 그들 자신의 힘으로 이러한 프로그램을 고안해 냈으며 그 프로그램을 실행할 사람도 자신이라고 느껴야 한다는 것이다.

감사의 글

전통적 괴롭힘과 사이버 괴롭힘 관련 연구와 교육은 나의 삶에 있어 큰 기쁨의 원천이다. 또한 매년 MARC(Massachusetts Aggression Reduction Center)를 통해 만나는 수많은 아동을 돕는 것 역시 나에게는 큰 즐거움 이다. 그럼에도 불구하고 이와 관련하여 모든 것을 책에 담는 작업은 매우 힘든 일이었고, 저술은 본질적으로 외로운 작업이기 때문에 그리 흥미롭지만은 않은 일이었다. 부친께서 언젠가 나에게 해 주셨던 말이 떠오른다. "저술 활동을 하는 과정 그 자체는 근사하지 않아. 저술을 완성한 것이 근사한 것이지."

나의 첫 저서에서처럼 이 책도 마찬가지로 여러분에게 도움이 되길 희망한다. 그것은 나에게 이 모든 어려움을 감내할 수 있게 하는 기쁨이 되어 줄 것이다.

먼저, 나의 가족에게 고마움을 전하고 싶다. 7월 내내 나를 보지 못했고 휴가 기간 동안 어디에도 가지 못하는 등 한 달 동안 나의 저술 작업을 위해 인내해 주었기 때문이다. 특히 내가 없는 동안 특별히 지시할 필요도 없이 너무나도 기꺼이 내가 내려놓은 지휘봉을 들고 가족들을 잘 돌봐 준 남편에게 감사함을 표현하고 싶다. 나의 멋진 세 명의 인내심 많은 자녀들도 저술 활동에 큰 도움을 주었다.

Meghan McCoy, Theresa Enos, Ellen Kelliher와 매사추세츠에 있는 교육가들 및 아이들과 함께 아주 헌신적으로 일한 MARC 팀 소속의 모든 학생들에게도 감사한 마음을 전한다. 더 나아가 그들의 헌신은 나에게 이 책을 개념화하는 데 큰 도움을 주었다.

그리고 세번째로, Caroline Chauncey와 Harvard 교육 출판사 관계자 분들이 쓴소리 한번 하지 않고 책을 잘 마무리할 수 있도록 지속적으로 격려해 준 데에 감사한다.

무엇보다도 이 책을 교사들에게 바친다. 이것이 진부한 소리로 들린다는 것을 나도 잘 알고 있다. 하지만 나의 진심을 담아 여러분에게 말하고 싶은 것은, 아이들보다 더 중요한 것은 없다는 것이다. 그렇기에 아이들을 돌보는 모든 사람들은 특별한 존경과 존중을 받아야 한다. 결코 어느 누구도 여러분을 난순히 가르치는 도구라고 생각하게 해서는 안 될 것이다. 아리스토텔레스가 말했듯이, 여러분은 아동들이 어떻게 살아가야 하는지를 가르치는 숭고한 일을 하고 있다.

저자에 관하여

Elizabeth Kandel Englander는 브릿지워터 주립대학교의 심리학 교수이며, 매사추세츠 공격성 감소센터(MARC)의 설립자이자 책임자이다. MARC는 반폭력(antiviolence), 반괴롭힘(antibullying) 프로그램을 운영하며, 매사추세츠주와 미국 전역을 위한 다양한 연구를 진행하고 있다. Englander 박사는 국내에서 인정받는 연구자이자, 또래 괴롭힘 및 사이버 괴롭힘 분야(아동기 폭력의 원인, 공격성, 학대 그리고 아동 발달)의 전문가이다. 그녀의 관심 분야는 테크놀로지를 사용한 공격성(technological aggression)과 그것이 또래 괴롭힘에서 어떻게 작용하는지에 관한 것이다. MARC는 돈을 받지 않거나 아주 적은 비용으로 최고의 프로그램을 제공하며, 매년 수백 개의 학교들을 위한 연구를 진행하는 유일한 공립 고등 교육 연구 기관이다. Englander 박사는 대학생과 대학원생을 가르치고 지도하고 있으며, 매사추세츠주 및 전국의 많은 기관들과 협력하여 공동 작업을 진행하고 있다.

Englander 박사는 학술적 독자와 대중 모두를 위한 글을 쓴다. 그녀는 Journal of Social Sciences의 사이버 괴롭힘 주제 관련 전문 편집장이며, 많은 책과 학술지에 거의 100편에 가까운 논문을 게재하였다. 또한 그녀는 아동 발달 및 생물 심리학, 폭력 범죄 분야의 기본 교재가 되는 책 「Understanding Violence(2007년 3차 개정)」의 저자이기도 하며, 지역 유·초·중등학교(K-12)를 위한 많은 무료 교육 자료들을 제작하기도 하였다. 그뿐만 아니라 그녀는 비전문가를 교육하는 것에 관심이 많기 때문에 New York Times(온라인판) 및 미국 전역으로 수백 개의 신문을 발간하는 Gatehouse Media의 Bullying Bulletin Board에도 칼럼을 썼다. 그녀는 National Public Radio, Public Broadcasting Service, CBS News 그리고 다른 여러 미디어들에도 출연하였으며, New York Times, the Wall Street Journal, the Boston Globe 그리고 다른 많은 잡지와 신문들에서도 인용되었다.

또래 괴롭힘과 사이버 괴롭힘에 대한 추가 자료는 Englander 박사의 홈페이지에서 찾아볼 수 있다. http://www.elizabethenglander.com

참고문헌

도입

1. E. Englander, *Freshman Study 2011: Bullying and Cyberbullying*, Research Reports from the Massachusetts Aggression Reduction Center (Bridgewater State University, June 2011), http://webhost.bridgew.edu/marc/research.html.
2. U.S. Department of Education, "Bullying: Peer Abuse in Schools," *LD Online*, 1998, http://www.ldonline.org/article/6171/.
3. A sobering report in the United Kingdom ("Teachers Tell Bullied Kids: Don't Be So Gay," *Echo*, November 5, 2011, http://www.echo‒news.co.uk/news/local_ news) found that bullied teens were told, far too often, that if they only "stopped acting gay" then the abuse would end. Statements such as these, which imply agreement with bullies ("it was justified"), place the blame and responsibility squarely on the victim, instead of supporting teens who may be seeking to establish their own identities. (It is important to note that well‒intentioned adults who are unaware of the repercussions of their statements may at times say such things. It is a testament to the necessity of training adults who work with children.)
4. J. Medina, "Kids Lie Every 90 Minutes—And That's a Good Thing," *Huffington Post*, January 15, 2011, http://www.huffingtonpost.com/john‒medina‒phd/kids‒lie‒every‒90‒minutes_b_807775.html.

5. L. Bond et al., "Does Bullying Cause Emotional Problems? A Prospective Study of Young Teenagers," *BMJ* 323, no. 7311 (September 1, 2001): 480–484, doi:10.1136/bmj.323.7311.480; A. Brunstein Klomek et al., "Bullying, Depression, and Suicidality in Adolescents," *Journal of the American Academy of Child & Adolescent Psychiatry* 46, no. 1 (January 2007): 40–49, doi:10.1097/01.chi.0000242237.84925.18.

6. C. Winsper et al., "Involvement in Bullying and Suicide – Related Behavior at 11 Years: A Prospective Birth Cohort Study," *Journal of the American Academy of Child & Adolescent Psychiatry* 51, no. 3 (March 2012): 271–282.e3. I am being deliberate with my language use here. The media, and many experts, have linked bullying victimization to the suicides of several children. I use the term *possible* because others have pointed out that it's difficult to assess the level and severity of many actual bullying cases (more on that later in the book) and it's typically the case that among suicide victims, multiple stressors are present (suggesting that bullying may not be the only cause of sucide). This is in no way intended to dismiss the very real trauma that abuse such as bullying can wreak upon its victims.

7. E. Englander, "Spinning Our Wheels: Improving Our Ability to Respond to Bullying and Cyberbullying," *Child and Adolescent Psychiatric Clinics of North America* 21, no. 1 (January 2012): 43–55, doi:10.1016/j.chc.2011.08.013; D. Olweus, *Aggression in the Schools: Bullies and Whipping Boys* (Oxford, England: Hemisphere, 1978), http://psycnet.apa.org/psycinfo/1979 – 32242 – 000.

8. U.S. Department of Education. "Bullying: Peer Abuse in Schools." LD Online, 1998. http://www.ldonline.org/article/6171/.

9. Englander, "Spinning Our Wheels"; E. Englander, "Is Bullying a Junior Hate Crime? Implications for Interventions," *American Behavioral Scientist* 51, no. 2 (October 1, 2007): 205–212, doi:10.1177/0002764207306052; P. Gradinger, D. Strohmeier, and C. Spiel, "Traditional Bullying and Cyberbullying: Identification of Risk Groups for Adjustment Problems," *Zeitschrift Für Psychologie/Journal of Psychology* 217, no. 4 (2009): 205 –213, doi:10.1027/0044 – 3409.217.4.205; M. McKenna, E. Hawk, J. Mullen, and M. Hertz, "Bullying Among Middle School and High School Students—Massachusetts, 2009," *Morbidity and Mortality Weekly Report (MMWR)* 60, no. 15 (April 22, 2011): 465–471.

10. D. Olweus, *Bullying at School : What We Know and What We Can Do* (Oxford, England: Blackwell, 1993).

11. E. Englander, *Study of 21,000 Children in Grades 3-12 in Massachusetts*, Research Reports from the Massachusetts Aggression Reduction Center (Bridgewater State University, June 2011), http://webhost.bridgew.edu/marc/research.html.

12. H. Cowie and R. Olafsson, "The Role of Peer Support in Helping the Victims of Bullying in a School with High Levels of Aggression," *School Psychology International* 21, no. 1 (February 1, 2000): 79-95, doi:10.1177/0143034300211006.

13. University of Wisconsin—Madison, *At the Table: Making the Case for Youth in Decision—Making* (Innovation Center for Community and Youth Development and National 4—H Council, 2003).

14. S. Davis and C. Nixon, *The Youth Voice Project* (Penn State Erie, stopbullyingnow.com, March 2010), http://www.youthvoiceproject.com/.

15. For the sake of readability, and because this isn't a book for fellow researchers, the research findings I cite in the chapters don't include statistical or methodological details. Those can all be found in appendix A. All differences I cite in this book are statistically significant, with a few exceptions. Findings that approach significance but don't achieve the $p < .05$ standard are worded as "slightly different" or something similar.

1장

1. "Special Edition: School Bullying," *Education.com*, n.d., http://www.education.com/special—edition/bullying/schoolbullying/.

2. D. Olweus, *Aggression in the Schools: Bullies and Whipping Boys* (Oxford, England: Hemisphere, 1978), http://psycnet.apa.org/psycinfo/1979—32242—000.

3. T. Parker—Pope, "Web of Popularity, Achieved by Bullying," *Well* (blog), *NYTimes.com*, February 14, 2011, http://well.blogs.nytimes.com/2011/02/14/web—of—popularity—weaved—by—bullying/.

4. Olweus, *Aggression in the Schools*.

5. S. Davis and C. Nixon, *The Youth Voice Project* (Penn State Erie, stopbullyingnow.com, March 2010), http://www.youthvoiceproject.com/.

6. U.S. Department of Education, "Bullying: Peer Abuse in Schools," *LD Online*, 1998, http://www.ldonline.org/article/6171/.

7. E. Englander, "Preliminary Report: Bullying and Cyberbullying in Massachusetts 2011-12" (presented at the Workshop: PCP Interventions, Freehold, NJ, 2011).

8. E. Englander, "Cyberbullying—New Research and Findings" (presented at the 2012 National Cyber Crime Conference, Norwood, Massachusetts, 2012).

9. R. Faris and D. Felmlee, "Social Networks and Aggression at the Wheatley School" (Department of Sociology, University of California, Davis, 2011).

10. D. Finkelhor et al., "Trends in Childhood Violence and Abuse Exposure: Evidence from 2 National Surveys," *Archives of Pediatrics & Adolescent Medicine* 164, no. 3 (March 2010): 238–242, doi:10.1001/archpediatrics.2009.283.

11. Davis and Nixon, *The Youth Voice Project.*

12. W. Craig, D. Pepler, and R. Atlas, "Observations of Bullying in the Playground and in the Classroom," *School Psychology International* 21, no. 1 (February 1, 2000): 22–36, doi:10.1177/0143034300211002.

13. Englander, "Cyberbullying—New Research and Findings."

14. G. Hinsliff, "Why Have We All Become So Casually Cruel?," *Comment Is Free* (blog), *The Observer/The Guardian*, July 3, 2010, http://www.guardian.co.uk/commentisfree/2010/jul/04/steven−gerrard−twitter −facebook; S. Oden and S. R. Asher, "Coaching Children in Social Skills for Friendship Making," *Child Devel− opment* 48, no. 2 (1977): 495–506.

15. Parker−Pope, "Web of Popularity, Achieved by Bullying.".

16. Englander, "Preliminary Report: Bullying and Cyberbullying in Massachusetts 2011-12."

17. J. Vohs, "Vulnerable Targets: Students with Disabilities and Bullying," Federation for Children with Special Needs, http://fcsn.org/newsline/v30n3/bullying.php.

18. "2009 National School Climate Survey: Nearly 9 Out of 10 LGBT Students Experience Harassment in School," GLSEN: Gay, Lesbian and Straight Education Network, http://www.glsen.org/cgi bin/iowa/all/ li− brary/record/2624.html.

19. Englander, "Cyberbullying—New Research and Findings."

20. U.S. Department of Education, "Bullying: Peer Abuse in Schools."

21. Depending upon your location, the issue of repetition may be legally moot. In some states, no repetition is required in the legal definition of bullying. However, most researchers and psychologists do recognize that repetitively cruel behavior is psychologically distinct from one−time events, and thus likely to be experienced very differently by the target.

22. U.S. Department of Education, "Bullying: Peer Abuse in Schools."

23. Davis and Nixon, *The Youth Voice Project.*

24. X. Wu et al., "Peer and Teacher Sociometrics for Preschool Children: Cross – Informant Concordance, Temporal Stability, and Reliability," *Merill – Palmer Quarterly,* July 1, 2011, 1-5.

25. E. Englander, *Study of 21,000 Children in Grades 3-12 in Massachusetts,* Research Reports from the Massachusetts Aggression Reduction Center (Bridgewater State University, June 2011), http://webhost.bridgew.edu/marc/research.html.

26. E. Englander, *Freshman Study 2011: Bullying and Cyberbullying,* Research Reports from the Massachusetts Aggression Reduction Center (Bridgewater State University, June 2011), http://webhost.bridgew.edu/marc/research.html.

27. J. Wolak, K. Mitchell, and D. Finkelhor, "Does Online Harassment Constitute Bullying? An Exploration of Online Harassment by Known Peers and Online – Only Contacts," *Journal of Adolescent Health* 41, no. 6 (December 2007): S51- S58, doi:10.1016/j.jadohealth.2007.08.019.

28. S. Hughes, "Alone Together," *Pennsylvania Gazette,* May/June 2010, 1-4.

29. R. Clements, "An Investigation of the Status of Outdoor Play," *Contemporary Issues in Early Childhood* 5 (2004): 68-80.

30. Centers for Disease Control and Prevention, "KidsWalk – to – School: Resource Materials," Department of Health and Human Services, February 25, 2008, http://www.cdc.gov/nccdphp/dnpa/kidswalk/then_and_now.htm.

31. Englander, *Freshman Study 2011;* W. Bösche, "Violent Content Enhances Video Game Performance," *Journal of Media Psychology: Theories, Methods, and Applications* 21, no. 4 (2009): 145-150, doi:10.1027/1864 – 1105.21.4.145.

2장

1. http://www.safeandcaringschools.com.

2. http://www.ashleypsychology.com.

3. http://www.theneweditor.com.

4. S. Woloshin and L. Schwartz, "Giving Legs to Restless Legs: A Case Study of How the Media Helps Make People Sick," *PLoS Medicine* 3, no. 4 (2006): e170, doi:10.1371/journal.pmed.0030170, http://www.plosmedicine.org/article/info:doi/10.1371/journal.pmed.0030170.

5. E. Thiegs, "Stageoflife.com Reports 91% of Teenagers Have Been

Bullied," *MarketWire.com*, August 25, 2011.

6. E. Englander, "Spinning Our Wheels: Improving Our Ability to Respond to Bullying and Cyberbullying," *Child and Adolescent Psychiatric Clinics of North America* 21, no. 1 (January 2012): 43–55, doi:10.1016/j.chc.2011.08.013.

7. Harris Interactive, *Teens and Cyberbullying Research Study* (Washington, DC: National Crime Prevention Council, 2007), https://docs.google.com/viewer?a = v&q = cache:MZW2k0_UqtIJ:www.ncpc.org/resources/files/pdf/bullying/Teens percent2520and percent2520Cyberbullying percent2520Research percent2520Study.pdf + &hl = en&gl = us&pid = bl&srcid = ADGEESgaYyB_ccy50DELeT9LK098sm20_Pkc2NyVC2qR08yGuB1qVUoCH2fvlgDlPiIrDSXd Do7F2w3hIyJJLUi62ZnvyqWlYCaSFEshwu6ruuAq2zDIUB3MeUr3qOElJHK q A0nwnA4Y&sig = AHIEtbT9NOXWtZ8y5yTEa1hJJyRf3Bm5Rg.

8. R. Dinkes, J. Kemp, and K. Baum, *Indicators of School Crime and Safety: 2008*(Washington, DC: U.S. Department of Justice, April 2009).

9. *Student Reports of Bullying and Cyber–Bullying: Results from the 2009 School Crime Supplement to the National Crime Victimization Survey* (Washington, DC: U.S. Department of Justice, 2009).

10. M. McKenna, E. Hawk, J. Mullen, and M. Hertz, "Bullying Among Middle School and High School Students—Massachusetts, 2009," *Morbidity and Mortality Weekly Report (MMWR)* 60, no. 15 (April 22, 2011): 465–471.

11. D. Finkelhor, H. Turner, R. Ormrod, and S. Hamby, "Trends in Childhood Violence and Abuse Exposure: Evidence from 2 National Surveys," *Archives of Pediatrics & Adolescent Medicine* 164, no. 3 (March 2010): 238–242, doi:10.1001/ archpediatrics.2009.283.

12. K. Mitchell, J. Wolak, and D. Finkelhor, "Trends in Youth Reports of Sexual Solicitations, Harassment and Unwanted Exposure to Pornography on the Internet," *Journal of Adolescent Health* 40, no. 2 (February 2007): 116–126, doi:10.1016/j.jadohealth.2006.05.021.

13. S. Hinduja and J. Patchin, "Cyberbullying Research in Review," Cyberbullying Research Center, 2010, http://www.cyberbullying.us/Cyberbullying_Research_ In_Review.pdf.

14. K. DeLong, "Survey Shows 17 Percent of Students Are Victims of Cyber–bullying," *FoxNews.com*,n.d.,http://fox6now.com/2012/02/16/survey –shows–17–percent–of– students–are–victims–of–cyber–bullying/.

15. E. Englander, "Cyberbullying—New Research and Findings" (presented at the 2012 National Cyber Crime Conference, Norwood, Massachusetts,

2012).

16. E. Englander, *Study of 21,000 Children in Grades 3–12 in Massachusetts*, Research Reports from the Massachusetts Aggression Reduction Center (Bridgewater State University, June 2011), http://webhost.bridgew.edu/marc/research.html.

17. Harris Interactive, *Teens and Cyberbullying Research Study*.

18. Englander, *Study of 21,000 Children in Grades 3–12 in Massachusetts*.

19. M. Borg, "The Emotional Reactions of School Bullies and Their Victims," *Educational Psychology* 18, no. 4 (December 1998): 433–444, doi:10.1080/0144341980180405.

20. E. Englander, "Preliminary Report: Bullying and Cyberbullying in Massachusetts 2011–12" (presented at the Workshop: PCP Interventions, Freehold, NJ, 2011).

21. Ibid.

22. E. Englander, *Understanding Violence*, 3d edition (Mahwah, NJ: Lawrence Erlbaum Publishers, 2007).

23. K. Sofronoff, E. Dark, and V. Stone, "Social Vulnerability and Bullying in Children with Asperger Syndrome," *Autism: The International Journal of Research and Practice* 15, no. 3 (May 2011): 355–372; *From Teasing to Torment: School Climate in America—A National Report on School Bullying* (GLSEN: Gay, Lesbian and Straight Education Network, October 11, 2005), http://glsen.org/cgi‒bin/iowa/all/library/record/ 1859.html.

24. M. Langevin, "Helping Children Deal with Teasing and Bullying," Minnesota State University, Mankato, October 22, 2001, http://www.mnsu.edu/comdis/ isad4/papers/langevin.html.

25. L. Bowes et al., "Families Promote Emotional and Behavioural Resilience to Bullying: Evidence of an Environmental Effect," *Journal of Child Psychology and Psychiatry* 51, no. 7 (February 3, 2010): 809–817, doi:10.1111/j.1469‒7610.2010.02216.x.

26. A. Wolbert Burgess, C. Garbarino, and M. Carlson, "Pathological Teasing and Bullying Turned Deadly: Shooters and Suicide," *Victims & Offenders* 1, no. 1 (April 2006): 1–14; Clayton R. Cook et al., "Predictors of Bullying and Victimization in Childhood and Adolescence: A Meta‒analytic Investigation," *School Psychology Quarterly* 25, no. 2 (2010): 65–83; A. Brunstein Klomek et al., "Bullying, Depression, and Suicidality in Adolescents," *Journal of the American Academy of Child & Adolescent Psychiatry* 46, no. 1 (January 2007): 40–49; W. Craig, "The Relationship Among Bullying, Victimization, Depression, Anxiety, and

Aggression in Elementary School Children," *Personality and Individual Differences* 24, no. 1 (January 1998): 123–130, doi:10. 1016/S0191 −8869(97)00145 − 1.

27. Englander, "Preliminary Report: Bullying and Cyberbullying in Massachusetts 2011-12."

28. Harris Interactive, *Teens and Cyberbullying Research Study.*

29. S. Jaffee and R. Gallop, "Social, Emotional, and Academic Competence Among Children Who Have Had Contact with Child Protective Services: Prevalence and Stability Estimates," *Journal of the American Academy of Child & Adolescent Psychiatry* 46, no. 6 (June 2007): 757–765, doi:10.1097/chi.0b013e318040b247.

30. R. Faris and D. Felmlee, "Social Networks and Aggression at the Wheatley School" (Department of Sociology, University of California, Davis, 2011).

31. J. Wang, R. Iannotti, and T. Nansel, "School Bullying Among Adolescents in the United States: Physical, Verbal, Relational, and Cyber," *Journal of Adolescent Health* 45, no. 4 (October 2009): 368–375, doi:10.1016/j.jadohealth.2009.03.021.

32. K. Sinclair et al., "Cyber and Bias − based Harassment: Associations with Academic, Substance Use, and Mental Health Problems," *Journal of Adolescent Health* Short Communication, February 2012, doi:10.1016/ j.jadohealth.2011.09.009.

33. In − school bullying: r = .749, p < .000; online bullying: r = .76, p < .000.

34. E. V. Hodges et al., "The Power of Friendship: Protection Against an Escalating Cycle of Peer Victimization," *Developmental Psychology* 35, no. 1 (January 1999): 94–101; M. J. Boulton et al., "Concurrent and Longitudinal Links Between Friendship and Peer Victimization: Implications for Befriending Interventions," *Journal of Adolescence* 22, no. 4 (August 1999): 461–466, doi:10.1006/jado.1999.0240.

35. L. Bond et al., "Does Bullying Cause Emotional Problems? A Prospective Study of Young Teenagers," *BMJ* 323, no. 7311 (September 1, 2001): 480–484; M. Busko, "Anxiety Linked with Increased Cell − Phone Dependence, Abuse" (presented at the Anxiety Disorders Association of America 28th Annual Meeting, Savannah, GA, 2007); Craig, "The Relationship Among Bullying, Victimization, Depression, Anxiety, and Aggression in Elementary School Children."

36. K. Sugden et al., "Serotonin Transporter Gene Moderates the Development

of Emotional Problems Among Children Following Bullying Victimization," *Journal of the American Academy of Child & Adolescent Psychiatry* 49, no. 8 (August 2010): 830–840, doi:10.1016/j.jaac.2010.01.024.

37. R. Kaltiala–Heino et al., "Bullying, Depression, and Suicidal Ideation in Finnish Adolescents: School Survey," *BMJ* (Clinical Research Ed.) 319, no. 7206 (August 7, 1999): 348–351.

38. C. Arata, "Child Sexual Abuse and Sexual Revictimization," *Clinical Psychology: Science and Practice* 9, no. 2 (May 11, 2006): 135–164, doi:10.1093/clipsy.9.2.135.

39. T. Messman, "Child Sexual Abuse and Its Relationship to Revictimization in Adult Women: A Review," *Clinical Psychology Review* 16, no. 5 (1996): 397–420, doi:10.1016/0272–7358(96)00019–0.

40. $(X^2 = 29.7, p < .003)$.

41. S. Davis and C. Nixon, *The Youth Voice Project* (Penn State Erie, stopbullyingnow.com, March 2010), http://www.youthvoiceproject.com/.

42. Ibid.

43. E. Englander, "New Findings in Bullying and Cyberbullying Research" (keynote presented at the Wellness Conference for Brevard County, Satellite Beach, FL, September 10, 2012).

44. S. Oden and S. R. Asher, "Coaching Children in Social Skills for Friendship Making," *Child Development* 48, no. 2 (1977): 495–506.

45. $(F = 2.41, p < .006)$

46. D. Olweus, *Aggression in the Schools: Bullies and Whipping Boys* (Oxford, England: Hemisphere, 1978), http://psycnet.apa.org/psycinfo/1979–32242–000.

47. University of New Hampshire, *Why Do Some Children Bully Others? Bullies and Their Victims*, Family Development Fact Sheet (University of New Hampshire Cooperative Extension, 2002), http://extension.unh.edu/family/parent/SApubs/bully.pdf. Federal law requires that all special needs students be on an IEP. Thus, the existence of an IEP is a good marker of a student with some kind of disability. It should be noted, however, that it's far from a perfect marker: it is very probable that some children's disabilities are not detected or are not severe enough to warrant their placement on an IEP; Englander, "Preliminary Report: Bullying and Cyberbullying in Massachusetts 2011–12."

48. Faris and Felmlee, "Social Networks and Aggression at the Wheatley School"; Jaffee and Gallop, "Social, Emotional, and Academic Competence Among Children Who Have Had Contact with Child

Protective Services."

49. R. Slaby and N. Guerra, "Cognitive Mediators of Aggression in Adolescent Offenders: I. Assessment," *Developmental Psychology* 24, no. 4 (1988): 580–588.

50. Harris Interactive, *Teens and Cyberbullying Research Study.*

51. Englander, *Study of 21,000 Children in Grades 3–12 in Massachusetts;* Faris and Felmlee, "Social Networks and Aggression at the Wheatley School"; Helper, S., "Bullies and Cyberbullies," *PBS & NPR Forum Network: Cambridge Forum,* September 21, 2011, http://forum–network. org/lecture/bullies–and–cyberbullies#; P. Elmer–DeWitt, *Nielsen: U.S. Teens Exchange 7 Text Messages Per Waking Hour* (NielsenWire, December 15, 2011), http://tech.fortune.cnn.com/ 2011/12/15/nielsen–u–s–teens– exchange–7–text–messages–per–waking–hour/.

52. S. Coyne et al., "'Frenemies, Fraitors, and Mean–em–aitors': Priming Effects of Viewing Physical and Relational Aggression in the Media on Women," *Aggressive Behavior* (December 2011): n/a, doi:10.1002/ab. 21410.

3장

1. D. Finkelhor, *The Internet, Youth Safety and the Problem of "Juvenoia"* (Durham, NH: Crimes Against Children Research Center, January 2011), http://www.unh.edu/ccrc/pdf/Juvenoia percent20paper.pdf.

2. D. Olweus, *Aggression in the Schools: Bullies and Whipping Boys* (Oxford, England: Hemisphere, 1978), http://psycnet.apa.org/psycinfo/ 1979–32242–000.

3. Ibid.

4. J. H. F. Chan, "Systemic Patterns in Bullying and Victimization," *School Psychology International* 27, no. 3 (July 1, 2006): 352–369, doi:10.1177/ 0143034306067289.

5. B. Stelter, "Young People Are Watching, but Less Often on TV," February 8, 2012, http://www.nytimes.com/2012/02/09/business/media/ young–people–are– watching–but–less–often–on–tv.html?_r=2&hpw =&pagewanted=all.

6. E. Englander and A. Muldowney, "Just Turn the Darn Thing Off: Understanding Cyberbullying," in *Proceedings of Persistently Safe Schools: The 2007 National Conference on Safe Schools,* eds. D. L. White, B. C. Glenn, and A. Wimes (presented at the Hamilton Fish Institute, George Washington University, Washington, DC, 2007), 83–92.

7. "Daily Media Use Among Children and Teens Up Dramatically from Five Years Ago—Kaiser Family Foundation," Kaiser Family Foundation, January 20, 2010, http://www.kff.org/entmedia/entmedia012010nr.cfm.

8. R. Pea et al., "Media Use, Face−to−Face Communication, Media Multitasking, and Social Well−being Among 8− to 12−Year−Old Girls," *Developmental Psychology*, January 23, 2012, doi:10.1037/a0027030.

9. E. Mills, "Bullying on Prime Time TV Sitcoms, " unpublished manuscript (Bridgewater State University, Massachusetts: Massachusetts Aggression Reduction Center, 2009).

10. S. Coyne et al., "'Frenemies, Fraitors, and Mean−em−aitors': Priming Effects of Viewing Physical and Relational Aggression in the Media on Women," *Aggressive Behavior*, December 2011, doi:10.1002/ ab.21410.

11. M. Rumfola, "Cyber−Bullying: Bullying in the 21st Century" (counselor education master's thesis, State University of New York, Brockport, 2008), http://digitalcommons.brockport.edu/cgi/viewcontent.cgi?article =1092&context=edc_theses.

12. E. Englander, *Freshman Study 2011: Bullying and Cyberbullying*, Research Reports from the Massachusetts Aggression Reduction Center (Bridgewater State University, June 2011), http://webhost.bridgew.edu/marc/research.html.

13. S. Fahlman, "Smiley Lore :−)," http:/ /www.cs.cmu.edu/~sef/sefSmiley.htm.

14. E. Englander, "Cyberbullying in 8− to 10−Year Olds: Research on 12,000 Children" (presented at the International Bullying Prevention Association Annual Conference, Kansas City, MO, November 5, 2012).

15. T. Correa, A. Hinsley, and H. de Zúñiga, "Who Interacts on the Web?: The Intersection of Users' Personality and Social Media Use," *Computers in Human Behavior* 26, no. 2 (March 2010): 247–253, doi:10.1016/j.chb.2009.09.003.

16. R. M. Milteer et al., "The Importance of Play in Promoting Healthy Child Development and Maintaining Strong Parent−Child Bond: Focus on Children in Poverty," *Pediatrics* 129, no. 1 (December 26, 2011): e204–e213, doi:10.1542/ peds.2011−2953.

17. Ibid.

18. J. Almon, "The Crisis in Early Education: A Research−Based Case for More Play and Less Pressure," Alliance for Childhood, November 2011, http://www.allianceforchildhood.org/sites/allianceforchildhood.org/files/fi

le/crisis_in_early_ed.pdf.

19. R. Henig, "Taking Play Seriously," *New York Times*, February 17, 2008, sec. Children and Youth, http://www.whywaldorfworks.org/03_NewsEvents/ documents/ TakingPlaySeriously.pdf.

20. Milteer et al., "The Importance of Play in Promoting Healthy Child Development and Maintaining Strong Parent – Child Bond."

21. Henig, "Taking Play Seriously."

22. E. V. Hodges et al., "The Power of Friendship: Protection Against an Escalating Cycle of Peer Victimization," *Developmental Psychology* 35, no. 1 (January 1999): 94-101.

23. S. E. Caplan, "A Social Skill Account of Problematic Internet Use," *Journal of Communication* 55, no. 4 (December 2005): 721-736; Milteer et al., "The Importance of Play in Promoting Healthy Child Development and Maintaining Strong Parent – Child Bond."

24. Pea et al., "Media Use, Face – to – Face Communication, Media Multitasking, and Social Well – being Among 8 – to 12 – year – old Girls"; S. Oden and S. R. Asher, "Coaching Children in Social Skills for Friendship Making," *Child Development* 48, no. 2 (1977): 495-506.

25. H. C. Foot, A. J. Chapman, and J. R. Smith, "Friendship and Social Responsiveness in Boys and Girls," *Journal of Personality and Social Psychology* 35, no. 6 (1977): 401-411; R. George and N. Browne, "'Are You in or Are You Out?' An Exploration of Girl Friendship Groups in the Primary Phase of Schooling," *International Journal of Inclusive Education* 4, no. 4 (November 2000): 289-300, doi:10.1080/136031100 50168005.

26. E. Powers and G. Bultena, "Sex Differences in Intimate Friendships of Old Age," *Journal of Marriage and the Family* 38, no. 4 (November 1976): 739, doi:10.2307/350693.

27. 2010 Tracking Survey, *Internet & American Life Project* (Pew Research Center, September 13, 2010).

28. M. Shermer, "Patternicity: Finding Meaningful Patterns in Meaningless Noise," *Scientific American*, December 2008; S. Murphy, J. Monahan, and R. B. Zajonc, "Additivity of Nonconscious Affect: Combined Effects of Priming and Exposure," *Journal of Personality and Social Psychology* 69, no. 4 (1995): 589-602, doi:10.1037/0022 – 3514.69.4.589.

29. T. Vaillancourt, S. Hymel, and P. McDougall, "Bullying Is Power," *Journal of Applied School Psychology* 19, no. 2 (December 12, 2003): 157-176, doi:10.1300/ J008v19n02_10.

30. M. Camodeca and F. Goossens, "Aggression, Social Cognitions, Anger and Sadness in Bullies and Victims," *Journal of Child Psychology and Psychiatry* 46, no. 2 (February 2005): 186-197, doi:10.1111/j.1469 -7610.2004.00347.x.

31. D. G. Dutton et al., "Intimacy-Anger and Insecure Attachment as Precursors of Abuse in Intimate Relationships," *Journal of Applied Social Psychology* 24, no. 15 (August 1994): 1367-1386; D. DiLillo, G. C. Tremblay, and L. Peterson, "Linking Childhood Sexual Abuse and Abusive Parenting: The Mediating Role of Maternal Anger," *Child Abuse & Neglect* 24, no. 6 (June 2000): 767-779; C. Rodriguez and A. Green, "Parenting Stress and Anger Expression as Predictors of Child Abuse Potential," *Child Abuse & Neglect* 21, no. 4 (April 1997): 367-377, doi:10.1016/S0145-2134(96)00177-9.

32. F. W. K. Harper, "The Role of Shame, Anger, and Affect Regulation in Men's Perpetration of Psychological Abuse in Dating Relationships," *Journal of Interpersonal Violence* 20, no. 12 (December 1, 2005): 1648-1662, doi:10.1177/0886260505278717.

33. P. Gradinger, D. Strohmeier, and C. Spiel, "Motives for Bullying Others in Cyberspace: A Study on Bullies and Bully-victims in Austria," in *Bullying in the Global Village: Research on Cyberbullying from an International Perspective*, eds. Q. Li, D. Cross, and P. Smith (Boston: Wiley Blackwell, 2012), http:// www.pdfdownload.org/pdf2html/pdf2html.php?url=http%3A%2F%2Ficbtt.arizona.edu%2Fsites%2Fdefault%2Ffiles%2FCyberbullying_Motives_Gradinger_in_press.pdf&images=yes.

34. K. A. Dodge et al., "Peer Rejection and Social Information-Processing Factors in the Development of Aggressive Behavior Problems in Children," *Child Development* 74, no. 2 (March 2003): 374-393; N. R. Crick and K. A. Dodge, "'Superiority' Is in the Eye of the Beholder: A Comment on Sutton, Smith, and Swettenham," *Social Development* 8, no. 1 (December 25, 2001): 128-131; K. Dodge et al., "Hostile Attributional Biases in Severely Aggressive Adolescents.," *Journal of Abnormal Psychology* 99, no. 4 (1990): 385-392, doi:10.1037/0021-843X.99.4.385.

35. K. Dodge and J. Newman, "Biased Decision-Making Processes in Aggressive Boys," *Journal of Abnormal Psychology* 90, no. 4 (1981): 375 -379, doi:10.1037/0021-843X.90.4.375.

36. E. Gondolf, "The Case Against Anger Control Treatment Programs for Batterers," *Response to the Victimization of Women & Children* 9, no. 3

(1986): 2-5.

37. D. Dietrich et al., "Some Factors Influencing Abusers' Justification of Their Child Abuse," *Child Abuse & Neglect* 14, no. 3 (January 1990): 337-345, doi:10.1016/0145-2134(90)90005-E.

38. O. Mammen, D. Kolko, and P. Pilkonis, "Negative Affect and Parental Aggression in Child Physical Abuse," *Child Abuse & Neglect* 26, no. 4 (April 2002): 407-424, doi:10.1016/S0145-2134(02)00316-2.

39. M. B. Eberly and R. Montemayor, "Adolescent Affection and Helpfulness Toward Parents:: A 2-Year Follow-Up," *Journal of Early Adolescence* 19, no. 2 (May 1, 1999): 226-248, doi:10.1177/0272431699019002005.

40. B. Barber, J. Olsen, and S. Shagle, "Associations Between Parental Psychological and Behavioral Control and Youth Internalized and Externalized Behaviors," *Child Development* 65, no. 4 (August 1994): 1120-1136, doi:10.1111/j.1467-8624.1994.tb00807.x.

4장

1. Respectme.com, 2008.

2. TheOnlineMom.com, 2010, http://www.theonlinemom.com/blog.asp?id=1462&print=true.

3. Cisco, Inc., *Cisco Connected: World Technology Report*, September 21, 2011, http://www.cisco.com/en/US/solutions/ns341/ns525/ns537/ns705/ns1120/CCWTR-Chapter1-Press-Deck.pdf.

4. E. Englander, "Preliminary Report: Bullying and Cyberbullying in Massachusetts 2011-12" (presented at the Workshop: PCP Interventions, Freehold, NJ, 2011).

5. E. Englander, *Study of 21,000 Children in Grades 3-12 in Massachusetts*, Research Reports from the Massachusetts Aggression Reduction Center (Bridgewater State University, June 2011), http://webhost.bridgew.edu/marc/research.html.

6. E. Englander, "Cyberbullying in 8- to 10-Year Olds: Research on 12,000 Children" (presented at the International Bullying Prevention Association Annual Conference, Kansas City, MO, November 5, 2012).

7. N. Willard, "Techno-Panic & 21st Century Education: Make Sure Internet Safety Messaging Does Not Undermine Education for the Future," May 27, 2009, http://my-ecoach.com/project.php?id=16414&project_step=69260.

8. M. Ybarra, M. Diener-West, and P. Leaf, "Examining the Overlap in Internet Harassment and School Bullying: Implications for School

Intervention," *Journal of Adolescent Health* 41, no. 6 (December 2007): S42–S50, doi:10.1016/j.jadohealth.2007.09.004.

9. S. Hemphill et al., "Longitudinal Predictors of Cyber and Traditional Bullying Perpetration in Australian Secondary School Students," *Journal of Adolescent Health*, February 2012, doi:10.1016/j.jadohealth.2011.11.019.

10. L. Magid, "Time to Take the 'Cyber' Out of Cyberbullying," CNET News, February 3, 2011, http://news.cnet.com/8301–19518_3–20030511 –238.html.

11. D. Olweus, *Aggression in the Schools: Bullies and Whipping Boys* (Oxford, England: Hemisphere, 1978), http://psycnet.apa.org/psycinfo/1979–32242–000.

12. J. Dooley, J. Pyżalski, and D. Cross, "Cyberbullying Versus Face –to–Face Bullying: A Theoretical and Conceptual Review," *Zeitschrift Für Psychologie/Journal of Psy– chology* 217, no. 4 (2009): 182–188, doi:10.1027/0044–3409.217.4.182.

13. E. Englander, *Freshman Study 2011: Bullying and Cyberbullying*, Research Reports from the Massachusetts Aggression Reduction Center (Bridgewater State University, June 2011), http://webhost.bridgew.edu/marc/esearch.html.

14. Z. Whittaker, "Nine Out of Ten Teenagers Experience Bullying and Cruelty on Facebook, Twitter," ZDnet, November 9, 2011, http://www.zdnet.com/blog/ igeneration/nine–out–of–ten–teenagers–experience–bullying–and–cruelty–on–facebook–twitter/13321?tag= content;siu–container.

15. Englander, *Study of 21,000 Children in Grades 3–12 in Massachusetts*.

16. C. Naquin, T. Kurtzberg, and L. Belkin, "The Finer Points of Lying Online: E–mail Versus Pen and Paper," *Journal of Applied Psychology* 95, no. 2 (2010): 387–394, doi:10.1037/a0018627.

17. Englander, *Freshman Study 2011*.

18. E. Stephenson, "Is This Exam Hazardous to Your Grandmother's Health?," *Atlantic Economic Journal* 31, no. 4 (December 2003): 384–384, doi:10.1007/ BF02298496.

19. B. Rule and G. Leger, "Pain Cues and Differing Functions of Aggression," *Canadian Journal of Behavioural Science* 8, no. 3 (1976): 213–223, doi:10.1037/h0081949.

20. E. Englander, "Bullying and Cyberbullying in Teens: Clinical Factors" (presented at the American Academy of Child and Adolescent

Psychiatry, San Francisco, CA, October 22, 2012), https://aacap.confex.com/
aacap/2012/webprogram/Session8538.html.

21. R. Slaby and N. Guerra, "Cognitive Mediators of Aggression in Adolescent Offenders: I. Assessment," *Developmental Psychology* 24, no. 4 (1988): 580–588.

22. T. Ito, N. Miller, and V. Pollock, "Alcohol and Aggression: A Meta–analysis on the Moderating Effects of Inhibitory Cues, Triggering Events, and Self–focused Attention," *Psychological Bulletin* 120, no. 1 (1996): 60–82, doi:10.1037/0033–2909.120.1.60.

23. J. Blum, "The Digital Skeptic: Teens Are Web–Addicted, but Digital Illiterates," *CantonDailyLedger.com*, June 26, 2012, http://business-news.thestreet.com/cantondailyledger/story/the–digital–skeptic–teens–are–web–addicted–but–digital–illiterates/11596144; Englander, *Freshman Study 2011: Bullying and Cyberbullying.*

24. Englander, *Freshman Study 2011: Bullying and Cyberbullying.*

25. S. Murphy, J. Monahan, and R. B. Zajonc, "Additivity of Nonconscious Affect: Combined Effects of Priming and Exposure," *Journal of Personality and Social Psychology* 69, no. 4 (1995): 589–602, doi:10.1037/0022–3514.69.4.589.

26. Englander, "Bullying and Cyberbullying in Teens: Clinical Factors."

27. E. Englander, "New Findings in Bullying and Cyberbullying Research" (keynote presented at the Wellness Conference for Brevard County, Satellite Beach, FL, September 10, 2012).

28. 2010 Tracking Survey, *Internet & American Life Project* (Pew Research Center, September 13, 2010).

29. E. Englander and A. Muldowney, "Just Turn the Darn Thing Off: Understanding Cyberbullying," in *Proceedings of Persistently Safe Schools: The 2007 National Conference on Safe Schools*, eds. D. L. White, B. C. Glenn, and A. Wimes (presented at the Hamilton Fish Institute, George Washington University, Washington, DC, 2007), 83–92.

30. American Psychiatric Association, "Self–defeating Personality Disorder," *Diagnostic and Statistical Manual of Mental Disorders*, 4th ed. (Washington. DC: Amer– ican Psychiatric Association, 2005).

31. D. Craven, *Sex Differences in Violent Victimization*, Bureau of Justice Statistics Special Report (Washington, DC: U.S. Department of Justice, 1997).

32. M. Busko, "Anxiety Linked with Increased Cell–Phone Dependence, Abuse" (presented at the Anxiety Disorders Association of America 28th

Annual Meeting, Savannah, GA, 2007).

33. D. Trim, "Five Reasons Students Don't Report Cyberbullying," February 24, 2010, http://www.insidetheschool.com/articles/five – reasons – students – don%E2%80%99t – report – cyberbullying/.

34. R. Ortega et al., "The Emotional Impact on Victims of Traditional Bullying and Cyberbullying: A Study of Spanish Adolescents," *Zeitschrift Für Psychologie/Journal of Psychology* 217, no. 4 (2009): 197–204, doi:10.1027/0044 – 3409.217.4.197.

35. Englander, "Bullying and Cyberbullying in Teens: Clinical Factors."

36. B. Spears et al., "Behind the Scenes and Screens: Insights into the Human Dimension of Covert and Cyberbullying," *Zeitschrift Für Psychologie/Journal of Psychology* 217, no. 4 (2009): 189–196, doi: 10.1027/0044 – 3409.217.4.189.

37. "66% of the Population Suffer from Nomophobia the Fear of Being Without Their Phone," *SecurEnvoy.com*, February 16, 2012, http://blog. securenvoy.com/2012/02/16/66 – of – the – population – suffer – from – nomophobia – the – fear – of – being – without – their – phone/.

38. E. Brown, "Volkswagen Turns Off Email for BlackBerry Workers," ZDNet, December 28, 2011, http://www.zdnet.com/blog/feeds/ volks – wagen – turns – off – email – for – blackberry – workers/4467.

39. G. Butler, M. Fennell, and A. Hackmann, *Cognitive – Behavioral Therapy for Anxiety Disorders: Mastering Clinical Challenges* (New York: Guilford Press, 2010), http://books.google.com/books?hl = en&lr = &id = 2QvoM5tBoN8C&oi = fnd&pg = PR1& dq = awareness + master – ing + anxiety&ots = V1d9dmrueu&sig = 7wMVmcYuk20buMO_ uLTAYwwjZmg.

40. Blum, "The Digital Skeptic."

41. M. Shermer, "Patternicity: Finding Meaningful Patterns in Meaningless Noise," *Scientific American*, December 2008.

42. M. Lindeman and M. Saher, "Vitalism, Purpose and Superstition," *British Journal of Psychology* 98, no. 1 (February 2007): 33–44.

5장

1. "Survey Suggests 'Sexting' Rampant in College," *US News & World Report*, July 21, 2011.

2. "Few Teens Sexting Racy Photos, New Research Says," Associated Press, December 5, 2011.

3. G. Bergen, R. Shults, and R. Rudd, "Vital Signs: Alcohol – Impaired

Driving Among Adults—United States, 2010," *Morbidity and Mortality Weekly Report (MMWR)* 69, no. 39 (October 7, 2011): 1351-1356.

4. L. Rainie, A. Lenhart, and A. Smith, "The Tone of Life on Social Networking Sites," *Pew Internet & American Life Project* (Pew Research Center, February 2012), http://pewinternet.org/Reports/2012/Social − n e t w o r k i n g − c l i m a t e / S u m m a r y − o f − f i n d − ings/The − tone − of − life − on − social − networking − sites.aspx.

5. d. boyd, "Digital Self − Harm and Other Acts of Self − Harassment," *DMLcentral,* December 7, 2010, http://dmlcentral.net/blog/danah − boyd /digital − self − harm − and − other − acts − self − harassment.

6. C. Cuomo, C. Vlasto, and D. Dwyer, "Rep. Anthony Weiner: 'The Picture Was of Me and I Sent It,'" ABC News, *ABCNews.go.com,* June 6, 2011, http://abcnews.go.com/Politics/rep − anthony − weiner − picture/story? id = 13774605.

7. E. Englander, "Cyberbullying—New Research and Findings" (paper presented at the 2012 National Cyber Crime Conference, Norwood, MA, 2012).

8. M. Jolicoeur and E. Zedlewski, *Much Ado About Sexting,* unpublished report (Washington, DC: U.S. Department of Justice, June 2010), https://www.ncjrs. gov/pdffiles1/nij/230795.pdf; L. Henderson, "Sexting and Sexual Relationships Among Teens and Young Adults," *McNair Scholars Research Journal* 7, no. 1 (2011): 9, M. Drouin and C. Landgraff, "Texting, Sexting, and Attachment in College Students' Romantic Relationships," *Computers in Human Behavior* 28, no. 2 (March 2012): 444-449.

9. K. J. Mitchell et al., "Prevalence and Characteristics of Youth Sexting: A National Study," *Pediatrics* 129, no. 1 (December 5, 2011): 13-20, doi:10.1542/peds.2011 − 1730.

10. J. Dake et al., "Prevalence and Correlates of Sexting Behavior in Adolescents," *American Journal of Sexuality Education* 7, no. 1 (January 2012): 1-15, doi:10.1080/15546128.2012.650959.

11. Englander, "Cyberbullying—New Research and Findings."

12. E. Englander, "Bullying and Cyberbullying in Teens: Clinical Factors" (presented at the American Academy of Child and Adolescent Psychiatry, San Francisco, CA, October 22, 2012), https://aacap.confex. com/aacap/2012/webprogram/ Session8538.html.

13. J. Ringrose et al., *A Qualitative Study of Children, Young People and "Sexting"* (Lon − don: NSPCC, May 2012), http://www2.lse.ac.uk/me −

dia@lse/documents/MPP/ Sexting — Report — NSPCC.pdf.

14. E. Englander, *Digital Self — harm: Frequency, Type, Motivations and Outcomes* (Bridge — water, MA: Bridgewater State University, June 2012), http://webhost.bridgew.edu/marc/DIGITAL%20SELF%20HARM %20report. pdf.

15. Jolicoeur and Zedlewski, *Much Ado About Sexting*.

16. Mitchell, "Prevalence and Characteristics of Youth Sexting."

17. J. Wolak, D. Finkelhor, and K. J. Mitchell, "How Often Are Teens Arrested for Sexting? Data From a National Sample of Police Cases," *Pediatrics* 129, no. 1 (December 5, 2011): 4-12, doi:10.1542/ peds.2011 — 2242.

18. boyd, "Digital Self — harm and Other Acts of Self — Harassment."

19. L. Phelps, ed., *Health — Related Disorders in Children and Adolescents: A Guidebook for Understanding and Educating* (Washington, DC: American Psychological Association, 1998).

20. E. Englander, "Preliminary Report: Bullying and Cyberbullying in Massachusetts 2011-12" (presented at the Workshop: PCP Interventions, Freehold, NJ, 2011).

21. E. Englander, "Cyberbullying in 8 — to 10 — Year Olds: Research on 12,000 Children" (presented at the International Bullying Prevention Association Annual Conference, Kansas City, MO, November 5, 2012).

22. Q. Li, "Cyberbullying in Schools: An Examination of Preservice Teachers' Perception," *Canadian Journal of Learning and Technology* 34, no. 2 (2008).

23. "Teachers' Newest Online Worry: 'Cyberbaiting,'" *EschoolNews*, November 27, 2011, http://www.eschoolnews.com/2011/11/27/teachers — newest — online — worry — cyberbaiting/.

24. Ibid.

25. I. Parker, "The Story of a Suicide," *NewYorker.com*, February 6, 2012, http://www.newyorker.com/reporting/2012/02/06/120206fa_fact_parker? currentPage = all.

26. Englander, "Cyberbullying—New Research and Findings."

27. B. Rochman, "Am I Pretty or Ugly? Why Teen Girls Are Asking YouTube for Validation," *Time.com*, March 7, 2012, http://healthland.time.com /2012/03/07/am — i — pretty — or — ugly — whats — behind — the — trend — of — girls — asking — youtube — for — validation/.

6장

1. G. L. Kelling and J. Q.Wilson, "Broken Windows: The Police and Neighborhood Safety," *The Atlantic*, March 1982, http://www.theatlantic.com/magazine/archive/1982/03/broken−windows/4465/.

2. J. Wang, R. Iannotti, and T. Nansel, "School Bullying Among Adolescents in the United States: Physical, Verbal, Relational, and Cyber," *Journal of Adolescent Health* 45, no. 4 (October 2009): 368-375, doi:10.1016/j.jadohealth.2009.03.021; R. Faris and D. Felmlee, "Social Networks and Aggression at the Wheatley School" (Department of Sociology, University of California, Davis, 2011); E. Englander, *Study of 21,000 Children in Grades 3-12 in Massachusetts*, Research Reports from the Massachusetts Aggression Reduction Center (Bridgewater State University, June 2011), http://webhost.bridgew.edu/marc/research.html.

3. E. Englander, *Freshman Study 2011: Bullying and Cyberbullying*, Research Reports from the Massachusetts Aggression Reduction Center (Bridgewater State University, June 2011), http://webhost.bridgew. edu/marc/research.html.

4. M. Wright Edelman, "Zero Tolerance Discipline Policies: A Failing Idea," *Huffington Post*, August 5, 2011, http://www.huffingtonpost. com/ma−rian−wright−edelman/zero−tolerance−discipline_b_919649. html?view=print&comm_ref=false.

5. "Study Shows Bullying Affects Both Bystanders and Target," Penn State News, October 11, 2011, http://live.psu.edu/story/55627.

6. G. Gini et al., "The Role of Bystanders in Students' Perception of Bullying and Sense of Safety," *Journal of School Psychology* 46, no. 6 (December 2008): 617-638, doi:10.1016/j.jsp.2008.02.001.

7. R. Casella, "The Benefits of Peer Mediation in the Context of Urban Conflict and Program Status," *Urban Education* 35, no. 3 (September 1, 2000): 324-355, doi:10.1177/0042085900353004.

8. N. Burrell, C. Zirbel, and M. Allen, "Evaluating Peer Mediation Outcomes in Educational Settings: A Meta−analytic Review," *Conflict Resolution Quarterly* 21, no. 1 (2003): 7-26, doi:10.1002/crq.46.

9. S. Theberge and O. Karan, "Six Factors Inhibiting the Use of Peer Mediation in a Junior High School," *Professional School Counseling* 7, no. 4 (2004): 283-291.

10. Ibid.; E. Delisio, "Making Peer Mediation a Part of Campus Life," *EducationWorld.com*, 2004, http://www.educationworld.com/a_admin/ad−min/ admin348.shtml.

11. C. Morgan, "Student to Student: The Use of Peer Mediation to Stop Bullying," Voices.Yahoo.Com, June 1, 2010, http://voices.yahoo.com/stu − dent − student − peer − mediation − stop − 6113012.html?cat = 17.

12. R. J. Adams, "Bullying Basics for K-12 and the Workplace," Awesomelibrary.org, 2011, http://www.awesomelibrary.org/bullying.html.

13. U.S. Department of Education, "Bullying: Peer Abuse in Schools," *LD Online*, 1998, http://www.ldonline.org/article/6171/.

14. E. Englander, "When Should You Hesitate to Mediate?," *Models of Respecting Everyone* 1, no. 1 (2005): 2–3.

15. E. Englander, "Cyberbullying—New Research and Findings" (presented at the 2012 National Cyber Crime Conference, Norwood, Massachusetts, 2012).

16. U.S. Department of Justice, *Want to Resolve a Dispute? Try Mediation*, Youth In Action Bulletin (Washington, DC: National Crime Prevention Council, March 2000), https://www.ncjrs.gov/pdffiles1/ojjdp/178999.pdf.

17. H. Garinger, "Girls Who Bully: What Professionals Need to Ask," *Guidance and Counseling* 21, no. 4 (Summer 2006): 236–243, doi:Article.

18. "Teachers Tell Bullied Kids: Don't Be So Gay," *Echo*, November 2, 2011, http://www.echo − news.co.uk/news/local_news/9337363.Teachers_ tell_bullied_kids Don_t_be_so_gay/?action = complain&cid = 9788420.

19. N. Willard, *Safe and Responsible Use of the Internet: A Guide for Educators* (Responsible Netizen Institute, Eugene, OR, 2002), http:// responsiblenetizen.org.

20. Ibid.

7장

1. R. Atlas and D .Pepler, "Observations of Bullying in the Classroom," *Journal of Educational Research* 92, no. 2 (November 1998): 86–99, doi:10.1080/00220679809597580.

2. P. O'Connell, D. Pepler, and W. Craig, "Peer Involvement in Bullying: Insights and Challenges for Intervention," *Journal of Adolescence* 22, no. 4 (August 1999): 437–452, doi:10.1006/jado.1999.0238.

3. U.S. Department of Education, "Bullying: Peer Abuse in Schools," *LD Online*, 1998, http://www.ldonline.org/article/6171/; J. Trach et al., "Bystander Responses to School Bullying: A Cross − Sectional Investigation of Grade and Sex Differences," *Canadian Journal of School Psychology* 25, no. 1 (March 2, 2010): 114–130, doi:10.1177/ 0829573509357553.

4. S. Davis and C. Nixon, *The Youth Voice Project* (Penn State Erie, stopbullyingnow. com, March 2010), http://www.youthvoiceproject.com/.

5. E. Englander, "Cyberbullying—New Research and Findings" (presented at the 2012 National Cyber Crime Conference, Norwood, MA, 2012).

6. A. Lenhart et al., *Teens, Kindness and Cruelty on Social Network Sites* (Pew Internet and American Life Project, November 9, 2011).

7. D. Olweus, *Bullying at School: What We Know and What We Can Do* (Oxford, England: Blackwell, 1993).

8. C. Salmivalli, "Bullying and the Peer Group: A Review," *Aggression and Violent Behavior* 15, no. 2 (March 2010): 112-120, doi:10.1016/j.avb. 2009.08.007.

9. K. Konstantina and S. Pilios−Dimitris, "School Characteristics as Predictors of Bullying and Victimization Among Greek Middle School Students," *International Journal of Violence and School* 11 (September 2010): 93-113.

10. O'Connell, Pepler, and Craig, "Peer Involvement in Bullying."

11. Ibid.

12. M. Langevin, "Helping Children Deal with Teasing and Bullying" (presented at the International Stuttering Awareness Day Online Conference, Minnesota State University, October 22, 2001), http://www.mnsu.edu/comdis/isad4/ papers/langevin.html.

13. A. Rolider and M. Ochayon, "Bystander Behaviours Among Israeli Children Witnessing Bullying Behaviour in School Settings," *Pastoral Care in Education* 23, no. 2 (June 2005): 36-39, doi:10.1111/ j.0264−3944.2005.00330.x.

14. U.S. Department of Education, "Bullying: Peer Abuse in Schools."

15. J. Carney, C. Jacob, and R. Hazler, "Exposure to School Bullying and the Social Capital of Sixth−Grade Students," *Journal of Humanistic Counseling* 50, no. 2 (September 2011): 238-253, doi:10.1002/j.2161− 1939.2011.tb00122.x.

16. I. Rivers et al., "Observing Bullying at School: The Mental Health Implications of Witness Status," *School Psychology Quarterly* 24, no. 4 (2009): 211-223, doi:10.1037/a0018164.

17. R. Faris and D. Felmlee, "Social Networks and Aggression at the Wheatley School" (Department of Sociology, University of California, Davis, 2011); Davis and Nixon, *The Youth Voice Project*, Lenhart et al., *Teens, Kindness and Cruelty on Social Network Sites*.

18. E. Englander, *Study of 21,000 Children in Grades 3-12 in Massachusetts,*

Research Reports from the Massachusetts Aggression Reduction Center (Bridgewater State University, June 2011), http://webhost.bridgew. edu/marc/research.html.

19. M. Fekkes, "Bullying: Who Does What, When and Where? Involvement of Children, Teachers and Parents in Bullying Behavior," *Health Education Research* 20, no. 1 (July 14, 2004): 81-91, doi:10. 1093/her/cyg100.

20. L. Crothers, J. Kolbert, and W. Barker, "Middle School Students' Preferences for Anti-Bullying Interventions," *School Psychology International* 27, no. 4 (October 1, 2006): 475-487, doi:10.1177/ 0143034306070435.

21. K. Rigby and D. Bagshaw, "Prospects of Adolescent Students Collaborating with Teachers in Addressing Issues of Bullying and Conflict in Schools," *Educational Psychology* 23, no. 5 (December 2003): 535-546, doi:10.1080/0144341032000123787.

22. D. Pepler et al., "A School-based Anti-bullying Intervention: Preliminary Evaluation," *Understanding and Managing Bullying* (1993): 76-91.

23. C. Murphy and V. Baxter, "Motivating Batterers to Change in the Treatment Context," *Journal of Interpersonal Violence* 12, no. 4 (August 1, 1997): 607-619, doi:10.1177/088626097012004009.

24. M. Ando, "Psychosocial Influences on Physical, Verbal, and Indirect Bullying Among Japanese Early Adolescents," *Journal of Early Adolescence* 25, no. 3 (August 1, 2005): 268-297, doi:10.1177/ 0272431605276933.

25. M. Camodeca et al., "Links Between Social Information Processing in Middle Childhood and Involvement in Bullying," *Aggressive Behavior* 29, no. 2 (March 2003): 116-127, doi:10.1002/ab.10043.

26. W. M. Craig and D. J. Pepler, "Observations of Bullying and Victimization in the School Yard," *Canadian Journal of School Psychology* 13, no. 2 (January 1, 1998): 41-59, doi:10.1177/ 082957359801300205.

27. B. Stiller, M. S. Tomlanovich, and R. Nese, "Bully Prevention in Positive Behavior Support: K-8 Adaptations" (presented at the Northwest PBIS Conference, Oregon State University, 2011), http://www. pbisnetwork.org/wp-content/ uploads/2011/02/Bully-Prevention-B-Stiller -1.4.pdf.

28. Crothers, Kolbert, and Barker, "Middle School Students' Preferences for

Anti — Bullying Interventions."

29. Davis and Nixon, *The Youth Voice Project.*

30. L. Crothers, J. Field, and J. Kolbert, "Navigating Power, Control, and Being Nice: Aggression in Adolescent Girls' Friendships," *Journal of Counseling and Development* 83, no. 3 (July 2005): 349-354, doi:10.1002/j.1556 — 6678.2005.tb00354.x.

31. E. A. Stewart, C. J. Schreck, and R. L. Simons, "'I Ain't Gonna Let No One Disrespect Me': Does the Code of the Street Reduce or Increase Violent Victimization Among African American Adolescents?," *Journal of Research in Crime and Delinquency* 43, no. 4 (November 1, 2006): 427-458, doi:10.1177/0022427806292338.

32. U.S. Department of Education, "Bullying: Peer Abuse in Schools."

33. Davis and Nixon, *The Youth Voice Project.*

34. G. Sugai, R. Horner, and B. Algozzine, *Reducing the Effectiveness of Bullying Behavior in Schools* (OSEP Center on Positive Behavior Interventions and Supports, April 19, 2011).

35. O'Connell, Pepler, and Craig, "Peer Involvement in Bullying."

36. M. Demaray and C. Malecki, "Perceptions of the Frequency and Importance of Social Support by Students Classified as Victims, Bullies and Bully/Victims in an Urban Middle School," *School Psychology Review* 32, no. 3 (2003): 471-489.

37. E. Menesini et al., "Enhancing Children's Responsibility to Take Action Against Bullying: Evaluation of a Befriending Intervention in Italian Middle Schools," *Aggressive Behavior* 29, no. 1 (January 2003): 1-14, doi:10.1002/ab.80012.

38. Davis and Nixon, *The Youth Voice Project*, 18.

8장

1. E. Lawrence et al., "Is Psychological Aggression as Detrimental as Physical Aggression? The Independent Effects of Psychological Aggression on Depression and Anxiety Symptoms," *Violence and Victims* 24, no. 1 (February 1, 2009): 20-35.

2. E. Englander, "Cyberbullying—New Research and Findings" (presented at the 2012 National Cyber Crime Conference, Norwood, MA, 2012).

3. E. Englander, "That's Confidential," 2012, http://englanderdownloads. webs.com/thats%20con fidential%202011%20small.pdf.

4. E. Englander, "Massachusetts Aggression Reduction Center," Massachusetts Aggression Reduction Center at Bridgewater State University, n.d.,

http://webhost.bridgew.edu/marc/.

5. N. Darling et al., "Predictors of Adolescents' Disclosure to Parents and Perceived Parental Knowledge: Between— and Within—Person Differences," *Journal of Youth and Adolescence* 35, no. 4 (June 6, 2006): 659–670.

6. *Character Counts! Programs: Ethics of American Youth Survey: Josephson Institute's Report Card*, The Ethics of American Youth: 2010 (Josephson Institute, February 10, 2011), http://charactercounts.org/programs/reportcard/2010/installment02_report−card_honesty−integrity.html.

7. A. Vrij, L. Akehurst, and S. Knight, "Police Officers', Social Workers', Teachers' and the General Public's Beliefs About Deception in Children, Adolescents and Adults," *Legal and Criminological Psychology* 11, no. 2 (September 2006): 297–312.

8. A. Lenhart et al., *Teens, Kindness and Cruelty on Social Network Sites* (Pew Internet and American Life Project, November 9, 2011).

9. Ibid.

결론

1. K. R. Ginsburg, "The Importance of Play in Promoting Healthy Child Development and Maintaining Strong Parent−Child Bonds," *Pediatrics* 119, no. 1 (January 1, 2007): 182–191.

2. "Early Childhood Curriculum and Developmental Theory," in *International Encyclopedia of Education* (Oxford: Elsevier, 2010), 514–519, http://linkinghub.elsevier.com/retrieve/pii/B9780080448947000877.

부록 B

1. B. Benard, "The Case for Peers," *The Peer Facilitator Quarterly* 8, no. 4 (June 1991): 20–27.

2. L. Camino, "Youth−Led Community Building: Promising Practices from Two Communities Using Community−Based Service−Learning," *Journal of Extension* 43, no. 1 (February 2005): 4–12.

찾아보기

저자소개

오인수

이화여자대학교 사범대학 교육학과 교수(2009 – 현재)로 미국 사우스케롤라이나대학교(University of South Carolina) 사범대학 교육학과 교수(2007 – 2009)를 역임하였다. 미국 펜실베이니아주립대학교(The Pennsylvania State University)에서 상담자교육(Counselor Education)으로 박사학위를 취득하였으며 아동 및 청소년의 상담과 교육 전문가이다. 학교폭력 및 학생 부적응에 관한 연구를 수행하여 약 100여 편의 국내외 논문을 발표하였고 학술지인『교육과학연구』의 편집장을 맡았으며 이화여자대학교 연구실적 우수교수(2017) 및 강의 우수교수(2011)로 선정된 바 있다. 상담과 교육에 관한 15편의 저서를 집필하였으며 주요 역서로는 아동 · 청소년을 위한 학교상담(2016), 다문화상담(2015, 대한민국학술원 우수학술도서 선정) 등이 있다. 10년간 교사로 재직한 경험과 5년간 청소년을 상담한 경험을 바탕으로 학교폭력을 포함한 학교 현장의 문제를 해결하는 실천적 연구를 진행하고 있으며 이러한 노력을 인정받아 2017년 부총리 겸 교육부장관 표창(학교폭력 예방 및 근절 부분)을 수상하였다.

사이버 괴롭힘의 이해와 대처

초판발행   2020년 1월 22일

지은이   Elizabeth Kandel Englander
옮긴이   오인수
펴낸이   노 현

편 집   황정원
기획/마케팅   이선경
표지디자인   조아라
제 작   우인도 · 고철민

펴낸곳   ㈜ 피와이메이트
             서울특별시 금천구 가산디지털2로 53 한라시그마밸리 210호(가산동)
             등록 2014. 2. 12. 제2018-000080호
전 화   02)733-6771
f a x   02)736-4818
e-mail   pys@pybook.co.kr
homepage   www.pybook.co.kr
I S B N   979-11-90151-35-1   93370

* 잘못된 책은 바꿔드립니다. 본서의 무단복제행위를 금합니다.
* 역자와 협의하여 인지첩부를 생략합니다.

정 가   19,000원

박영스토리는 박영사와 함께하는 브랜드입니다.